KB155797

CAREER DESIGN IN THE AGE OF THE 4TH INDUSTRIAL REVOLUTION

4차 산업혁명 시대의
진로선택

손승남 · 이수진 · 임배 공저

박영story

프롤로그

자동화와 기술의 발전으로 20년 이내에 현재 직업의 47%가 사라질 것이라고 한다. 미래에는 대학 졸업 후에도 개인들의 직업이 여러 번 바뀔 것 같다. 어떤 학자는 5번 이상이 될 것이라고 말한다. 하나의 직업을 구하기도 힘든 상황에서 현재로선 미래 직업사회가 어떻게 변화할지 가늠하기조차 어렵다.

기술의 융합과 산업의 융복합이 다반사로 이루어지는 4차 산업혁명 시대에 개인들에게 요구되는 직업능력에도 획기적인 변화가 있을 것이다. 앞으론 입학 당시의 기획이 대학 졸업 후 취업과 직업 세계에 맞아 떨어지지 않을 뿐더러 경직화된 전문지식만으로는 급변하는 디지털 융복합 시대의 파고를 헤쳐 나가기 힘들 것이다.

늘 그렇듯 위기는 새로운 도약의 발판이 될 수 있다. 오히려 현재의 상황을 각자가 새로운 변화와 도전의 계기로 삼는다면 더 나은 미래를 보장받을 수 있지 않을까 조심스럽게 전망해 본다.

이 책은 2016년 다보스 포럼 이후 우리 삶 속에 혜성처럼 찾아온 4차 산업혁명의 의미를 짚어 보고, 보다 현명한 진로선택의 가능성을 찾아보고자 마련된 것이다. 진로의 의미는 넓은 의미에서 우리가 살아야 할 삶의 길이며, 진로선택은 어쩌면 그 길을 올바로 가기 위한 고민과 방향설정의 과정으로 볼 수 있다.

진로선택에서 중요한 전제가 되는 것은 나를 잘 알고, 나를 둘러싼 세계의 변화를 읽어낼 수 있는 힘이다. 가속화된 사회의 변화 속에서 작게는 내 주변의 변화에서부터 크게는 지구촌의 변화를 읽어내는 일이 급선무다. 나의 지속적인 성장과 생존을 위해 사회의 변화와 직업세계의 동향을 예의주시하는 일은 그만큼 중요하다. 더군다나 지식과 정보의 양이 폭발적으로 증가하고, 다차원적으로 그것들이 연결되는 초연결 사회에서 그 변화를 읽고, 나름의 중심축을 잡아 나갈 수 있는 힘을 각자가 키워 나가야 한다.

그리고 그 변화 속에서도 자신의 주체성을 잃지 않고 굳건하게 설 수 있는 힘이 필요하다. 그러기 위해서는 확고한 비전과 가치관을 설정하고, 끊임없이 자신을 돌아봄으로써 자기 자신만의 내부적 역량을 기르지 않으면 안 된다. 변화하는 세계에 맞서 우리의 삶도 늘 새롭게 기획되고, 재구성되어야 한다. 세계의 변화에 대처할 수 있는 능력과 변화에 유연하게 대처할 수 있는 융통성이 필요한 것이다. 요컨대 변화하는 세계에 대한 파악과 자기 자신에 대한 충분한 이해의 바탕 위에서 합리적인 진로선택이 가능하다.

이 책은 이러한 기본의식을 바탕으로 집필되었다. 우선 Part 1은 4차 산업혁명의 의미와 그에 따른 미래 직업세계의 변화를 찾아본 것이다. 미래의 가상 시나리오를 통해 다가올 미래의 변화상을 좀 더 실감나게 제시하고자 하였다. Part 2는 역사와 이론을 통해서 진로상담과 진로교육의 본질을 탐구하고 있다. 온통 취업과 직업만이 강조되는 풍토에서 직업윤리, 장인정신, 앙트레프레너십의 의미를 새삼 되새겨 보았다. Part 1과 2는 강단에서 교육철학과 진로상담을 다년간 가르쳐 온 손승남 교수가 집필하였다.

Part 3에서는 생애설계와 자기계발 문제를 비전설정과 성격강점 찾기, 셀프 리더십 위주로 살펴보았다. 여기서는 특히 진로선택에서 삶의 목표설정과 자기관리의 중요성을 강조하고 있다. Part 4는 보다 실용적인 관점에서 각 개인이 진로탐색을 할 수 있는 다양한 방법을 제시하였다. 진로정보가 중요한 만큼 다양한 정보의 원천에 접근할 수 있는 방법과 심리검사와 집단상담을 통한 미래 설계 전략은 물론 관계 및 소통 역량을 강화하기 위한 효과적인 방법을 제공하고자 하였다. Part 3과 4는 상담전문가인 이수진 박사가 집필하였다.

Part 5는 진로의 문제를 '잘삶'이라는 교육철학적 논의와 결부지어 좀 더 큰 틀에서 진로문제를 바라볼 수 있도록 하였다. 일과 직업이 인간의 잘삶과 행복에 어떻게 연결되며, 그것이 인간의 잘삶에서 어느 정도의 비중을 차지하는지, 그리하여 결국 머나먼 인생 항로를 어떻게 지혜롭게 이끌어 갈 것인지를 함께 고민해 보도록 하였다. Part 5는 잘삶의 문제를 천착해 온 임배 박사가 집필하였다.

이 책이 나올 수 있도록 진로상담 수업에서 많은 영감과 자극을 준 순천대학교 교육대학원 상담심리 전공자 여러분께 고마운 마음을 전하고자 한다. 또 어려운 여건에서도 책의 출간을 위해 격려와 지지를 보내 주신 박영사의 노현 이사님과 이영조 팀장님 그리고 편집부 배근하 선생님께도 심심한 감사의 말씀을 드린다. 아무쪼록 이 책이 4차 산업혁명이라는 대전환의 시기에 진로문제로 고민하는 사람들에게 조금이나마 도움을 줄 수 있기를 기대한다.

2018년 봄
저자를 대표하여
손 승 남

PART FIVE

05

잘삶과
진로선택

01 4차 산업혁명과 미래 직업세계

CHAPTER 1

4차 산업혁명의 의미

01___개 념

산업혁명은 통상 18세기 제임스 와트(James Watt, 1736-1819)의 증기기관 발명에서 그 기원을 찾는다. 근대 이후 산업화는 몇 차례의 변화를 거쳐 현재의 단계로까지 진화를 거듭해 왔다.

1차 산업혁명의 시기에는 1784년 증기기관의 획기적 발명과 그 파급효과로 기계화 생산 설비가 산업 부문에 널리 퍼지게 되었다. 2차 산업혁명 시기에는 1870년 전기를 활용한 대량 생산이 가능해지면서 제조업이 급속도로 번창하게 되었다. 3차 산업혁명은 1969년 컴퓨터의 도움으로 정보화, 자동화 생산 시스템의 기틀이 확립된 시기이다. 1차 산업혁명으로 경공업이 등장하고, 2차 산업혁명으로 중공업이 확대되었으며, 3차 산업혁명을 통해 정보통신(IT) 산업이 부흥하게 되었다면, 4차 산업혁명은 과학기술 간의 경계, 실재와 가상현실의 경계, 기계와 생명의 경계가 희미해지는 시대로, 이전의 그 어떤 혁명의 시기보다도 가장 큰 변화를 가져다 줄 것이다.

4차 산업혁명은 이전의 시기와 달리 인공지능이나 로봇, 가상현실 등의 과학기술을 바탕으로 실재와 가상을 통합해 사물들을 지능적으로 제어하는 가상물리 시스템이 등장하게 되는 것을 말한다(김대호, 2016). 다시 말해서 3차 산업혁명인 정보통신과 전자기술 등 디지털 혁명을 기초로 물리 공간, 디지털 공간, 생물공학 공간의 경계가 희미해지는 기술융합의 시대가 열린 것이다.

4차 산업혁명의 화두를 본격적으로 제시한 슈밥(Schwab, 2016)은 4차 산업혁명이 속도, 범위, 체제에 대한 충격의 세 측면에서 3차 산업혁명과는 확연히 다른 '지각 변동 수준'이라고 보고 있다. 4차 산업혁명은 인공지능, 로봇, 클라우드, 모바일, 사물인터넷(IOT: Internet of Things), 빅데이터 등 현재 주목받고 있는 여러 가지 과학기술이 혼합되어 나타나게 될 것이며, 그 파급효과는 산업, 의료, 교육 등 사회 전반에서 예상을 초월한 수준으로 나타날 것이다.

그림 1.1 1~4차 산업혁명의 흐름

INDUSTRIAL REVOLUTION TIMELINE			
1차	2차	3차	4차
증기기관의 발명으로, 기계적인 장치에서 제품을 생산	전기기관의 발명으로 대량생산이 가능해지고, 노동력을 절약	정보통신 기술의 발달로 생산라인이 자동화되고, 사람은 생산라인의 점검 및 컨트롤	IoT(사물인터넷)의 발달로 다품종 다량생산이 가능하고, 복잡한 조립 및 가공 또한 센서와 3D 프린팅 기술 등의 발달로 빠른 생산이 가능
1784년	1870년	1969년	오늘날

출처: 국가과학기술기획평가원(2016). 4차 산업혁명과 일자리의 미래. 해외정책이슈분석.

4차 산업혁명과 관련된 미래 사회의 변화는 커즈와일(Ray Kuzweil)의 『특이점이 온다』(2006)에 잘 나타나 있다. 그는 2029년 인간과 거의 유사한 인공지능(AI)이 출현할 것으로 예측했다. 인공지능, 나노공학, 로봇공학, 생명공학이 발전하면서 기계가 인간의 지능에 필적하거나 추월하는 시대가 온다는 것이다. 그 후 인공지능이 비약적으로 발전해 2045년에는 인간의 지능[1]을 수십억 배 능가할 것으로 봤다. 커즈와일이 말하는 '특이점'이란 미래에 기술 변화의 속도가 빨라지고 그 영향이 매우 깊어서 인간의 생활이 되돌릴 수 없는 단계까지 변화되는 시기를 말한다. 이때 인간과 기술의 구별이 사라지고, 오히려 고도의 인공지능을 탑재한 '기계인간'이 인간을 압도하는 상황이 벌어질 수도 있다. 동일한 맥락에서 일본의 소프트뱅크 손정의 대표는 컴퓨터가 인간의 지성을 초월하는 지성의 탄생이 특이점이며, 그 순간 인류 최대의 패러다임 전환이 오고 특이점에 도달할 것으로 전망하였다(이철호, 2016).

02___동 향

이처럼 '지능정보사회'로 불리는 4차 산업혁명을 선도하는 핵심기술이 바로 인공지능(AI)이다. 인공지능이란 인공적으로 지능을 실현하는 기술로, 여기서 '인공적'이라는 의미는 이성적으로 판단 또는 행동하거나, 인간처럼 생각하고 행동하는 것을 말한다(도용태 외, 2013). 그리고 '지능'이라는 단어는 통찰, 이해, 사고를 의미하는 'intelligentia'라는 단어에서 유래한 것으로, 사람이 주어진 문제의 내면을 꿰뚫어보고(통찰), 이와 관련된 상황을 알아차린 후에(이해), 해결하기 위한 적절한 방법을 찾는(사고) 정신적 능력을 말한다.

튜링(Alan Turing, 1912-1954)의 선구적 역할에 힘입어 인공지능 기술은 기계학습(Machine Learning)을 거쳐 인공 신경망(Artificial Neural Network)이나 딥러닝(Deep Learning)과 같은 고도의 알고리즘 차원으로 발전하고 있다. 2015년 구글에서 개발한 알파고와 이세돌 국수 간의 대결에서 알파고가 승리를 거두자 인공지능에

---

1) 여기서 지능은 지각능력, 판단력, 심지어 감성까지 포함한 종합적인 능력이다.

대한 세간의 관심은 유례없이 급상승하였다. 그 뒤를 이어 2017년 세계 최고의 바둑고수인 중국인 커제(Ke Jie)가 야심찬 도전장을 내밀었으나 알파고에 눈물을 보이며 패배하면서 인류는 다시금 적지 않은 충격을 받게 되었다. 바둑의 지존마저 딥러닝의 결정체인 알파고에게 지게 되자 사람들의 관심과 놀라움은 어느새 우려와 두려움으로 바뀌게 된 것이다. 이렇듯 인공지능과 로봇의 발달은 인간을 노동에서 해방시켜 줄 것이라는 장밋빛 기대를 주기도 하지만, 그것으로 인해 인간의 일자리와 인간성이 위기에 처할 것이라는 부정적 전망[2]의 원인이 되고 있다(차두원 외, 2016).

4차 산업혁명에서는 여러 분야의 기술이 '연결'되고, '융합'되면서 획기적인 기술의 진보, 산업재편, 전반적인 시스템의 변화가 연쇄적으로 일어난다. 물리학적 차원에서 무인 운송수단, 3D 프린팅, 로봇 공학 등의 기술과 디지털 과학 차원의 사물인터넷(IOT), 빅데이터 기술 그리고 생물학적 차원에서의 유전 공학, 생명 공학 등의 기술이 결합하여 이전과는 속도, 범위, 영향력의 측면에서 전혀 다른 새로운 기술을 창출하고 있다. 가령 유전공학과 3D 프린팅이 결합하여 '생체조직프린팅'이 등장하였고, 위에서 언급한 세 차원의 기술이 연결되면서 '사이버 물리시스템'(cyber physical system)이 탄생하게 되었다.

이러한 변화와 혁신이 비단 경제 및 산업계와 노동시장 분야로 국한되는 것은 아니다. 오히려 우리가 살아가는 일상적 삶 속에서 실제로 하나둘씩 구현되고 있다. 예컨대 우리가 착용하는 스마트워치는 개인들의 식사량과 수면 시간을 체크하여 신체 활동과 변화에 대한 데이터를 축적하여 섭생과 건강에 관한 유익한 정보를 제공한다. 위의 정보가 스마트폰과 집안의 가전기기들(냉장고, 텔레비전 등)과 공유시스템을 갖추게 되며, 이들 축적된 데이터로부터 일정한 패턴을 인식할 수 있다. 4차 산업혁명 시대에 축적된 빅데이터는 인간의 행동과 소비자의 특성을 분석하고 예측하는 데 결정적 기여를 하게 된다.

---

[2] 유발 하라리(2017)는 자신의 신작 『호모 데우스: 미래의 역사』에서 인공지능, 드론과 같은 의식없는 지능이 의식있는 지능인 인간을 뛰어넘고 있다고 진단하고, "도래하는 시대에 새로운 기술종교들은 알고리즘과 유전자를 통한 구원을 약속함으로써 세계를 정복할 것이다"라는 다소 경고성에 가까운 비관적인 전망을 제시하고 있다.

이렇게 본다면 4차 산업혁명의 키워드는 초연결성, 초지능성, 예측가능성에서 찾을 수 있다(원동규·이상필, 2016). 그 특징은 사람과 사람, 사람과 사물, 사물과 사물이 인터넷 통신망으로 연결되고(초연결성), 네트워킹에서 얻어진 방대한 데이터를 분석하여 일정한 패턴을 파악하며(초지능성), 분석 결과를 토대로 인간의 행동을 예측하는(예측가능성) 일련의 단계를 통해 새로운 가치를 창출해 내는 것이다. 그 중심에 인공지능이 있으며, 하나의 고정화된 프레임에서 작동하는 수동적 기계가 아니라 스스로 정보를 입력하고 사고를 통하여 새로운 지식을 창출하는 고도의 사이버 물리시스템의 차원을 갖는다는 데 그 특징이 있다.

1) 독 일

2011년 인더스트리 4.0을 표방하며 제조업 혁신을 선도하고 나선 독일은 사물인터넷(IOT), 인공지능, 빅데이터 등을 통한 완전한 자동생산체계를 구축하고 생산 과정을 최적화하는 산업정책을 가장 활발하게 펼쳐 나가고 있다. 독일에서도 처음에는 공장의 완전 자동화로 일자리가 줄어들 것이라는 노동계의 우려가 컸다. 그 우려를 불식시킨 것은 무엇보다도 '개방형 의사소통 시스템'(남유선·김인숙, 2015)을 마련하여 기업가, 노조, 정부, 학계가 서로 소통하며 상호 신뢰와 협력의 기반을 다질 수 있었기에 가능하였다. 제조업 분야는 자동화가 이뤄지면 반복 작업을 하는 일자리가 사라지게 된다. 이를 극복하려면 새로운 기술과 역량을 기르기 위한 재교육이 필수적이며, 각 개인에 맞는 특화된 교육이 필요하다. 가령 업무 수행에 필요한 다양한 정보와 지식을 모듈식으로 학습해 나가는 역량이 필요한 것이다.

인더스트리 4.0이라는 과업을 완수하기 위해, 전통적인 제조업 강국 독일은 몇 가지 과제를 안고 있다. 우선 서로 다른 업종인 전기, 전자, 기계, 정보 부문의 기업이 협력하기 위한 상호호환성의 틀을 마련해야 한다. 개방적이며 신뢰성 있는 표준화된 플랫폼이 구축되어야 각 산업은 시너지 효과를 낼 수 있으며, 중소기업의 비용부담도 줄일 수 있기 때문이다. 다른 한편, 기존 데이터와 물리적 자산을 스마트 데이터로 대대적으로 변환하는 작업도 필요하다. 이때 비로소 2차 산업의 대표산업인 제조업과 3차 산업의 신기술인 정보통신기술(ICT)이 결합하여 완전한 정보 교환이 이루어지고, 전체 생산 공정 또한 최적화될 수 있을 것이다. 표준화된 플랫폼은 데이터의 보안, 지적재산권 보호 등의 문제를 해결하기 위해서라도 하루빨리 구축되어야 한다.

2) 미 국

독일과는 달리 미국은 클라우드 중심 플랫폼을 통한 산업인터넷을 구축하여 인공지능과 빅데이터가 결합된 사이버공간의 현실화 전략을 추진해 오고 있다. 세상의 모든 사물들이 네트워크로 연결되는 4차 산업혁명 시대에는 사물인터넷의 비중이 마치 우리가 매일 호흡하는 '공기'와도 같이 중요해진다. 미래 사회에서 '연결' 없는 세계를 상상할 수 없기 때문이다. 우리는 매일 사물인터넷에서 방대한 정보를 얻고(빅데이터), 그것을 거대한 서버에 저장하며(클라우딩), 인공지능으로 분석하여 실생활에 활용하는(데이터마이닝) 삶을 살게 되는 것이다. 이와 같이 사물인터넷은 공유경제, O2O(Online to Offline)[3] 서비스와 같은 플랫폼[4] 기반 서비스의 비약적인 발전을 가능하게 해 준다.

이러한 플랫폼 활용은 가격, 품질 등을 신속하게 개선하는 효과를 가져와 기존의 거대 기업을 단기간에 추월할 수 있는 기회를 제공하고 있다. 가령 신종택시 사업인 우버(Uber)를 살펴 보자. 위치기반 서비스와 모바일 앱을 활용한 서비스를 통하여 우버는 단 한 대의 차량도 소유하지 않은 기업이지만 100년 이상의 미국의 대표적 자동차 기업인 포드와 GM의 시가 총액을 능가하는 기염을 토하였다.

인공지능과 네트워크 분야에서 최고 기술을 가진 구글은 전기자동차와 자율주행차 부문에서 4차 산업혁명을 선도하고 있다. 구글은 미국 실리콘밸리에서 개최한 자체 개발자 행사 '구글 I/O[5] 2017'에서 '모두를 위한 인공지능(AI)'을

---

3) 온라인과 오프라인이 유기적으로 연결되어 새로운 가치를 창출하는 서비스를 말한다. 아마존, 알리바바와 같이 온라인과 오프라인을 연결하는 기업이 있는가 하면, 이마트나 롯데마트와 같이 오프라인과 온라인을 연결하여 서비스를 제공하는 경우도 있다.
4) 컴퓨터 시스템의 기본이 되는 특정 프로세서 모델과 하나의 컴퓨터 시스템을 바탕으로 하는 운영체제를 말한다.
5) Input/Output Unit

만들겠다는 기술의 방향성을 공개했다. 모바일 시대를 예감하고 구글은 수년 전 '모바일 퍼스트', '모바일 온리' 개념을 내세운 바 있다. 그리고 이제, 'AI 퍼스트'라는 구호에서 우리는 미래의 발전 방향을 읽을 수 있다.

인공지능과 사물인터넷으로 무장한 구글의 무인자동차는 2012년 시각장애인을 대상으로 일상생활 속에서 주행을 성공적으로 수행하면서 사실상 자율주행자동차 시대의 상용화를 예고하였다. 무인자동차는 앞으로 화물트럭에서 널리 활용될 것이다. 잠을 자지도, 쉬지도 않고, 24시간 물류를 배송해야 하는 운송 분야에서 무인차는 인간의 한계를 넘어서는 역량을 발휘할 것이다. 결국 택시, 버스와 같은 대중교통은 물론 개인 자동차에 이르기까지 그야말로 무인자동차 시대가 펼쳐질 날도 멀지 않았다. 어쩌면 가까운 장래에 운전면허증이 필요 없는 시대가 성큼 다가올지도 모른다.

또 다른 글로벌 기업의 대명사 테슬라(Teslar)는 미래의 자동차로 볼 수 있는 전기자동차 개발에 심혈을 기울이고 있다. 여기선 전기자동차라는 하드웨어의 성능을 최대한 활용할 수 있는 소프트웨어가 유기적으로 작동한다. 테슬라 전기자동차는 단순히 배터리 기술의 혁신이나 독특한 기능에 있는 것이 아니라 사물인터넷을 기반으로 한 소프트웨어의 장점을 최대한 살린 데 그 특징이 있다. 동시에 테슬라는 태양열 에너지 전문업체 솔라시티(SolarCity)를 설립하여 전기자동차 주행의 핵심요소인 고효율의 태양광 집광 모듈 기술을 집적하고 있다. 이러한 신기술을 기반으로 테슬라는 민간인의 우주여행을 실현할 수 있는 최첨단의 로켓 개발을 목전에 두고 있다.

인공지능과 사물인터넷의 결합은 의료분야에서도 감지된다. 미국의 정보통신회사인 IBM에서 개발한 헬스케어 기기인 왓슨(Watson)은 뉴욕의 한 암센터에서 질병의 진단과 파악에 쓰이고 있다. 이 기기는 단순한 건강 정보의 수집이나 모니터링 차원을 넘어 진료 기록을 분석하고, 환자의 상태를 정확하게 진단하여 최적의 진단을 내릴 정도의 의료서비스를 제공하고 있다. 인간 의사가 낼 수 있는 오류를 극복할 수 있다니 인공지능 의사의 상용화도 이제 멀지 않은 셈이다. 2016년 12월 가천대학의 길병원에도 왓슨이 도입되어 암 진단과 처방을 위한 의료서비스를 제공하고 있다.

이 밖에도 인공지능은 금융 업무를 담당하는 '챗봇(Chatbot)', 트윗을 위해 고안된 '트윗봇(Twittbot)'과 언론 분야에서 단신기사 작성에 활용되고 있는 '기사봇'으로 진화를 거듭하고 있다. 예컨대 기사봇의 경우 Automated Insights에서 개발한 'Wordsmith'는 초당 9.5개의 기사를 작성할 수 있으며, Narrative Science의 'Quill'이나 Tencent의 'Dreamwriter'와 같은 인공지능 기사 작성 프로그램이 이미 개발되었다. 그리고 IBM과 Ross Intelligence가 협력하여 인공지능 변호사인 'Ross'를 개발하였으며, 주식투자를 할 수 있는 로봇을 개발하여 주식투자가 워렌 버핏(Warren Buffett)의 이름을 따 'Warren'으로 명명하였다.

3) 일 본

로봇 중심 플랫폼으로 경제의 부흥을 꿈꾸는 일본은 자국의 강점 분야인 로봇 기술을 적극 활용하고, 로봇 기반 산업생태계를 혁신하여 사회적 혁신을 선도하려는 '데이터 기반 선순환형 비즈니스 모델'에 4차 산업혁명의 초점이 맞추어져 있다. 일본은 전통적으로 로봇, 센서 디바이스, 네트워크 인프라, 현실 데이터, 컴퓨터 개발능력 등에서 독보적인 기술을 보유하고 있다. 특히 일본의 4차 산업혁명 로드맵 중심에는 로봇이 있다. 산업용 로봇 출하액 3400억 엔(세계시장 점유율 약 50%), 가동대수 약 30만 대(세계시장 점유율 약 20%)로 부동의 세계 1위를 고수하고 있다(디지털타임스, 2017.06.04.).

중국과 한국의 약진에 맞서 일본은 로봇화를 중점으로 한 사물인터넷, 사이버 물리시스템의 로봇혁명을 실현하기 위해 세 가지 전략을 세우고 있다. 그것은 다름 아닌 세계의 로봇 혁신거점화, 세계 제1의 로봇 활용 사회, 로봇과 인접기술(빅데이터, 네트워크, 인공지능)과의 선제적 융합이다. 천문학적 재원의 확보와 투자 이외에도 4차 산업혁명의 원활한 진전을 위해 규제 완화를 정책의 핵심과제로 삼고 있다.

일본 기업은 로봇 산업의 추종국들과의 경쟁우위를 유지하기 위해 산업용 로봇을 사람의 곁에서 일할 수 있게 하고 사용하기 편리하게 진화시키는 등 차별화를 시도하고 있다. 이 중 하나가 가와다 로보틱스 회사에서 만든 'NEXTAGE'라는 로봇이다. 이 로봇은 사람의 상반신과 유사하게 생긴 로봇으로, 별다른 거부감 없이 사람의 바로 옆에서 기계 조립 작업을 할 수 있다. 복잡하고 무거운 로봇의 결함을 극복하고자 파나소닉(Panasonic)은 2015년부터 가볍고 저렴한 장착형 로봇을 만들어 시판하고 있다. 저렴한 가격에 무게도 가벼워 여성이나 고령자도 쉽게 사용할 수 있는 장점이 있다. 물류업체나 농가에서 무거운 짐을 들어 올릴 때 작업 부담을 경감하고 일손 부족을 해소하는 데 도움이 되고 있다.

한편 로봇에 활용되는 소재 개발도 꾸준히 이뤄지고 있다. 아사히(朝日)는 고무줄처럼 늘어나는 전선을 로봇에 도입하여 로봇 기술의 혁신을 꾀하고 있다. 탄력있는 폴리우레탄 섬유에 도체선을 감은 소재를 사용함으로써 복잡한 움직임이 요구되는 인간형 로봇의 탄생을 앞당기고 있는 것이다.

CHAPTER 2

미래 직업세계의 변화

01___미래 사회의 변화

미국의 국가정보위원회(NIC: National intelligence Council)는 2013년 '글로벌 트렌드 2030: 대안적 세계(Global Trends 2030: Alternative Worlds)'라는 미래예측 보고서를 내놓은바 있다. [그림 1.2]에서 보는 바와 같이, 이 보고서는 예측 가능한 미래 변화로서 4대 메가트렌드(Mega Trends)와 메가트렌드에 영향을 미치는 6개의 변화요인(Game Changers), 그리고 메가트렌드와 변화요인 간의 상호작용으로 드러날 2030년 모습을 4개의 대안 시나리오로 제시하였다(김기봉·최태정, 2014). 이에 따르면, 2030 미래 사회는 경제적·사회적인 글로벌화와 새로운 통신·제조기술의 발달과 폭넓은 이용 가능성 등으로 개개인의 접근가능성(권한)이 확대되는 반면 국가 간 권력은 집중되지 않고 분산될 것이며, 고령인구 증가, 국가 간 인구 이동, 도시 인구의 증가로 인해 정치·경제·국제 관계적으로 새로운 문제들이 야기될 것으로 예측하고 있다.

그림 1.2   NIC Global Trends 2030의 Mega Trends

**메가트렌드
(Mega Trends)**

• 개인의 권한 확대
• 권력의 분산
• 인구패턴의 변화
• 식량, 물, 에너지 위기

(+)

**변화요인
(Game Changers)**

• 세계경제의 위기
• 거버넌스 차이
• 분쟁 증가의 가능성
• 지역적 불안정성의 증가
• 신기술의 영향
• 미국의 역할

▷

**대안 시나리오
(Alternate Worlds)**

☑ 멈춰버린 엔진
☑ 융합
☑ 램프 밖으로 나온 지니
☑ 비국가적인 세계

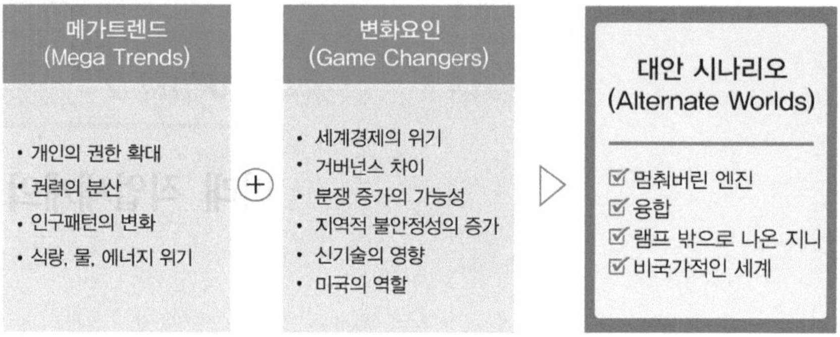

한편, 이승민 외(2015)는 미래 사회 전망을 위한 STM(Socio-Tech Matrix)과 미래 기술 전망을 위한 TCM(Tech-Contour Map)을 활용하여 미래 사회의 10대 불연속적 변화를 <표 1.1>과 같이 제시한 바 있다. 미래 사회의 10대 불연속적 변화의 주요 이슈는 기술의 지능화·정보화·산업화로 인해 사회의 복잡성 및 비효율성이 확대되고, 인공지능, 인체플랫폼, 일자리 전쟁 등 기계가 인간을 대체하게 되는 초유의 사태이다. 이로 인해 사회경제적인 변화와 더불어 인간의 정체성 인식에도 커다란 변화가 일어날 것이다. 또한, 현실 세계와 사이버 세계의 융합으로 인해 물리적 일상과 사회경제활동 전반의 가상현실화가 심화되고, 개인과 집단, 인간과 기계의 과도한 연결로 인한 다양한 연결망의 진화가 결국에는 예측할 수 없는 기회와 위험을 동시에 가져다 줄 것이다. 이러한 전망은 미래 사회가 급속한 기술발전과 사회의 공진화(共進化)로 인하여 상호의존성과 복잡성이 계속해서 증가하며 이에 따라 불확실성도 그만큼 커진다는 것을 시사해 준다.

표 1.1 10대 불연속적 변화영역 및 특징

10대 불연속적 변화 영역	주요 특징
① 인간의 한계 에 도전하는 인공지능	• 과거에는 인간이 알고리즘을 이해, 지금은 알고리즘이 인간을 이해 • 딥러닝·하드웨어·빅데이터, 인공지능 연구의 획기적 기술 진화 　주도 • 인공지능과 인간은 경쟁적 관계가 아닌 상호보완적 관계로 발전
② 인체 데이터 혁명, 스마트 헬스케어의 변신	• 헬스케어·의료 영역과 ICT 영역의 접목 시도가 다양화되는 중 • ICT 기업들은 차세대 먹거리로서 헬스케어 시장 진입을 추진 • 非침습형 기술에서 침습형 기술로의 전이 필요
③ 非제조 분야의 혁신을 이끄는 3D 프린팅	• 3D 프린터는 다품종 소량생산 환경에 적합한 새로운 도구 • 기술의 진보는 3D 프린터의 적용 영역을 확대시키고 있음 • 혁신이 아닌 자연스러운 변화의 흐름을 이끌 것
④ 새로운 기계 들의 세상과 단 하나의 로봇	• 로봇 기술은 소셜학습형을 중심으로 산업제조용, 가정용 등으로 분화 • 자율주행차는 개인형이동장치·상용차에서 검증을 거쳐 대중화 예상 • 새로운 기계들은 상호연결·학습을 통해 기능과 지능이 진화
⑤ ICT를 넘어 IOT시대의 생존 전략	• 표준화, 킬러앱 등은 이해관계자들의 노력과 협력을 통해 극복 가능 • 실현가능성이 아니라 IOT 기반 위에 무엇을 제공할 것인가가 핵심 • IOT 서비스 핵심은 bit-atom의 유기적 연계를 위한 지능화 플랫폼
⑥ 인간을 향한 보안, Human Security	• ICT의 확산은 사이버테러리즘의 발생 원인·기회로 작용 • 사이버테러의 대상은 사회 인프라를 넘어 사람으로 확대되는 중 • 새로운 경계 영역을 설정하고 다각도의 대응책 마련이 필수적
⑦ ICT 패권, 높아지는 미국과 넓어지는 중국	• 중국은 ICT 중심의 기술고도화, 창업 장려 등을 통해 질적 성장 모색 • 일대일로, AIIB 등은 미국의 영향력을 우회하기 위한 성장 전략 • 국내 ICT전략 기조는 유라시아 내 중국 협력, 미국의 대중국 견제 　보조
⑧ 금융 산업, 와해인가 기회인가	• 규제의 장벽을 넘어 지불·결제 이외의 다양한 영역으로 확대되는 중 • 기술·아이디어가 융합되어 기존 금융 산업과 전혀 다른 서비스 　창출 • 핀테크 산업의 성패는 '브랜드'가 아닌 '가치 제공'이 좌우

10대 불연속적 변화 영역	주요 특징
⑨ 로봇과 인간의 일자리 전쟁	• 기술혁신으로 인한 일자리의 양적·질적 변화는 불연속적 시대 흐름 • 일자리 문제는 자본주의 한계와 기술 영향력을 함께 고려하여 판단 • 디지털포디즘이 아닌 디지털아테네를 위한 새로운 역량 준비 필요
⑩ 깊어지는 기술 과 인간, 인체 플랫폼	• 신체기능과 지적능력 강화기술은 인간의 몸을 빠르게 플랫폼화 • 지속가능성을 위해 호모사피엔스의 본질에 대해 고민할 시점 • 임플란터블·프로그래머블한 인간의 몸은 희망이자 인류의 미래 위험

출처: 이승민 외(2015). ECOsight 3.0: 미래 사회 전망. 한국전자통신연구원.

이처럼 다가올 미래 사회의 변화를 예측하는 것은 갈수록 더 힘들어질 것이지만, 누구에게나 미래를 전망하고 준비하는 일은 변화의 폭과 그 속도만큼이나 중요한 사안이 아닐 수 없다.

02___직업 환경의 변화

미래 사회의 급속한 변화 양상은 자연스럽게 미래의 직업세계에도 영향을 준다. 기술정보화와 세계화가 가속화되면서 미래 사회에는 기존의 직업들이 하나둘씩 사라짐과 동시에 다양한 직업들이 새롭게 등장하게 된다. 4차 산업혁명의 파고는 경제 및 산업구조, 노동시장은 물론 사회 전반에 거쳐 많은 영향을 미칠 것이다.

장주희 외(2013)는 미래의 직업세계에 변화를 가져올 동인을 분석하여 미래의 직업생활 퓨처스휠을 작성하였다([그림 1.3]). 이 연구에 따르면, 저출산과 고령화로 경제활동 인구가 감소하여, 정년연장, 다문화 배경을 가진 취업자가 증가하게 될 것이며, 노동시장의 변화는 프로젝트 단위의 고용, 이동하는 전문 직업인의 증가, 글로벌 취업경쟁의 심화 등이 초래될 것으로 예상하였다. 또한, 과학기술의 발달은 거래비용을 감소시켜 초대형 기업, 혹은 1인 기업이 증가하게 될 것이며, 개인의 삶의 질에 대한 관심이 증대하고, 과거와 달리 국가나 기업 주도 대신 개인주도의 경력개발이 중요시 될 것으로 전망하였다.

그림 1.3 2030 미래의 직업생활 퓨처스 휠

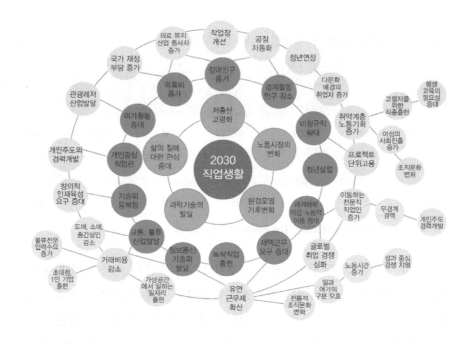

2016년 세계경제포럼 WEF(World Economic Forum)에서는 4차 산업혁명에 따른 미래(2015~2020) 일자리 변화 전망 결과를 발표하였다. 이에 따르면, 향후 5년 동안(2020년까지) 4차 산업혁명으로 인해 총 710만 개의 일자리가 사라지고 200만 개의 일자리가 창출되어 총 510여만 개의 일자리가 감소할 것으로 전망하고 있다. 변화된 세계에서 인공지능, 바이오 등 고도의 전문직 수요는 꾸준히 늘어나는 반면 단순직의 고용 불안정성은 더욱 커지게 된다.

WEF에 따르면 <표 1.2>, 향후 사무행정직, 제조생산직, 건설 및 채굴 관련직, 디자인·스포츠·미디어 관련직, 법률·서비스, 시설·정비직 관련 직업이 감소할 것이며, 그 중 사무행정직(475만 9천 개), 제조생산직(160만 9천 개)에서 가장 많은 일자리가 감소할 것으로 예측하였다. 반면, 비즈니스·금융, 경영, 컴퓨터와 수학, 건축 및 엔지니어링, 영업 및 관리직, 교육·훈련직에서는 새로운 일자

리가 창출될 것이며, 그 중 비즈니스·금융(49만 2천 개), 경영(41만 6천 개), 컴퓨터와 수학(40만 5천 개) 분야에서의 일자리는 증가할 것으로 예측되었다.

표 1.2   2015-2020년 직군별 고용 증감규모 추정   (단위: 천명)

순고용 감소	사무·행정	제조·생산	건설·채굴	디자인·스포츠·미디어	법률·서비스	시설·정비
	-4,759	-1,609	-497	-151	-109	-40
순고용 증가	비즈니스·금융	경영	컴퓨터·수학	건축·엔지니어링	영업·관리직	교육·훈련
	492	416	405	339	303	66

출처: World Economic Forum(2016). The Future of Jobs Survey.

이러한 결과는 기존 산업혁명이 블루칼라의 일자리를 대체한 반면, 4차 산업혁명은 화이트칼라의 미래를 불투명하게 한다는 것을 의미한다. 미래 사회에 새롭게 창출될 일자리는 주로 첨단 분야에서 발생되는 문제들을 해결하는 데 중요한 역할을 할 수 있는 직업군과 밀접한 관련이 있다는 것을 보여준다.[6]

한편, 2013년 옥스퍼드에서 702개의 세부 직업동향을 연구한 결과에 따르면, 미국의 일자리 중 47%가 컴퓨터화로 인해 없어질 위험에 처해 있으며,[7] 보스턴 컨설팅 그룹(BCG, 2015) 리포트에서는 제조업 국가 중 인도네시아, 태국, 대만, 그리고 대한민국이 가장 적극적으로 로봇 자동화를 받아들이고 있는 것으로 조사되었다. 특히 대한민국은 2020년에 전체 업무의 20% 정도, 2025년에는 45% 정도를 로봇자동화를 통해 제조업을 대체하게 될 것으로 예측하였다([그림 1.4] 참조).

---

6) 서미영(2016). 미래 직업세계와 신생직업; 10년 뒤 우리는 무엇을 하고 있을까?. 미래의 직업세계와 청년의 진로; 미래를 알고 잡(job)을 잡는다. 주제발표 2. 국민경제자문회의, 대통령직속청년위원회, 매일경제.
7) 김윤정·유병은(2016). 인공지능 기술 발전이 가져올 미래 사회 변화, 한국과학기술기획평가원.

그림 1.4 국가별 로봇자동화의 4가지 일반적인 패턴

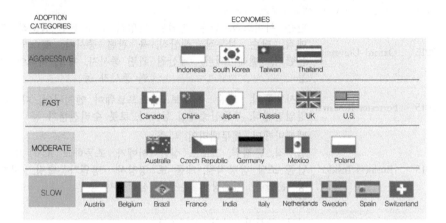

출처: Harold. L. S., Michael, Z, & Justin, R. R. (2015). The Robotics Revolution. The Boston Consulting Group, Inc. MA: Boston.

　머지않은 미래에 놀랄만한 속도로 진화하고 있는 인공지능(AI)의 발달로 인해 인간의 지적, 육체적 업무와 관련된 단순 반복 노동과 매뉴얼에 기반한 업무의 상당 부분이 대체될 것으로 보인다. 특히 매뉴얼 위주의 노동을 주로 하는 텔레마케터, 콜센터 상담원, 운송업이나 노동 생산직은 고위험군에 포함되었으며, 의료, 법률상담, 기자 등의 전문 서비스 직종 또한 인공지능에 대체될 수 있는 직종으로 나타났다. 또한, 영국 옥스퍼드대 연구에서도 텔레마케터가 자동화 로봇에 의해 대체될 확률이 99%에 달할 정도로 높다고 보았으며, 이러한 결과는 미국 경제 전문 매체 「비즈니스인사이더」에서도 유사한 결과를 보였다. <표 1.3>은 인공지능과 로봇에 의한 일자리 대체가 장차 어떻게 이루어질 것인지를 상이한 분석 기관에서 분석한 결과이다.

표 1.3 · 로봇 대체 일자리 비교

년도	기관[8]	고위험군 직업	저위험군/새로 부상하는 직업
2013	Oxford University	단순 서비스직, 단순 영업판매직, 단순 사무직, 생산직, 운반직, 텔레마케터, 계산원 등	경영직, 금융 관련 전문직, 교육 관련 종사자, 헬스케어 관련 종사자, 예술, 미디어 관련 종사자 등
2015	Forrester Research	공사노동직, 단순 사무보조, 영업판매직, 부동산중개업 등	소프트웨어 엔지니어, 디자이너, 로봇 수리전문가 등
2015	Business Insider	텔레마케터, 세무대리인, 대출 업무직, 은행원, 스포츠 심판, 납품 조달 담당직원, 제품 포장·운반용 기계장치 운전자 등	서예가, 초등학교 교사, 의사, 영양사, 병원카운슬링, 사회심리학자 등
2015	소프트웨어 정책연구소	사무 종사자, 장치·기계조작 및 조립 종사자, 기능원, 판매 종사자, 회계사, 세무사, 관세사 등	소프트웨어 개발자, 의사, 초등학교 교사, 성직자, 변호사 등
2016	세계경제포럼 (다보스포럼)	단순 사무직, 행정직, 제조·생산직, 건설·채굴, 예술·디자인, 환경·스포츠·미디어, 법률, 시설 및 정비 등	사업·재정·운영, 경영직, 컴퓨터·수학, 건축·엔지니어, 영업 관련직, 교육·훈련 등
2016	유엔 미래보고서 2045	의사, 변호사, 기자, 통·번역가, 세무사, 회계사, 감사, 재무 설계사, 금융 컨설턴트, 언론인(기자), 암호전문가, 심리학자, 심리치료사 등	일자리 전환매니저, 팽창주의자, 극대화 전문가, 윤리학자, 철학자, 이론가 등
2016	한국고용정보원	콘크리트공, 정육원, 도축원, 고무 및 플라스틱 제품 조립원, 청원경찰, 조세 행정 사무원, 물품 이동장비조작원, 손해사정인, 일반의사 등	화가, 조각가, 사진사, 작가, 배우 및 모델, 초등학교 교사, 물리 및 작업 치료사, 임상심리사 등

출처: 김은정·서기만(2016). 인공지능시대를 위해 시작해야 할 두 번째 고민. LG Business Insight, Weekly 포커스.

8) Oxford University(2013). *The future of employment: How susceptible are jobs to computerization?*, Forrester Research(2015), *The future of jobs, 2025: working side by side with robots*, Business Insider(2015), *The 25 jobs that robots are least likely to take over &*

로봇의 일자리 대체가 빨라지는 이유는 사회 전반적으로 근로자의 임금이 높아지는 데 반해, 로봇의 가격은 시간이 지날수록 연평균 10% 이상 지속적으로 하락하고 있기 때문이다. 이전의 단순 직종이나 일반 서비스 직종에서 업무 자동화·산업화로 인해 일자리 대체가 발생하는 것은 쉽게 짐작할 수 있다. 하지만 고도의 정신노동을 필요로 하는 전문 서비스 직종에서마저 로봇과 인공지능이 일자리를 대체해 가고 있는 현실은 하나의 충격으로 받아들여질 수 있으며, 그 파급 효과에 대한 대비가 필요할 것으로 보인다.

다른 한편, 면대면(face-to-face) 중심의 직종, 감성과 예술성이 요구되는 직종, 그리고 종합적이며 창조적 사고를 요하는 직종에서는 인공지능의 일자리 대체가 쉽지 않을 것으로 전망된다. 마찬가지로 인간 사이의 유대감을 중시하는 직업(예를 들어, 장례지도사, 데이케어, 전문 테라피스트, 정신건강 담당 사회복지사 등)도 로봇 대체 확률이 낮을 것으로 보인다. 인공지능의 발달로 인해 데이터 사이언티스트, 로봇 연구 개발 및 소프트웨어 개발, 운용, 수리 및 유지 보수 관련 직업 등의 개발 인력, 숙련된 운영자 등의 지식집약적인 일자리가 새롭게 창출될 것으로 보인다.

지난 2014년 12월, 고용노동부에서 발표한 2013~2023 중장기 인력수급 전망 및 시사점과 관련한 보도 자료에 따르면, 산업별로는 사회복지서비스업(+738천 명), 사업지원서비스업(+378천 명), 보건업(+355천 명) 등에서 취업자가 늘어나고, 농업(-138천 명), 교육서비스업(-56천 명), 금융업(-40천 명) 등은 감소할 것으로 전망하고 있다([그림 1.5] 참조).

The 20 jobs that robots are most likely to take over, 소프트웨어정책연구소(2015), SW중심사회, World Economic Forum(2016), *The future of jobs*, UN(2016), 유엔 미래보고서 2045, 한국고용정보원(2016). AI로봇-사람, 협업의 시대가 왔다.

그림 1.5 10년간 취업자 증감 상위(좌), 하위(우) 10대 산업(산업 중분류 기준)

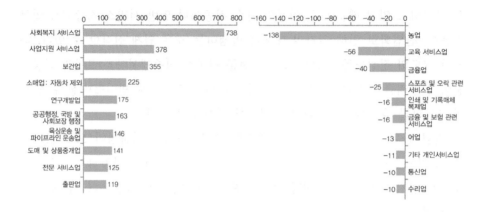

주1) 2013년 기준 취업자 수가 5만명 이상 산업 대상, 주2) 단위: 천명
출처: 이시균 · 공정승 · 김혜민(2015). 2013-2023 중장기 인력수급 전망 OVERVIEW. 한국고용정보원.

직업별로는 총무사무원(+80천 명), 간병인(+76천 명), 경리사무원(+75천 명) 등에서 취업자가 많이 증가하고, 곡식작물 재배원(-117천 명), 문리 및 어학강사(-22천 명), 건설 및 광업 단순종사원(-18천 명) 등은 감소할 것으로 전망하고 있다([그림 1.6] 참조). 한편, 향후 성장과 고용을 견인할 수 있는 분야에 대한 테마별 전망을 실시한 결과, 창조산업(연구개발인력)은 '13~'17년 중 14만 명, ICT분야는 '11~'18년 중 11만 명, 사회서비스업은 '13~'17년 중 75만 명의 취업자 증가가 예상된다.

이러한 결과는 해외의 미래 전망 직군 혹은 직업들과 다소 차이를 나타내고 있다. 해외의 경우, 미래 사회의 불확실성 및 정보화 · 세계화로 인해 ICT 기술 및 융합기술 영역의 양적 · 질적인 변화를 거듭하고 있으며, 이로 인해 다양한 직종, 직업에서 로봇이나 인공지능 등이 인간의 노동력을 대신할 수 있을 것으로 전망하고 있다.

하지만 국내의 경우, 산업 측면에서는 현재의 고용 구조와 제도적 환경이 유지된다는 가정 하에 저출산 · 고령화의 영향, 소비성향 증가, 그리고 여가활동 및 건강 관련 서비스 수요 증가 등을 고려해볼 때, 산업구조의 서비스업 비중이

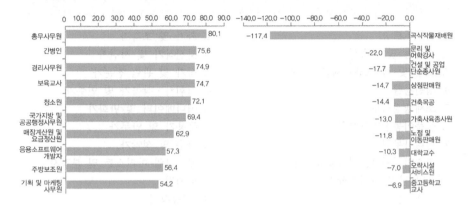

그림 1.6 취업자 수 증가(좌), 감소(우) 인원 상위 10대 직업(직업 세분류)

주1) 2013년 기준 취업자 수가 5만명 이상 산업 대상, 주2) 단위: 천명, 출처: 위 그림과 동일

지속적으로 상승할 것이라는 전망에 따른 것으로 보인다. 그렇지만 서비스업 자체의 경쟁력은 여전히 취약한 상황이므로 타 업종과의 연계 및 융·복합화를 통한 업종 개발이 요구된다.

한편, 직업별 인력수요에 있어서는 지식정보화와 산업구조의 고도화에 따라 전문가 직군의 증가 및 단순 매장판매직 감소, 연구개발직 강화 등은 세계화의 흐름을 따라가고 있는 것으로 보이지만 단순 노무 종사자 직군 증가, 장치·기계조작 및 조립 종사자(기능직) 증가 등은 국가 간의 사회·환경적 차이, 노동시장 구조 및 개인적 직업 인식 차이 등의 이유로 국제비교에서는 다소 차이가 있음을 알 수 있다.[9]

2017년 한국고용정보원이 국내 주요 직업 400여 개를 놓고 인공지능과 로봇 기술 등으로 직무 대체 가능성을 분석한 결과(「2017 한국직업전망」), 단순 반복적이고 정교함이 떨어지거나, 사람들과 소통이 상대적으로 적은 직업들의 미래 전망이 어둡게 나타났다.

9) 이시균·공정승·김혜민(2015). 「2013-2023 중장기 인력수급 전망 Handbook」, 한국고용정보원.

표 1.4　　인공지능과 로봇기술 발전으로 대체 확률이 높은 직업

대체 확률이 높은 직업	대체 확률이 낮은 직업
1. 콘크리트공	1. 화가 및 조각가
2. 정육점 및 도축원	2. 사진작가 및 사진사
3. 고무 및 플라스틱 제품조립원	3. 작가 및 관련 전문가
4. 청원경찰	4. 지휘자·작곡가 및 연주가
5. 조세행정사무원	5. 애니메이터 및 만화가
6. 물품이동장비조작원	6. 무용가 및 안무가
7. 경리사무원	7. 가수 및 성악가
8. 환경미화원 및 재활용품수거원	8. 메이크업 아티스트 및 분장사
9. 세탁 관련 기계조작원	9. 공예원
10. 택배원	10. 예능강사

출처: 한국고용정보원(2017). 「2017 한국직업전망」.

콘크리트공은 인공지능이나 로봇으로의 대체 확률이 99.9%에 달해 1위에 올랐고, 정육원 및 도축원, 고무 및 플라스틱 제품 조립원, 청원경찰, 조세행정 사무원 등의 순으로 대체 확률이 높았다. 택배원도 대체 확률이 10번째로 높은 직업에 올랐고, 부동산 컨설턴트 및 중개인 역시 대체 확률이 99% 수준으로 14위에 올랐다. 이 밖에 통상 전문직으로 분류되어 온 손해사정인, 일반의사, 관제사 등도 자동화에 의한 직무 대체 확률이 상대적으로 높게 나타났다.

반면 화가 및 조각가, 사진작가, 작가, 지휘자 및 연주자, 애니메이터 및 만화가 등 예술 관련 직업들은 자동화에 의한 대체 확률이 낮았다. 예술 분야를 제외하면 대학교수가 대체 순위가 낮은 직업 20위에 올랐고, 출판기획 전문가(23위), 초등학교 교사(26위) 순으로 나타났다.

미국과 같은 선진국과 비교해 볼 때 한국의 고위험 직군 비중이 높게 나왔는데, 그 이유는 우리나라에서 영업 및 판매직종 종사자가 차지하는 비중이 다른 선진국에 비해 높기 때문인 것으로 나타났다. 일자리의 미래를 조망해 볼 때 결국 전문 기술직에 대한 수요는 증가하는 반면 단순 직무의 일자리는 갈수록 설 자리를 잃게 될 가능성이 높다. 따라서 급속도로 진화하는 기술발전의 속도에 뒤지지 않기 위해서는 새로운 시대에 맞는 교육과 훈련 그리고 역량의 제고

가 절실하다고 본다.

하지만 4차 산업혁명 시대를 맞아 새롭게 만들어지는 일자리에 대한 기대도 크다. 산업연구원(2017)이 발표한「미래 유망 신산업의 시장 및 인력 수요전망」은 2020년까지 사물인터넷(IoT) 제품, 웨어러블 디바이스, 자율주행차, 가상현실,

표 1.5 신산업별 인력수요 전망(단위: 명) *5년간(2015~2020)

구분	분야	2015년	2020년	연평균 증가율*
ICT 융복합	미래형자동차	7400	1만 2000	10.1%
	산업용무인기	200	800	30.9%
	지능형로봇	7800	1만 9800	20.4%
	웨어러블 디바이스	800	3600	35.1%
	스마트홈	3만 9500	9만 4100	19.0%
에너지 신산업	에너지저장시스템	500	1800	28.1%
	태양광	1200	2800	17.6%
	스마트그리드	2100	6200	24.5%
신소재	탄소섬유	1900	3500	13.6%
	마그네슘·타이타늄	3400	5000	8.1%
바이오 헬스케어	바이오의약	1만 4700	1만 9600	5.9%
	스마트헬스케어	2900	5600	14.1%
고급 소비재	화장품	2만 1800	3만 9600	12.7%
계		10만 4100	21만 4300	15.5%

출처: 산업연구원(2017).「미래 유망 신산업의 시장 및 인력 수요전망」.

모바일 등 신산업에서 총 21만 개의 일자리가 필요하다고 분석했다. 연평균 고용인원 증가율이 가장 높은 분야는 웨어러블 디바이스로 2020년까지 35.1%가 늘어날 것으로 예상됐다. 산업용 무인기(30.9%)와 에너지저장시스템(28.1%) 분야 역시 일자리 창출 핵심 산업으로 꼽히고 있다.

요컨대 4차 산업혁명으로 인간의 일자리가 대체될 것이라는 비관적 전망을 넘어 변화된 현실을 직시하는 혜안이 필요하다. 일자리는 줄어들거나 없어지는 것이 아니라 변화하고 진화한다. 그와 동시에 지속되는 산업혁명을 통해 기술혁신이 이루어지고, 생산성이 낮은 일자리가 생산성이 높은 일자리로 지속적으로 바뀐다는 사실을 인지할 필요가 있다.

03___미래의 직업사회에서 요구되는 역량

미래 사회의 변화는 미래 직업세계의 변화를 가져오고, 미래 직업세계의 변화는 직업을 가지는 인간들이 갖추어야 하는 필요 역량의 변화를 가져온다. ICT 기술, 로봇공학, 기계학습 등의 영향은 산업분야별로 인간에게 요구되는 직무 역량에 분명한 변화를 가져온다. 특히, 인간과 인간 간의 관계에서 요구되는 공감과 설득, 감성지능 등의 사회관계 및 협업 기술이 프로그래밍 혹은 장비 운영 등의 기술보다 더 요구될 것이다.

다음 [그림 1.7]은 미래 사회에 요구되는 35가지 핵심 직무기술을 나타내는 것으로, 인지능력과 신체능력과 같은 기본능력과 업무내용 관련 기술과 업무처리 관련 직무기술에 관한 기본적 직무기술 그리고 사회관계 기술, 자원 관리기술, 체계적 기술, 테크놀로지 관련 기술에 관한 직능을 넘나드는 직무기술을 포괄적으로 보여주고 있다. 여기서 초융합화, 초연결성, 초지능화, 초자동화, 초고속화로 치닫는 4차 산업혁명 시대에는 무엇보다도 '복합적 문제해결기술(Complex -Problem Solving Skills)' 역량이 중요해질 것으로 예상해 볼 수 있다.

그림 1.7 35가지 핵심 직무기술

능력	기본적 직무기술	직능을 넘나드는 직무기술	
인지능력 · 인지 유연성 · 창의성 · 논리력 · 문제인식 감수성 · 수리력 · 시각화 능력	**업무내용 관련 기술** · 능동적 학습 · 구술 표현력 · 독해력 · 작문 표현력 · ICT 이해도	**사회관계 기술** · 협동기술 · 감성지능 · 협상력 · 설득력 · 서비스 지향성 · 타인 교육훈련 기술	**자원 관리기술** · 재무자원 관리 · 물질자원 관리 · 인적 관리 · 시간 관리
신체능력 · 육체적 힘 · 신체동작의 정교함, 정확성	**업무처리 관련 직무기술** · 능동적 경청 · 비판적 사고 · 자기 모니터링과 타인 모니터링	**체계적 기술** · 판단력과 의사결정력 · 체계 분석력 복합적 문제해결 기술	**테크놀로지 관련 기술** · 장비 유지 및 보수 · 장비 작동 및 제어 · 프로그래밍 · 품질관리 · 기술 및 UX 디자인 · 기술적 문제해결

출처: 미래창조과학부, 한국과학기술기획평가(2016). 재구성.

한편, 2015 개정 교육과정에서는 '지식정보화 사회가 요구하는 핵심역량을 갖춘 창의융합형 인재' 양성을 위하여 6가지의 미래 사회 핵심역량을 제시하고 있다. 여기서 '창의융합형 인재'란 인문학적 상상력과 과학기술의 창조력을 갖추고 바른 인성을 겸비하여 새로운 지식을 창조하고 다양한 지식을 융합하여 새로운 가치를 창출하는 사람을 지칭하며, 이러한 인재를 국가 교육과정안에서 양성하기 위하여 <표 1.6>과 같이 6가지 미래 사회 핵심역량을 제시하고 있다.

표 1.6   2015 개정 교육과정이 지향하는 미래 사회 핵심역량

핵심역량 요소	개념
자기관리	자아정체성과 자신감을 가지고 자신의 삶과 진로에 필요한 기초능력과 자질을 갖추어 자기주도적으로 살아갈 수 있는 능력
지식정보처리	문제를 합리적으로 해결하기 위해 다양한 영역의 지식과 정보를 처리하고 활용할 수 있는 능력
창의적 사고	폭넓은 기초지식을 바탕으로 다양한 전문분야의 지식, 기술, 경험을 융합적으로 활용하여 새로운 것을 창출하는 능력
심미적 감성	인간에 대한 공감적 이해와 문화적 감수성을 바탕으로 삶의 의미와 가치를 발견하고 향유하는 능력
의사소통	다양한 상황에서 자신의 생각과 감정을 효과적으로 표현하고 다른 사람의 의견을 경청하며 존중하는 능력
공동체	지역·국가·세계 공동체의 구성원에게 요구되는 가치와 태도를 가지고 공동체 발전에 적극적으로 참여하는 능력

출처: 이화(2015). 2015 개정 교육과정의 주요 내용과 성공적 실행 방안. 특별기획. 2015 WINTER. 한국교육개발원.

다른 한편, 미래 직업세계에서 요구되는 핵심역량으로 '직업기초능력(Vocational Basic Abilities)'의 강화가 교육의 중요한 과제로 인식되고 있다. 직업기초능력은 대부분의 직종에서 직무를 성공적으로 수행하는 데 공통적으로 요구되는 지식, 기술, 태도 등을 총칭하는 말이다. 이러한 능력은 단지 전문성 고양의 차원에서 요구되는 것이 아니라, 직업의 생성과 소멸이 빈번한 4차 산업혁명의 시기에 더욱 요구되는 역량이다. 개인적인 차원에서 이직, 전직, 실직으로 인해 미래가 불투명해지고, 기업이나 조직의 차원에서도 다운사이징, 리엔지니어링, 기업 간 인수합병, 산업구조조정이 수시로 일어나는 상황에서 변화에 융통성 있게 대처하기 위해서는 직업기초능력이 그 어느 때보다도 중요하다.

직업기초능력의 요소를 어떻게 설정할 것인지에 관해서는 다양한 의견이 있을 수 있다. 대한상공회의소(2014)는 기업에서 인재가 갖추어야 할 조건으로

표 1.7　직업기초능력의 영역과 하위요소

영역	개념	하위요소
의사소통능력	언어 이해 및 의미 전달과 글쓰기 능력	문서이해작성, 경청, 언어구사력
수리능력	사칙연산, 통계, 확률의 의미 이해와 적용	기초연산 및 통계 도표분석 및 작성
문제해결능력	문제 상황 발생 시 창의적 문제 해결	사고력, 문제처리
자기계발능력	업무 수행을 위한 자기 관리와 계발	자아인식, 자기계발, 경력개발
자원관리능력	자원의 소재 파악, 수집, 업무 활용 능력	시간자원관리, 예산관리, 물적자원관리, 인적자원관리
대인관계능력	사람들과의 원만한 관계 유지 능력	팀워크, 리더십
정보능력	정보의 수집, 분석, 조직, 활용 능력	컴퓨터활용 정보처리
기술능력	도구와 장치 이해 및 선택과 활용 능력	기술이해, 기술선택, 기술적용
조직이해능력	조직 목표, 구조, 업무 등의 이해 능력	업무이해, 경영이해, 조직체제이해, 국제감각
직업윤리	개인윤리와 공동체 윤리 준수 능력	근로윤리, 공동체 윤리

셀프리더십, 커뮤니케이션, 경영프로세스, 현장실습 핵심역량 등을 제시한 바 있다. 우리나라의 기업들은 대개 직업인이 갖추어야 할 역량으로 기획 문서 작성, 프레젠테이션, 문제해결기법, 올바른 가치관, 창의적 사고력, 리더십, 인간관계, 의사소통 능력 등을 요구하고 있다(이규은·이영선, 2015). 이처럼 역량의 하

위범주는 영역 설정의 주체에 따라 달라질 수 있으나 대체적으로 자기계발능력, 의사소통능력, 정보처리 및 활용능력, 문제해결능력, 대인관계 및 협응능력, 기술적 지식의 적용능력, 수리능력 등으로 구성하고 있으며, 그 하위요소는 앞서 <표 1.7>과 같다(김선회 외, 2012: 60-62).

하지만 국내 대부분의 직종에서 직무를 성공적으로 수행하는 데 공통적으로 요구되는 지식, 기술, 태도를 포괄하는 개념으로서의 직업기초능력은 향후 미래 사회 및 직업세계의 변화에 따라 지속적으로 규명해나갈 필요가 있다.

이처럼 미래의 직업세계는 4차 산업혁명을 통해 산업별·영역별 경계가 모호해지고 기술발전과 사회변화, 경제활동의 변화 등의 불확실한 직업세계 속에서 다양한 분야 간의 융합을 통해 계속해서 변화와 발전을 거듭해나갈 것이다. 따라서 변화하는 미래 직업세계에 선제적으로 대응하기 위해서는 직업세계의 변화에 대한 정보를 획득하여 능동적이고 신속하게 대응하는 역량을 기르는 것이 무엇보다 필요하다. 특히, 향후 미래의 직업세계에서 로봇으로 대체 불가한 직업, 로봇과 인공지능 등을 통제할 수 있는 직업, 보유한 역량을 다양하게 활용할 수 있는 직업, 기업의 고용에 얽매이지 않는 자유로운 직업 등 다양한 요인을 고려하여 미래 사회의 변화에 따른 개인의 대응 역량을 키워나갈 필요가 있다.

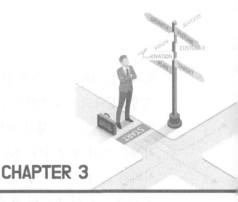

CHAPTER 3

2050년 미래 가상 시나리오

01____메가트렌드와 노동의 미래

2050년 미래 사회는 어떤 모습을 띠게 될까? 이에 대해선 다양한 진단과 전망이 제시되고 있다. 여기서는 우선 미래의 변화상에 관한 큰 그림(big pictures)을 그리고 난 후 2050년 노동의 미래를 스케치해 보자. 박영숙·글렌(2016)의 『유엔미래보고서 2050』은 '메가트렌드 2050'을 세 가지 키워드로 제시하고 있다. 그것은 세계화, 인구, 기술변화이다.

첫째, 세계화의 진전에 따라 각 국가 간의 상호의존도가 커지게 된다. 글로벌 GDP는 현재의 3배가 될 것이며, 그에 따라 경제성장률은 2%대로 떨어질 것이다. 경제 권력이 미국, 유럽연합, 일본에서 상당 부분 중국, 인도, 브라질로 이동할 것으로 예측된다. 인구, 자원, 소득 수준에 따른 경제적 불평등은 더욱 심화될 것이다.

둘째, 인구통계학적 변화는 미래의 모습을 결정짓는 핵심적인 키워드이다.

학자들은 2050년 지구의 인구가 96억 명에 달할 것으로 보고 있다. 선진국보다 개발도상국의 인구증가율이 높을 것이며, 65세 이상의 인구도 16%를 넘을 것이며, 남성에 비해 여성의 비율이 높을 것으로 전망된다. 도시집중화의 문제는 심각성을 더할 전망이다. 2050년에는 67%의 인구가 도시에 거주할 것이며, 메가시티와 도시 슬럼이 증가할 것이다. 삶의 방식도 현저하게 달라진다. 맞벌이하며 아이가 없이 자신의 행복을 추구하는 딩크(dinks: double income, no kids)족이 늘어날 것이며, 결혼이나 주택의 소유보다 좋은 직장에 다니며 '일과 개인의 삶이 조화를 이루는 인생'을 선호하는 부류가 늘어나게 된다.

셋째, 가속화된 기술변화이다. 4차 산업혁명의 급진전에 따라 증강현실, 양자컴퓨팅, 4D 프린팅, 나노봇 생산이 촉진될 전망이다. 기술변화의 중심에는 무엇보다도 인공지능이 자리하고 있다. 의료, 경제, 교육 등에 인공지능의 활용이 일상화, 보편화될 것이다. 디지털 세계와 물리적 세계가 연결되면서 기계 대 기계 통신(M2M: machine to machine)이 급증한다. 2050년이 되면 인간의 뇌에 인공지능이 장착된 칩을 탑재하여 인간의 기억력과 학습능력을 배가시키는 일이 실제로 벌어질지도 모른다.

독일의 대표적인 싱크탱크인 베텔스만재단(Betelsmann Stiftung)은 '2050년 노동의 미래(2050: Die Zukunft der Arbeit)'를 2016년에 발간한 바 있다. 이 보고서는 전 세계의 선별된 전문가들로부터 노동의 미래에 관한 의견을 델파이 조사로 정리해 낸 것으로 미래 사회의 삶과 일에 관한 유용한 정보를 제공하고 있다.

가장 충격적인 전망 중의 하나는 미래의 실업률에 관한 예측이다. 실업률은 2020년 11%, 2030년 16%, 2040년 20%로 지속적인 증가세를 보이다가 2050년에는 24%에 이를 전망이다(Allen, 2015).

그렇다면 실업률 급증의 주요원인은 무엇인가? 이에 대해 전문가들은 로봇공학, 다양한 기술들의 동반성장 및 이러한 기술들의 시너지 효과, 그리고 인공지능에서 기인한다는 의견을 제시하였다(Daheim & Wintermann, 2016: 29). 디지털화와 초고속의 기술변화가 노동의 지형을 근본적으로 바꾸어 놓았고, 고용과 실업에도 결정적 영향을 미치고 있음을 알 수 있다.

여기서 주목해야 할 부분은 노동의 성격 변화에 관한 것이다. 지식집약적인 특징을 지니는 미래 노동의 대다수가 프로젝트 형태로 전개되고, 팀의 구성이 자주 바뀌면서, 대부분 가상으로 또 다국적으로 수행될 것이다. 확정된 고용관계보다 독립적인 프리랜서가 증가하며, 미래 노동의 대부분은 '지식 유목민'에 의한 노동이 될 것이다. 따라서 지식노동자의 상당수는 출·퇴근과 같은 고정된 형태가 아닌 재택근무를 할 확률이 높으며, 여러 지역에서 동시에 업무를 수행한다는 의미에서 '다지역적으로(multi local)' 행해질 전망이다.

표 1.8 직업기초능력의 영역과 하위요소

내용	과거/현재	미래
법적 형태	고용관계가 지배적	독립적 형태 및 프리랜서 형태
직업선택 및 변경	'생계형' 직업 및 고용주 선택	여러번 직업변경, 자발적 및 비자발적
노동 장소 및 형태	고용주가 표준을 제시 대개 본사 사무실	다지역적 노동, 이동식 사무실, 코워킹 스페이스, '메타버스' 가상 협업
직업교육 시간	대부분 취업 이전에, 취업 이후는 사안별로 고정된 시간에	본인이 직접 통제 온고잉(Ongoing), 평생학습
직업 수행 중의 학습특성	학습시간, 학습장소 및 교육기관과 연관, 자격증 수료 지향	시간, 장소, 교육기관과 무관함 주문형, 노동과 학습의 분리 불가능

노동의 성격 변화에 따라 미래 사회에 더욱 중요한 부문이 바로 교육이다. 현재의 교육적 사고로는 미래 사회를 대처할 수도 없을뿐더러 어쩌면 영원한 추종자(follower) 혹은 자칫 낙오자(loser)를 양산할 수도 있을 것이기 때문이다.

그렇다면 미래 사회에서는 어떤 역량이 요구되는가? 비판적 사고, 근본적인 기술역량, 데이터 분석, 학습능력, 자립적인 업무와 기업가적 역량이 필요하다 (Daheim & Wintermann, 2016: 33). 프로그래밍과 알고리즘은 모든 사람들의 기초교육이 될 것이고, 기술 분야의 저편에 존재하는 여가와 휴식, 건강 부문들의 보호와 관리가 필요할 것이다. 변화하는 사회와 가속화된 기술변화에 신속하게 대응할 수 있는 메타(meta) 능력도 의미심장해지고 있다. 미래의 생존능력은 결국 변화와 불확실성의 '비정형화된 노동환경'에서 어떻게 살아남느냐의 문제로 귀착될 수 있다. 이러한 능력을 길러주기 위해서는 학교와 교육제도의 근본적인 변화가 뒤따라야 할 것이다. 어려서부터 기술역량의 개발을 시작해야 하며, 개인의 능력과 역량을 위한 포트폴리오를 지속적으로 개발해 나가야 한다. 적어도 교육에서 분명한 것은 이제까지 대부분의 교육기관이 직업교육, 대학교육, 학위 및 자격증 취득, 예측 가능한 경력 준비를 지향하던 구습에서 과감히 벗어나야 한다는 전문가들의 지적 사항이다.

실업을 피하기 위해서는 더 많은 직업을 창출해내는 주요 동력을 발굴해 나가야 한다. 전문가들은 직업을 대체하기보다는 더 많은 직업을 창출해내는 미래 사회의 주요 동력으로 새로운 경제적 콘셉트(공유경제나 플랫폼 개념 등) 및 노동 콘셉트, 자영업과 프리랜서 활동 및 교육과 직업교육, 그리고 여가와 휴식 및 건강 부문의 직업성장 등을 꼽고 있다(Daheim & Wintermann, 2016: 36).

노동의 미래와 관련하여 불가피한 상황 중의 하나가 새로운 경제 및 사회제도로서 '기본소득(basic income)'의 도입에 관한 문제이다. 2050년 인류가 극단적인 고실업률 문제에 직면할 경우 최후의 방책으로 인간의 생존권 보장 차원에서 기본소득을 도입해야 하는 난관에 봉착할 수 있다는 가상시나리오다. 델파이 조사결과 60% 가까운 응답자는 기본소득이 장기적으로 '꼭 필요하다' 또는 '매우 중요하다'고 평가하였다(Daheim & Wintermann, 2016: 39).

기본소득의 도입은 선진국과 개발도상국 사이에서 다른 양상을 보일 것이다. 기술발전의 가속화로 선진국에선 실업률이 더욱 치솟을 것이며, 개발도상국에서는 여타의 부문에서 여전히 일자리가 창출될 것이다. 하지만 인공지능을 비롯한 새로운 기술에서 경쟁우위를 선점하는 국가가 세계를 지배하게 될 것이므로, 글로벌 차원에서 부의 재분배는 여전히 요원한 과제로 남을 전망이다.

글로벌 차원에서 노동의 변화를 살펴보자면, 2020년에는 실업률이 다소 증가하나 경제발전으로 그나마 견딜만한 수준이며, 2030년에는 사람들의 고용 욕구는 상존하나 기계에 의한 인간 일자리가 가속화되며, 2040년에는 점차 선진국에서 기본소득이 가시화되고, 사람들은 더 이상 영리노동에 종속되지 않을 전망이다. 이는 다시 말하면 '실업'의 개념이 사라지게 된다는 의미이다. 결국 2050년 대다수 국가에서 기본소득이 하나의 일반적 경제 및 사회구조로서 자리를 잡게 될 것이다.

인공지능과 로봇이 인간의 일자리를 대체하면서 뜨거운 이슈로 부각되는 문제가 '로봇세' 도입에 관한 찬반논쟁이다. 로봇세는 로봇의 노동에 대해 매기는 세금으로, 빌게이츠가 "인간과 같은 일을 하는 로봇의 노동에도 세금을 매겨야 한다"는 취지의 발언을 하면서 이슈가 된 개념이다.

로봇세 찬성론자들은 로봇이 내는 세금을 고령자 직업 교육, 학교 확충 등 복지에 활용할 수 있다는 다소 낙관적인 견해를 가지고 있다. 또 조세부담률이 낮아지고 기본소득제도 재원으로도 활용할 수 있다는 입장이다. 가장 먼저 유럽의회는 2017년 AI로봇의 법적 지위를 하나의 인격체에 버금가는 '전자인(electronic person)'으로 지정하여 로봇세 부과의 법적 근거를 마련하였다.

하지만 국제로봇연맹(IFR)과 같은 로봇세 반대론자들은 "로봇세가 경쟁과 고용에 부정적인 충격을 주고 혁신을 저해할 것"이라고 반대 견해를 분명히 하고 있다. 로봇세가 도입될 경우 기업들이 로봇세를 걷지 않는 국가로 공장 시설을 옮길 것이라는 우려도 있다. 또 로봇세 대신 로봇이 생산한 물건을 사는 사람이 내는 소비세를 재원으로 활용하면 된다고 주장한다. 대표적인 반대론자인 미국의 서머스(Lawrence Summers) 전 재무장관은 "고용시장 혼란과 소득 불평등에 대한 해법으로 로봇에 세금을 부과하자는 주장은 잘못됐다"고 비판했다. 그 이유로 우선 인간의 일자리를 빼앗는 주범으로 로봇만을 지목할 논리적 근거가 약하다는 것이다. 항공기 탑승권 발권 키오스크나 워드프로세서 같은 컴퓨터 프로그램, 모바일 뱅킹 등도 인간의 노동력 활용을 줄였지만 이런 기술에는 과세하지 않았다는 것이다.

02___일상적 삶의 모습

교통연구원(2017)은 '국가교통미래전략과 10대 교통물류정책'이라는 세미나에서 "미래교통은 신교통수단이 보편화되고 교통서비스가 무인화 될 것"이라는 전망을 내놓았다. 여기서 2050년 신교통수단과 무인 교통서비스의 주역은 단연 자율주행자동차와 드론, 나르는 자동차(flying car), 모듈형 버스, 초고속철도, 물류로봇이다. 초고속철도가 활성화되면 우리나라의 경우 전국이 30분 대 수송권역에 들게 되고, 도시 내에서도 드론택배로 30분이면 배달이 가능해진다.

이렇듯 4차 산업혁명에 따라 출현하는 신교통기술의 특징은 지능화(자율주행자동차, 스마트 교통시설 관리 및 운영), 무인화(무인자동차, 드론 등), 클린화(전기, 수소에너지 등), 초고속화(하이퍼루프 등 초고속수송시스템), 디지털화(모바일 기반 교통정보서비스, 교통빅데이터 플랫폼 구축)로 압축될 수 있다.

국가교통시스템이 스마트교통으로 전환을 하게 되면 사람, 교통수단, 교통시설이 하나로 연결되고 무인, 초고속 교통수단이 주를 이루게 된다. 장거리 이동은 초고속철도 중심으로, 도시 내 근거리 이동수단은 무인자동차, 드론 중심의 교통체계로 개편된다. 초고속 무인 화물차가 상용화되면 물류비용과 시간도 대폭 단축될 전망이다.

특히 이 시기 차세대 이동수단인 '하이퍼루프(hyperloop)'가 등장한다. 이것은 원래 미국 전기차 회사 테슬라모터스와 스페이스X 창업자인 엘론 머스크가 2013년 제안한 캡슐형 초고속 열차시스템에서 기인하는 것으로, 기존의 열차와는 질적으로 차원이 다른 진공 튜브에서 차량을 초고속으로 이동시키는 형태의 운송수단이다. 머스크의 2015년 설계안에 따르면 하이퍼루프 열차는 28인승으로 지름 3.5m 긴 원통의 통로를 최고 시속 1,200㎞ 속도로 날아간다. 로스앤젤레스에서 약 560㎞ 떨어진 샌프란시스코까지 35분만에 주파할 수 있다.

대한민국은 세계 최초로 고온초전도체, 자기부상열차 기술개발에 이미 성공하였으며, 2016년 한국철도기술연구원과 한국건설기술연구원, UNIST(울산과학기술원) 등이 하이퍼루프 연구회를 결성하고, 진공 튜브 속을 달리는 한국판 하이퍼루프인 '아음속 캡슐 열차'의 밑그림을 그리고 있다. 한국형 하이퍼루프의 시속 1,200km 음속 주행 목표가 달성되면 시속 300km KTX보다는 4배, 시속 800km 비행기보다도 더 빠르며, 서울에서 부산까지 불과 16분이면 도착할 수 있게 된다.

2050년 도시의 모습은 문자 그대로 스마트 도시가 된다. 도시와 농촌의 구분이 사라지고 도농복합도시가 출현한다. 초고속 빌딩으로 뒤덮인 대도시에 팜 스크래퍼(고층 빌딩형 농장)가 대거 등장할 전망이다. 사무실과 농장이 혼재하는 도농복합형 건물에서 사람들은 농사를 지으며 살 수 있다.

초고속 광섬유와 센서가 도시 전체에 구축되면서 집과 일터를 하나로 연결해 주는 스마트 네트워킹 체제가 완성된다. 부모는 일터에서 학교와 학원을 오가는 아이들 모습을 일하면서 수시로 체크할 수 있다. 2050년에는 휴대전화 대신에 웨어러블(wearable) 기기가 대신하게 된다. 안경에 대고 음성명령을 하면 통화는 물론 간단한 쇼핑과 필요한 물품의 주문도 손쉽게 할 수 있다.

지금처럼 쇼핑을 위하여 발품을 팔 필요도 없어진다. 웬만한 생활필수품은 드론 배달부가 알아서 척척 배달해 주기 때문이다. 필요한 물건을 입고 다니는 컴퓨터로 주문하면 곧바로 3D 프린터를 통해 물건이 만들어진다. 정교한 프린팅 기술은 실제 물건과 가상 물건의 구분을 어렵게 만들 것이다.

길거리 산책에서 사람들은 더 이상 교통신호등이나 가로등을 볼 수 없다. 교통신호와 운전자 없이도 로봇 택시가 목적지까지 알아서 데려다 주기 때문이다. 현재의 교통 체증은 찾아볼 수 없다. 교통 빅데이터 플랫폼 구축으로 교통 체증의 원인을 미리 제거할 수 있고, 교통수단의 정밀한 운행 통제가 가능하므로 교통사고도 현저하게 감소하거나 사라지게 될 것이다. 가로등은 '빛을 내는 나무' 아이디어10)가 실용화되면서 천연 조명으로 대체될 것이다. 이로 인해 삭막한 도심 공간은 보행자와 차량, 비즈니스와 레저, 생산과 소비가 한데 어우러진 복합공간으로 재탄생하게 된다.

교통과 물류, 도시의 급격한 변화 못지않게 2050년에 가장 달라질 모습은

---

10) 바이오큐리어스 창업자인 안토니 에반스는 "가로 세로 10미터의 공간을 밝힐 수 있는 발광나무를 개발하면 가로등을 식물등으로 대체할 수 있다"고 말한다. 소위 발광식물 프로젝트는 인류에게 이로움을 가져다 줄 수 있지만, 유전자 변형 기술을 사용하는 만큼 적지 않은 윤리적 문제를 안고 있다.

건강과 의료 분야가 아닐까 싶다. 인간은 오래 전부터 무병과 불로장수를 기원해 왔다. 신약과 생체공학의 발전은 인간의 수명을 단축시킬 뿐만 아니라 질병에 걸릴 위험을 감소시키는 데 획기적인 기여를 할 것이다. 실제로 미국노화재단은 노화를 약으로 치료할 담대한 시도를 하고 있다(박영숙·글렌, 2016: 253). 가장 큰 사망원인인 암, 심장병, 치매를 공략하는 대신 노화를 공략함으로써 건강과 질병의 패러다임 자체를 바꾸려는 것이다. 만일 딥시퀀싱(Deep Sequencing)이라는 빅데이터 기술을 활용하여 어떤 유전자가 어떤 수준으로 발현하는지를 관찰하여 분석한다면 노화의 생물화적 '지문'을 밝혀내는 일은 현실이 될 전망이다.

2050년에는 합성생물학11)의 도움으로 인공생명체를 만드는 일이 가능해 질 수도 있다. 그럴 경우 죽은 사람을 다시 태어나게 할 수도 있고, 자신의 복사본을 만들어 최고의 성능을 장착시킬 수도 있으며, 건강과 외모, 거기에다 재능까지 갖춘 슈퍼베이비를 만들어 낼 수도 있게 된다. 우주 시대가 더욱 열리면 우주에서 호흡을 하지 않고 생활이 가능한 인간을 제작할 수도 있을 것이다. 물론 이 때 인간의 존엄성과 생명윤리의 문제가 발생할 수 있다. 따라서 이 분야에 관해서는 더욱 더 엄격한 윤리적 지침을 마련해야 하며, 지구와 미래의 보호 차원에서 감시가 철저하게 이루어져야 할 것이다.

인공지능 의료시스템인 왓슨(Watson)은 인간 의사의 폐암 진단 성공률이 50%선에 그치는 데 반해 90%에 달했다. 만일 더 많은 의학 정보와 자료들이 의료 빅데이터 시스템에 통합된다면 2050년 무렵에는 거의 완벽에 가까운 수준에 이를 것이다. 스마트폰에 의한 현재의 개인의료 데이터 측정은 상용화될 것이다. 걸음 수, 활동량, 체지방 지수는 물론 체온, 혈압, 혈당, 심박 수, 심전도, 산소포화도와 같은 주요 의료데이터가 모바일 디바이스로 수시 측정되므로 건강 유지와 생명 연장은 일상적 삶에서 구현된다. 이렇게 측정된 데이터는 곧바로 언제, 어디서나 전송할 수 있으며, 성분이나 상태의 분석이 가능하며 자체적으로 모니터링할 수 있게 된다.

---

11) 합성생물학은 생물학, 분자생물학 등 생명과학과 전기, 전자, 컴퓨터 등의 기술과학을 결합해 탄생한 새로운 학문으로, 자연세계에 존재하지 않는 생물 구성 요소와 시스템을 설계, 제작하거나 자연세계의 생물 시스템을 재설계, 제작하는 분야를 말한다.

의료 분야에서 로봇공학의 정밀성, 정확성, 이동성으로 인해 누구나 더 빠르고, 더 저렴하게 의료서비스를 누리게 된다. 가령 300만 건 이상의 수술을 집도한 다빈치 로봇 시스템은 신체 내부의 3D 고화질 영상을 사용하며, 사람의 손 떨림이 없는 정교한 움직임으로 인간 의사가 저지를 수 있는 실수를 최대한 줄일 수 있다. 저렴한 비용으로 언제, 어디서나 수술을 받을 수 있다는 장점도 있다.

3D 프린팅은 빠르고 손쉽게 의료기기를 제작할 수 있다. 가령 정교한 치과 및 해부학적 모델, 수술보조용 도구, 이식용 기기, 외골격, 보청기, 보철물, 척추 교정기 등 수많은 의료기기를 쉽게 찍어 낼 수 있다. 단지 물리적 기기만이 아니라 세포를 활용하여 피부, 혈관, 소형 장기들을 바이오 프린팅하여 제작하는 일도 가능해진다.

인류는 인간게놈프로젝트를 통해 이미 인간의 유전체에 관한 정보를 밝히는 데 성공하였지만 유전자와 질병의 상관관계는 여전히 베일에 가려 있다. 만일 개인 유전체의 수가 더 충분히 확보되고, 개인의 특성에 관한 정보가 축적되면 질병 예측의 정확도는 더 높아질 것이다.

유전자 가위는 인간세포와 동식물세포의 유전자를 교정(genome editing)하는 데 사용하는 기술이다. 동식물 유전자에 결합해 특정 DNA부위를 자르는데 사용하는 인공 효소로 유전자의 잘못된 부분을 제거해 문제를 해결한다. 이로 인해 유전자 가위는 에이즈, 혈우병 등 유전 질환을 치료하고, 농작물 품질 개량이 용이해 유전자 변형 식물(GMO)의 대안으로 주목받고 있다. 3세대 유전자 가위인 크리스퍼(CRISPR-Cas9)는 세균이 천적인 바이러스를 물리치기 위해 관련 DNA를 잘게 잘라 기억해 두었다가 다시 침입했을 때 물리치는 면역체계를 부르는 용어다. 크리스퍼 기술을 이용하면 유전자를 잘라내고 새로 바꾸는 데 최장 수년씩 걸리던 것이 며칠로 줄어들며, 동시에 여러 군데의 유전자를 손 볼수도 있다. 바이오 미래유망기술 중 하나인 유전자 가위기술은 유전질환뿐만 아니라, 암, 감염증, 대사이상 질환, 자가면역 질환에도 효과적인 치료법을 제공할 수 있을 것으로 기대가 되고 있다.

유사한 맥락에서 줄기세포 연구의 성장도 예측된다. 조직을 재생시키는 줄기세포 치료는 실명, 척추 부상, 당뇨병, 파킨스병, 알츠하이머병, 심장병, 화상, 암, 골관절염에 이르는 거의 모든 질병을 치유하는 데 기여할 수 있다. 환자 자신의 줄기세포를 이용하여 심장조직을 재생해 심근경색 손상을 완화시킨 성공 사례로 미루어 볼 때 줄기세포 연구와 치료는 인간 생명 연장의 꿈을 실현하는 데 적지 않은 공헌을 할 것으로 예측해 볼 수 있다.

지구 밖으로 시선을 돌려보자. 러시아가 1957년 최초의 인공위성인 '스푸트니크'호를 발사한 이후 우주 개발 분야는 그야말로 첨단기술의 각축장이 된 지 오래다. 미국은 우주탐사선을 개발하여 2020년 달나라에 인간을 보내 우주인이 머물 수 있는 영구기지를 건설하려고 한다. 지구의 식민지를 우주에 개척하는 꼴이다. 이 기획이 착실하게 성공한다면 2050년 무렵에는 일정 규모의 사람들이 실제로 거주하는 위성도시를 우주에 세울 수도 있다. 과학자들은 2050~2060년 쯤에는 다른 행성의 탐사를 포함한 우주여행을 위해 빛의 속도로 비행할 수 있는 광속우주비행체가 개발될 것으로 예측하고 있다. 이는 다른 행성에 과학적 연구, 자원 활용 및 거주지로의 정착 등을 위한 영구 거주시설의 건설을 가능하게 할 것이다.

우주로 시야가 확장되면서 이전에 상상하지도 못하는 직업이 생겨날 전망이다. 우주 관련 직업은 물론이거니와 아직 미지의 영역인 수중도시와 관련된 직업도 생겨날 것이다.

표 1.9   2050년 새롭게 생겨날 직업들

2050년 예상되는 신생직업
• 우주 관리사: 우주에 이상이 있는지를 살펴보는 직업
• 우주 청소부: 우주에 관광객들이 버린 쓰레기를 청소하는 직업
• 로봇 제조 및 설계사: 로봇을 설계하고 제조하는 사람
• 우주 도시 건설사: 우주에 도시를 건설하고 살기 좋게 꾸미는 사람
• 우주 탐험가: 우주의 끝을 찾아 모험을 떠나는 사람
• 오존층 복구사: 사라져버린 오존층을 복구하는 사람
• 수중 도시 건설사: 물속에 도시를 건설하고 살기 좋게 꾸미는 사람
• 생명 공학사: 공룡 등 사라진 동물을 복원하는 기술자
• 생명 복제사: 첨단 기술을 사용하여 생명을 복제하는 사람

이렇듯 다가올 2050년에는 우리가 이제까지 상상하지도 못했던 첨단 기술이 새로운 미래를 열 것이다. 나노 기술은 진화를 거듭하여 우주선 개발이나 인간형 로봇을 만드는 데 결정적 기여를 할 수 있다. 나노 페인트는 인공지능 형광 물질로 실내 밝기를 조절할 수도 있다.

다른 한편, 에너지원의 고갈과 지구온난화의 여파로 인류는 최대의 위기를 맞을지도 모른다. 다국적 에너지 기업인 셸(Shell)은 2050년 세계 에너지 수요가 2000년의 3배가 될 것이라고 예측하고 있다(박영숙·글렌, 2016: 358). 과학자들은 그 시기에도 화석연료가 여전히 주 에너지원으로 남을 것이라고 추정한다. 그 때까지도 화석원료에서 나오는 이산화탄소 배출 문제는 인류에게 남겨진 숙제가 된다. 탄소 포집과 기후 변화 대책 마련이 시급한 이유가 여기에 있다. 물론 태양광, 태양열, 재생 에너지, 바이오매스, 풍력, 조력, 지열의 조합으로 에너지 문제를 일정 부분 해소할 수 있을 것이다. 경우에 따라서는 중수소핵의 안정적인 융합을 통하여 에너지 문제 해결의 단서를 찾을 수도 있다.

그럼에도 불구하고 2050년 다가올 미래에도 인류는 늘어난 35억 명에게 전기를 공급해야 하며, 핵발전소와 화석연료 발전소를 개조하거나 폐기해야 하는 난제를 안고 있다. 세계 에너지 수요의 3분의 2 이상을 대체 에너지로 전환하는 문제, 탄소 배출을 줄일 수 있는 전기차와 하이브리드차의 비중을 늘려 나가는 문제 등도 고민하여 지속적으로 해결책을 찾지 않으면 안 된다.

PART

02 진로란 무엇인가?

CHAPTER 4

개념과 역사

01___개 념

진로의 개념은 한 인간이 자신의 생애 동안 일과 관련하여 겪는 모든 경험을 의미한다. 이런 경험은 진학, 취업, 직업 활동으로 구체화될 수 있다. 상급학교 진학이 초미의 관심사인 우리나라에서는 진로의 문제가 진학과 밀접한 연관이 있다. 하지만 진로문제를 진학문제로 한정한다면 이것은 마치 나무만 보고 숲을 보지 못하는 어리석음과 같다. 진로문제가 한 개인의 인생사를 결정하는 중요한 사안임에도 인생의 특정 시기, 가령 청소년기나 청년기로 국한시켜 큰 그림(big pictures)을 볼 수 없게 만들기 때문이다. 평균수명의 증가로 100세 인생을 눈앞에 두고 있는 미래의 성장세대에게 이러한 근시안적 진로개념은 더 이상 도움이 될 수 없다. 진로교육이나 진로상담은 어쩌면 진로의 문제를 '한 인간의 삶 전체와 관련된 방향설정'에서 크고, 넓게 보는 데서 출발해야 하는지 모른다.

이 관점의 연장선상에서 직업의 문제도 다룰 필요가 있다. 영어로 직업은 다양하게 표현된다. 우리가 흔히 접할 수 있는 단어로는 job, work, occupation, career, calling, vocation, profession 등이 있다. job, work, occupation, career는 대개 인간의 생업을 위해서 수행하는 노동의 의미를 지니고 있다. 각 단어들마다 정규직과 비정규직, 정신노동과 육체노동, 부분고용과 완전고용 등 내포와 외연에서 차이가 날 수 있으나 직업은 생계의 수단이라는 점, 노동의 대가로 임금을 받는다는 점, 지속적이며 꾸준한 활동이라는 점에서는 어느 정도 공통점을 갖는다고 할 수 있다. 하지만 직업이 생계의 문제를 떠날 수 없다고 할지라도 직업 그 자체에서 우리가 추구해야 할 가치, 다시 말해서 개인적으로는 자아의 실현과 사회적으로는 공동체의 삶에 기여하는 봉사와 헌신을 결코 도외시해서는 안 될 것이다.

calling, vocation은 직업의 소명의식을 강조한다는 점에서 '천직(天職)'의 의미를 담고 있다. 한 가지 흥미로운 사실은 영어의 calling에 상응하는 독일어의 단어가 'Beruf'인데, 그 개념의 형성사가 의미심장하다는 점이다. 독일의 직업 개념은 '부름'에서 파생된 것이다. 그것도 다름 아닌 하느님으로부터의 부름이니 어찌 내가 지금 수행하고 있는 일을 소홀히 할 수 있겠는가. 다분히 종교적인 신성함이 스며들어 있는 천직으로서의 직업 개념에는 사람마다 지상에서 주어진 역할을 성실하게 수행하는 것이 하느님에 대한 의무라는 생각이 깔려 있다.

직업 개념 중에서도 profession은 전문직을 지칭할 때 쓰는 말이다. 의사, 판사와 검사, 목사, 교수와 같이 오래 전부터 전문직으로서의 위상을 굳게 지켜온 직업군이 존재하는 반면 변호사, 변리사, 회계사, 세무사, 감정평가사, 법무사, 공인노무사, 관세사와 같이 사회의 발전과 분화에 따라 새롭게 각광을 받는 직업들이 존재한다. 이들 직업군이 갖는 공통점은 고도의 이론적 지식을 위한 훈련과 교육을 필요로 하며, 엄격하게 관리된 자격증을 취득해야 한다는 것이다. 전문성을 근간으로 높은 수익을 창출할 수 있기 때문에 대다수가 선호하지만 그 문턱을 넘기란 쉽지 않다. 고수익에 비해 공적인 봉사나 청렴도가 뒤따르지 못할 때 사회적 지탄을 받을 수 있는 것은 그만큼 전문직 수행에 공적 책임이 요구된다는 것을 반증한다고 볼 수 있다. 우리가 전문직의 직업윤리를 엄밀하게 따져 보아야 하는 이유가 바로 여기에 있다.

진로상담(career counseling)은 진로계획, 진로선택, 진로변경 등의 일련의 과정을 조력하기 위한 활동이다(김봉환 외, 2013). 진학상담이 상급학교 진학과 관련된 학교선택, 학과선택, 계열선택의 문제와 직결되는 반면 직업상담(vocational counseling)은 취업조건이나 절차 등 취업과 직업 활동 수행을 조력하기 위한 일련의 상담활동이라고 할 수 있다. 학교교육에서 진로의 문제가 중요성을 더하면서 진로 전담교사가 학교에 배치된 것은 고무적인 일이다. 진로 전담교사는 학교의 진로 진학에 관한 상담과 지도를 전담하는 교사를 말한다. 2011년 3월 교원자격검정령 시행규칙 개정으로 새롭게 도입된 교과 교사제도로, 2014년까지 모든 중·고등학교에 배치됐다. 진로 전담교사는 교과 지도 경험이 풍부한 현직 교사들을 대상으로 부전공 연수를 통해 양성되며, 자격을 취득한 진로 전담교사는 학교의 진로 진학상담 활동을 종합적으로 이끌어 나간다.

이에 반해 직업 상담을 전문으로 하는 직업으로는 직업상담사가 있다. 이들은 구직자들에게 가장 적합한 직업이 무엇인지를 찾는 데 도움을 주며 적성, 흥미검사 등을 실시하여 구직자의 적성과 흥미에 알맞은 직업정보를 제공하고, 청소년·여성·고령자·실업자들에게 직업지도 프로그램을 개발·운영하는 사람을 말한다. 직업상담사는 주로 상담업무, 직업소개업무, 직업 관련 검사 실시 및 해석업무, 직업지도 프로그램 개발과 운영업무, 직업상담, 행정업무 등을 수행한다. 업무 수행과 관련하여 직업세계에서 발생하는 구직자의 고민과 문제들, 가령 근로기준법을 비롯한 노동관계법규 등 법적인 사항에 대한 일반상담과 구인·구직상담, 창업상담, 경력개발상담, 직업적응상담, 직업전환상담, 은퇴 후 상담 등이 업무의 대부분을 차지한다.

진로의 개념을 한 인간의 삶 전체와 관련된 방향설정으로 볼 때 직업이 인간 삶의 상당 부분을 차지한다는 점에서 직업과 관련된 고민과 상담은 결코 간과될 수 없다. 더군다나 평생직장의 개념이 사라지고, 전직과 이직이 수시로 전개되는 불확실성의 세계에서 한 개인의 진로 문제를 함께 고민하고, 그 해결책을 찾으려는 조력과 지원은 더욱 강화될 필요가 있다.

02___역 사

진로가 하나의 문제로 인간의 의식으로 들어온 것은 19세기 산업화와 맞물려 있다. 정해진 지역 내에서 농업 위주의 농경 생활을 하다가 산업혁명이 일어나면서 인구의 이동과 도시의 성장이 급속한 속도로 진행되었다. 다양한 산업으로 구성된 도시에서 일자리를 구하고자 농촌에서 도시로 사람들이 몰려든 것이다. 근대의 산업화된 도시에서 직업을 찾거나 다수의 노동 인구를 적재적소에 배치하는 일이 도시행정의 주요 과제가 되면서 구직, 취업의 문제는 좀 더 체계적인 접근을 필요로 하게 된다.

1) 학문적 배경

19세기는 과학적 심리학의 성장과 함께 인간능력에 관한 연구가 활기를 띠며 발전을 하였다. 영국의 유전학자인 골턴(F. Galton, 1822-1911)은 1882년에 인체측정학연구실을 창설하였고, 1904년에는 우생학 연구소를 설립함으로써 유전학 연구에 수학적 방법을 도입하고 생물통계학, 우생학 및 인류유전학을 창시하여 인간능력의 기원에 관한 최초의 연구를 수행하였다. 독일의 실험심리학자인 분트(W. Wundt, 1832-1920)는 라이프치히 대학에서 최초로 심리학 연구에서 실험실을 설치하여 심리현상의 실험적 연구를 하고, 실험심리학을 주창하였다. 그는 개인의 심리현상이 단순한 각종 요소의 결합, 요컨대 연합과 통각(統覺)의 법칙을 갖는다고 주장하며, 인간 의지의 중요성을 강조하는 구성적 심리학의 입장을 견지하였다. 프랑스 파리 대학의 생리 심리학 연구소 소장을 역임하였던 심리학자 비네(A. Binet, 1857-1911)는 1904년에 정신박약아의 선별에 유용한 검사법을 작성하고, 1911년에 이것을 개정했다. 이는 3세에서 성인까지의 각 연령별로, 가장 타당한 문제를 5개씩 배당하여 제작된 검사법이다. 이를 기초로 나중에 프랑스 의사인 시몬과 함께 「비네-시몬 검사」를 창안함으로써 인간 능력 검사의 측정에 지대한 공헌을 하였다.

하지만 우리가 흔히 말하는 지능검사의 효시가 되는 '정신검사'라는 용어는 영국과 미국의 심리학자인 카텔(R. Cattell, 1905-1998)에 의해서 처음으로 사용되었다. 그는 지능을 유동적 지능(fluid intelligence)과 결정적 지능(crystallized intelligence)으로 구분하여 훗날 지능연구에 지대한 공헌을 하였다. 그에 따르면, 우선 유동적인 지능은 선천적이며 유전적으로 결정되는 지능으로 생리적인 영향을 받는다. 따라서 노화에 따라서 뇌의 활동이 감소하면서 유동적인 지능지수가 낮아지는 패턴이 나타난다. 유동적인 지능에는 전반적인 언어 능력, 기억력, 암기력, 일반적인 추리 능력 등이 속하며, 이를 측정하는 검사에는 수열 파악하기, 분류 검사, 비언어적인 도형을 통해 원리나 규칙 유추하기가 있다. 반면 결정적인 지능은 선천적으로 결정되는 것이 아니라 사회, 문화적으로 영향을 받으며 교육이나 양육 환경 등에 의해 영향을 많이 받는다. 결정적인 지능에는 어휘 이해력, 일반적인 지식, 상식, 논리적인 추리 능력, 산술 능력 등이 포함되며, 생리적인 영향을 받지 않아 나이가 들어도 결정적인 지능은 유지되거나 경험의 축적으로 인해 결정적인 지능이 향상되기도 한다.

프랑스 심리학자가 고안한 비네 식의 지능검사는 특수 아동을 대상으로 하는 나름의 한계가 있었다. 이를 보완하여 일반 대중의 정신능력의 측정도구로 발전시킨 사람은 미국 스탠퍼드 대학의 터먼(L. M. Terman, 1877-1956)이었다. 그는 1916년에 스탠퍼드-비네 지능척도를 개발하여 현대적 의미의 지능검사의 초석을 놓았다.

공교롭게도 미국에서 지능검사가 획기적으로 발전하게 된 계기는 제1차 세계대전 참전과 연관되어 있다. 그 당시 미 육군은 많은 장병을 단시일에 선발할 필요가 있어 일명 '육군검사'라는 검사 도구를 개발하여 병사를 모집하고, 분류하는 데 활용하고자 하였다. 이러한 미국의 징병을 위한 검사가 나중에 산업과 교육의 현장에서 널리 이용되었으며, 지능검사 보급·발달의 확고한 기초가 된 것이다. 실제로 미국은 1917년에 α검사와 β검사를 포함하는 육군검사를 개발한 이후 1920년에 학교아동용 국민지능검사를 제작하였다.

영국에서도 스피어만(C. E. Spearman, 1863-1945)에 의하여 1925년에 지능의 측정이 이루어졌다. 1937년에는 새롭게 개정된 스탠퍼드-비네 지능검사가 발표되었으며, 1938년에는 서스턴(L. L. Thurstone, 1887-1955)에 의하여 기본정신능력검사가 만들어지고, 1939년에는 웩슬러-벨류브 성인용 지능척도, 1949년에는 웩

슬러 아동용 지능척도가 만들어졌다. 그리고 마침내 1963년에 학령전 지능검사가 제작되었다.

진로와 관련하여 중요한 사실 중의 하나는 여러 정신능력검사의 발전과정에서 흥미검사와 적성검사의 측정이 이 시기에 본격화되기 시작하였다는 점이다. 스트롱(E. K. Strong, 1884-1963)은 1927년 인간의 흥미를 측정하기 위한 도구를 최초로 개발하여 진로, 교육, 상담에 활용할 수 있는 계기를 마련하였다. 그의 흥미검사는 개인의 진로 및 직업 탐색에 유용한 정보를 제공하는 검사법이다. 직업에 관한 일반적 주제들(GOT: General Occupational Themes), 기본흥미척도(BIS: Basic Interest Scales), 개인특성척도(PSS: Personal Style Scales)의 3부분으로 구분되는 광범위한 흥미 목록 형태의 문항을 통해 각 개인이 어떤 활동에 가치를 두는지, 어떤 직업이 적합한지, 어떤 환경이 적합한지, 어떤 사람들과 일하는 것을 좋아하는지 등에 관계되는 척도별 점수(GOT, BIS, PSS)를 파악한다.

다른 한편, 일정한 학업이나 직업에 종사했을 때 그 영역에 있어서 성공할 정도를 조사하기 위해 검사를 하는데 우리는 이것을 적성검사라고 부른다. 그 가운데 특수한 지식이나 기술을 숙달하는 데 필요한 개인의 능력을 측정하기 위한 검사를 특수적성검사라고 하는데, 이러한 유형의 검사가 헐(C. L. Hull, 1884-1952)에 의해서 1928년에 이루어졌다. 특수적성은 보통 사무적성, 기계적성, 음악적성, 미술적성, 언어적성, 수공적성, 수리적성 등으로 세분되며, 그 검사 결과는 진로선택에 유용한 정보를 제공해 줄 수 있다.

2) 미국 진로상담의 역사

진로상담의 발전은 19세기 후반 미국의 사회 격동, 전환 및 변화와 밀접한 관련이 있다. 미국 사회는 그 당시 산적한 경제 문제를 안고 있었다. 농업 부문의 일자리 감소, 중공업 근로자에 대한 수요 증가, 가족 농장에서의 새로운 일자리 상실, 트랙터와 같은 새로운 기계의 등장, 미국의 도시화 증가, 그리고 이와 맞물린 서비스업의 증대 등이 그것이다. 경제 문제 해결을 위한 산업 구조의 재편이라는 중차대한 과제와 함께 미국 사회는 제1차 세계대전 참전 용사와 귀국한 참전 용사들에게 적절한 일자리를 제공해야 하는 책무를 떠안게 되면서 진로상담의 필요성은 더욱 절실하게 되었다. 진로상담의 변천을 시기적으로 세분하여 살펴보면 다음과 같다.

① 제1단계: 직업 배정 서비스(1890-1919)

진로상담의 초창기에는 구직자의 직업배치에 많은 관심을 두었다. 이 시기 진로상담 발전에 결정적 기여를 한 인물이 파슨스(F. Parsons, 1854-1908)이다. 진로상담의 창립자이기도 한 그는 미국의 교수이자 사회 개혁가로서 원래 코넬 대학에서 공학을 수학했지만 나중에 법률을 공부하여 보스턴에서 변호사 자격을 취득하였다. 그는 진보적 사회개혁가로서 화폐 개혁, 독점 규제, 지방 소유권, 직접 민주주의의 확립 및 다양한 개혁 주제에 관한 다양한 저술 활동을 전개하였다. 그의 『직업선택(Choosing a Vocation)』이라는 저서는 직업을 선택할 때 고려할 요소를 체계적으로 정리하여 진로상담 분야의 고전이 되었다.

직업선택에서 우리가 고려해야 할 세 가지 핵심요소로 파슨스는 '자신에 대한 이해, 직업에 대한 이해, 그리고 이 둘을 연결하는 자신과 직업의 합리적인 매칭(matching)'을 꼽았다. 파슨스의 직업상담 모델은 단순한 논리와 상식에 기초를 두고 있으며, 상담자의 관찰 및 인터뷰 기술에 의존하여 완성된 것이었다. 마침내 1908년 보스턴의 시민서비스센터(Civic Service House)에서 직업 창구를 개설하고, 이것이 미국에서 진로상담의 제도화를 이룬 첫 번째 사례로 기록되고 있다. 보스턴 직업국은 농촌을 떠나 직업을 찾는 청년들과 유럽에서 이주한 사람들에게 취업과 직업 알선 업무를 수행하면서 진로상담을 체계화하고, 제도화하는 데 일조를 하였다.

이 시기 진로상담의 발전에 공헌한 것은 심리검사였다. 심리검사는 진로상담의 첫 번째 기능 단계, 즉 자기에 대한 이해를 위해 중요하다. 진로문제에 대한 과학적, 합리적 접근이 사람들로부터 진로상담을 널리 받아들일 수 있게 한 요인이 되었던 것이다. 위에서 언급한 골턴, 분트, 카텔, 비네 등은 새로 부상하는 심리검사 분야와 진로상담에서 획기적인 공헌을 하였다.

직업상담을 가져온 또 다른 중요한 요소는 직업지도에 대한 조기 지원 정책과 관련이 있다. 아동 노동 착취를 금지하는 법이 미국의 여러 주로 퍼지면서 그 대안으로 이른 시기에 아동과 청소년에게 직업지도를 해야 하며, 주정부에서 이를 위한 예산을 지원해야 한다는 목소리가 높아진 것이다. 사회개혁가인 파슨스는 이 부분에서도 배전의 노력을 경주하였다. 직업지도를 지지하는 법률은 미국 전역에서 폭넓은 사회적 지지를 받으면서, 1917년 마침내 스미스-휴즈 법안(Smith-Hughes Act)이 통과되어 중등학교 직업교육 훈련의 기초가 마련되었다. 또한 이 전환기에 미시건 주에서 열린 직업지도에 관한 제3차 전국 회의에서 전국 직업지도 협회(NVGA)12)가 1913년에 설립되었다.

② 제2단계: 학교에서의 교육 지침(1920-1939)

인도주의적이고 진보적인 사회개혁가들의 활동을 통하여 진로상담은 한 걸음 더 성장하게 된다. 1898년 디트로이트 중앙 고등학교의 교육 및 직업문제 상담원이었던 데이비스(J. B. Davis)와 1906년 뉴욕시의 교장이었던 위버(E. Weaver)가 그 주인공들이다. 하지만 실제로 진로나 직업지도가 일선 학교에서 그리 활발하게 전개되지는 않았다. 가령 1930년대 후반에 10,000명 이상의 인구를 가진 미국 도시의 학교 중 최소한 절반 이상의 학교에 직업지도 프로그램이 없었다. 제1차 세계대전의 경제 불황 이후 프랭클린 루즈벨트 대통령의 뉴딜 정책은 노동력의 증가와 일자리 손실에 대한 정책적 반응으로 나온 것이다.

민간인 보호 단체(CCC: Civilian Conservation Corps)는 원래 뉴딜 정책의 일환으로 미국에서 실업자, 미혼 남성을 위해 1933년에서 1942년까지 미국에서 구호 활동을 했던 공공 근로 구호 프로그램이었다. 그 범위가 점차 17세부터 28세까지의 젊은 남성으로 확대되면서 청년에게 일자리를 제공하고 미국의 대공황 기간 동안 직업을 찾는 데 어려움을 겪었던 가족들을 원조하였다. 실업 상태의 청년을 위한 훈련 및 취업 기회를 제공하고, 이 기관의 교육 서비스는 미 교육부(US Department of Education)가 감독하였다. 이 기간 동안 수백만 명이 취업 비자로 취업할 수 있는 행정체계가 1935년 연방 법률을 통해 마련되었고, 1938년에 워싱턴 DC에 연방 직업국(Vocational Bureau), 미국 25개 도시에 지역 유대인 직업봉사소가 마련되었다. 정부 주도로 간행된 직업사전(Official Government Occupational Titles)의 초판이 1939년에 출간되었다.

---

12) 현재는 진로발달협회(NCDA: National Career Development Association)로 발전함.

③ 제3단계: 대학 및 상담사 교육(1940-1959)

이 단계는 제2차 세계대전과 소련의 인공위성 스푸트니크(Sputnik)호 발사에 따라 대학교육에 대한 지원과 전문 상담사 훈련에 관한 논의가 본격화된 시기이다. 세계대전 이후 자본주의와 공산주의 간의 냉전 분위기가 고조된 가운데 트루먼(H. S. Truman) 대통령의 공정 거래(Fair Deal) 프로그램은 세계대전 참전 용사와 퇴역 군인들이 직면한 문제를 해결하기 위한 정책적 대응의 산물이었다. 하지만 퇴역 군인들에 의한 일자리 부족과 현 직장인들의 강제 이주는 사회적 문제로 부각되었다.

다른 한편, 소련이 우주선을 달나라까지 쏘아 올리자 미국 전역은 충격에 휩싸이게 되었다. 미국은 과학적으로 지구상의 어떤 다른 나라와 비교해도 훨씬 뛰어난 것으로 생각했다. 그러나 소련이 우주 프로그램에서 성공을 하자 사람들은 미국 전역의 과학 및 수학교육 문제를 제기하기 시작하였다. 이에 대한 대응으로 국방교육법(NDEA, 1957)이 통과되었다. 상담 및 지도교육 기관이 국방교육법에 근거하여 설립되었고, 이때 대학에서 과학 및 수학을 전공할 수 있는 영재를 발굴하고 장려하기 위한 상담사를 체계적으로 육성하게 된다. 이로 인해 상담사가 대량으로 훈련을 받게 되며, 그 시기 약 1만 4000명의 상담사가 국방교육법(NDEA) 연구소에서 훈련을 받게 되었다.

④ 제4단계: 의미 있는 일과 조직 경력 개발(1960-1979)

케네디 대통령이 집권하던 1960년대 미국사회는 이상주의와 희망으로 가득 찬 시대였다. 근대적 의미의 시민권 운동이 시작되었고, 베트남 전쟁이 발발하였으나 경제적으로는 호황을 누렸고, 신화 및 환상에 대한 젊은 사람들의 관심이 커지면서 개인, 사회 및 문화적 관계에 대한 새로운 시각이 널리 퍼졌다. 젊은이들은 의미 있는 일자리와 더 나은 세상을 만드는 데 기여할 수 있는 직업을 원했다. 하지만 지나치게 순응적이고 비인격화된 일자리의 조건과 직업 환경에 대해서는 의문을 제기하였다.

이 시기에 직업과 관련된 연방 입법의 하나는 직업교육에 대한 컨설턴트 패널을 임명하여 1962년 미국보건복지부(Ministry of Health, Education and Welfare)를 통해 보고서를 발행한 일이다. 이를 바탕으로 1963년 직업교육법을 통해 학교

상담사가 하나의 직업으로 공식 인정되기에 이르렀다. 1976년 직업교육법이 개정되면서 국가직업정보조정위원회(NOICC)와 주정부 직업 정보 조정위원회가 설립되었다. 이들 기구는 노동 시장 및 기타 직업 정보를 전달하고, 조정하기 위해 설치된 것이다. 이 기구는 또한 취업연수기관, 전국교육통계센터, 교육위원회와 같은 연방 기구와 긴밀한 협조체제를 구축하여 일자리 관련 공공 정보를 폭넓게 활용할 수 있는 기틀을 마련하였다.

이 시기에 제정된 법률의 직접적인 결과로 조직 환경에서의 직업상담이 진로 상담 운동의 전면에 등장하게 되었다. 이로 인해 정부기관, 비영리 지역기관 및 비즈니스 및 산업 분야에서 직업 상담이 크게 발전하였다. 가령 로렌스 리버모어 국립연구소(Lawrence Livermore National Laboratories)와 관리 예산처(Office of Management and Budget)와 같은 정부 기관에는 자체 커리어개발센터가 설치되기도 하였다. 이 외에도 Glaxo Pharmaceuticals, Pacific Bell 및 IBM과 같은 회사도 내부적으로 커리어 서비스센터를 두기 시작하였다.

⑤ 제5단계: 독립적인 실무 경력 상담 및 재취업 상담(1980-1989)

1980년대 산업 시대에서 정보기술 시대로의 대전환이 시작되면서, 산업 부문에서의 일자리 상실, 기술 능력에 대한 고용주의 요구 증가, 계약직에 대한 상시 고용의 상실, 고용 안정의 손실, 조직화된 노동의 소외 등의 문제들이 야기되었다. 1987년 허드슨 연구소는 연방정부의 경력 개발 정책의 토대를 마련한 「인력 2000 보고서」를 발간하였다. 이 보고서는 새로운 미국 인력의 구성에 대한 인구 통계학적 가정에 주목하고 있다. 특히 인력 시장에서의 소수 민족의 증가를 예언하면서 그 점을 진로상담과 정책에 반영할 것을 요청하였다. 이로 인해 사설 직업진로상담사가 출현하여 진로상담이 미국 사회에 폭넓게 확장되었으며, 시민들은 직업 전환에 따른 개인의 정신 건강과 정서 상담 서비스를 제공받을 수 있게 되었다.

전국직업지도협회(NVGA)는 오랜 기간 동안 미국 사회의 직업지도의 표준, 직업 자료의 표준, 상담 교사 연수 기준, 직업 상담 기준 등 직업 표준을 수립하는 데 결정적 기여를 해 왔다. 민간 실무 직업진로상담사가 출현하면서 직업 내에서 큰 압력을 받았기 때문에 이 협회는 진로상담 전문가를 위한 자격증을 개설하게 된다. 국가진로상담사(National Certified Career Counselor) 자격증은 공인 시험과 함께 그 분야와 관련된 학업 및 경력 사항을 포함한다. 협회는 또한 1982년 진로 및 직업상담 역량을 발표했는데, 이는 관련 상담 업무를 수행하는 상담원에게 필요한 역량 목록으로 개발된 것이다.

이 시기 주목할 사항은 재취업 상담의 활성화이다. 재취업은 대개 회사가 경제적으로 어려움을 겪고 있을 때 인력 비용을 줄이고 이윤을 높이기 위해 현재 고용된 근로자를 축소하거나 해고할 때 하나의 문제로 등장한다. 이때 재취업 상담사는 그 직원들이 회사 밖에서 새로운 직업을 찾도록 도와주는 역할을 하는 사람이다.

이 기간 중 기업 분야에서 기술사용이 증가하면서 이것을 뒷받침하기 위한 두 개의 중요한 연방법이 통과되었다. 퍼킨스(C. D. Perkins)의 직업교육법(1984)과 옴니버스 무역 및 경쟁에 관한 법(1988)이 그것이다. 퍼킨스 직업교육법은 1963년의 직업교육법을 대체한 것으로 불우한 개인, 장애인, 훈련과 재교육을 필요로 하는 성인, 인디언, 하와이 원주민, 독신 부모, 주부, 형사 범죄자 및 실업자의 진로지도 사항을 포괄적으로 규정하고 있다. 옴니버스 무역법(Omnibus Trade Act)에는 사람들이 첨단 기술 직업에 뛰어 들거나 진출할 수 있도록 돕거나 다른 산업 또는 사업의 기술 요구 사항을 충족시킬 수 있도록 지원하는 조항과 실업 기술 훈련, 학교와 직장 사이의 전환 프로그램 및 학교와 기업 사이의 협력 사항이 포함되어 있다.

전국직업지도협회(NVGA)의 명칭이 1984년 진로발달협회(NCDA: National Career Development Association)로 변경된 것도 이 시기에 특기할 만하다. 수퍼(D. Super)의 발달이론은 그 전환에서 중요한 역할을 하였으며, 직업에 대한 지침을 인생의 전 과정에 거친 경력개발 과정으로 새롭게 정의하는 데 기여를 하였다.

⑥ 제6단계: 새로운 방향(1990-현재)

1990년대에 들어서면서 직업상담은 다변화를 꾀하게 된다. 한편으로는 고위 간부와 변호사와 같은 직종의 재취업 문제부터 다른 한편으로는 가난한 사람들과 노숙자를 위한 취업 알선에 이르기까지 외연이 대폭 확장되었다.

전문가 집단은 원래 직업상담 서비스와는 거리가 먼 집단이었으나 은퇴 후 행복한 인생설계를 위한 진로문제가 새롭게 부각되었다. 내부 개발은 경력 상담 분야의 전문 분야가 개인 실무자의 진로 상담에 의해 발전된 것이다. 이러한 전문 분야에는 다문화 인구(아프리카계 미국인, 아시아계 미국인, 동성애자, 장애인), 변호사, 고위 임원 및 배우자 및 국제 이주자가 포함된다. 이러한 전문성의 증가가 직업 성숙의 결과임은 재론의 여지가 없다. 근로복지법(1997년)에 근거하여 마련된 '가난한 가족을 위한 임시 지원(Temporary Assistance for Needy Families) 프로그램'은 부양해야 할 자녀가 있는 가정에 도움을 주었다. 이 아이디어는 장기 복지 의존성과 관련된 경험이 있거나 자질을 가진 사람들에게 보조직으로 봉사의 기회를 준 다음 본격적인 훈련을 시켜 취업시키는 전략이다. 진로상담 및 개발 전문가의 역할은 취약 계층의 사람들에게 그러한 일자리를 제공하여 적응과 훈련을 통하여 취업을 하도록 돕는 것이다. 이 시기 가장 주목할 만한 법안으로는 '학교와 직장 연계법'이다. 이 법안은 학생들이 학교에서 직장으로의 어려운 전환 과정에서 미국의 교육 자원을 집중하게 함으로써 학교 교육 과정에 혁신을 가져오게 되었다.

당시에 직업상담의 방법과 관련된 가장 큰 변화는 최첨단 통신기술의 발전에 따른 상담사들의 업무수행방식의 전환에서 찾을 수 있다. 전화, 팩시밀리 전송 및 인터넷을 통해 세계의 어느 곳으로나 즉각적인 통신이 가능할뿐만 아니라 호출기 및 디지털 휴대전화기와 같은 개인용 통신 장치로 인해 사람들과 언제, 어디서나 소통을 할 수 있는 상황이 펼쳐진 것이다. 이러한 변화는 진로상담사로 하여금 인터넷 및 전화를 통한 진로 서비스를 손쉽게 제공할 수 있는 길을 열어 주었고, 동시에 진로상담 시장의 국제적 개방을 가능하게 하였다. 다른 국가와의 경제적 투자나 에너지 협상에서 미국의 진로상담사들은 자신의 전문성을 발휘하게 되었다. 가령 싱가포르, 러시아, 중국, 홍콩, 말레이시아, 호주, 에스토니아, 폴란드에서 이들 진로상담사들이 실질적인 계약 업무를 수행하게 된 것이다.

3) 우리나라 진로상담 및 교육의 현주소

해방 후 우리나라 교육이 전반적으로 미국의 영향을 받아 왔음을 부인하기는 힘들다. 우리의 진로상담이나 진로교육도 앞서 언급한 미국의 발전을 떠나서 생각하기 힘들 정도로 진로이론, 진로검사, 진로상담의 방법 등 다방면에서 영향을 받아 왔다. 따라서 여기서는 해방 후 우리나라 진로상담 및 교육의 발전 과정을 자세하게 언급하는 것보다는 현재와 미래의 전망을 살펴보는 것이 도움이 될 것이다.

진로가 교육계의 화두로 새롭게 등장한 것은 2015 개정 교육과정이 공포되면서부터이다. 모든 중학교에서 자유학기제가 시행되면서 학생들은 중학교를 다니는 한 학기 동안 시험 부담에서 벗어나 진로와 관련된 다양한 활동을 할 수 있게 되었다. 자유학기제가 실시되는 학기에는 중간고사와 기말고사와 같은 총괄 지필평가를 하지 않음으로써 학생들의 학업 부담을 줄이고, 다양한 체험 활동을 할 수 있는 기회를 제공하였다. 이 기간 중 교육활동에 대한 평가는 다양한 수행평가 방식을 통해 수업의 과정에서 수시로 이루어진다. 등급과 석차를 기록으로 남기지 않고 수업태도와 학습과 체험의 결과를 서술형으로 기재할 뿐이다. 그 결과를 입시에 반영하지 않으므로 학생들은 자신의 꿈과 끼를 최대한 키워나갈 수 있게 된 것이다. 물론 오전 시간에 국영수와 같은 기본 학습은 하되, 그 방식에서는 학생이 직접 참여하는 토론과 실습 위주로 수업이 진행된다. 학과 수업이 끝난 오후에는 주로 진로탐색, 예술과 체육 활동, 동아리 활동을 비교적 자유롭게 할 수 있다.

고등학교에서는 문과와 이과로 구분하지 않고, 사회와 과학 공통과목을 개발하여 모든 학생이 배우게 된다. 1학년 때 공통과목을 이수하고, 2학년 땐 선택과목을 듣는데, 선택과목은 일반 선택과목과 진로선택과목으로 나뉜다. 일반 선택과목은 교과내용과 관련된 과목이며, 진로선택과목은 교과 융합학습, 진로 안내학습, 교과별 심화학습 및 실생활 체험학습 등이 가능한 5과목을 이수하게 된다. 어문 계열의 진로를 선택한 경우 학생은 진로영어, 영미 문학 읽기, 심화 영어, 중국어 회화 등의 수업을 들을 수 있다. 경상 계열의 진로를 선택한 경우라면 학생은 경제수학, 사회문제 탐구, 한국 사회의 이해 등의 과목을 들을 수 있다.

2016년 중학교에서의 자유학기제 전면 도입과 함께 교육부는 '제2차 진로교육 5개년 기본계획'을 확정지었다. 그 내용은 학교현장의 진로교육 운영 내실화에 집중되어 있다. 이를 위하여 진로교육 집중학년·학기제를 운영하는 시범학교를 늘려나가고, 진로를 중심으로 비교과 창의적 체험활동을 꾸려 나간다는 전략이다. 좀 더 구체적으로는 초등학생들에게 진로심리검사를 도입하여 실시하고, 중등학교 수준의 상급학교 학생들에게는 창업 진로상담프로그램을 마련한다는 것이다. 초등학교의 진로교육이 진로에 대해 인식하고 교과에 기반을 둔 현장견학이나 캠프와 같은 체험학습에 비중을 많이 두고 있는 반면, 중·고등학교의 진로교육은 자유학기제와 인턴십(현장실습) 운영, 진로탐색과 진로설계에 초점을 두고 있다. 진로교육이나 상담이 이제까지 진학에 초점을 두었다면, 교육부의 계획안은 4차 산업혁명을 앞둔 세대에게 미래 사회를 대비할 수 있는 역량을 길러주겠다는 의지를 담고 있다.

그림 2.1 학교급별 진로교육 체계

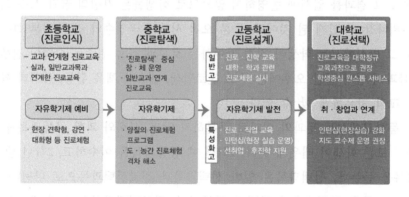

출처: 교육부(2016). 제2차 진로교육 5개년 기본계획.

2000년 이후 진로교육에서 가장 큰 변화 중의 하나는 진로 전담교사제를 도입한 일이다. 진로 전담교사는 학교의 진로 진학에 관한 상담과 지도를 전담하는 진로진학 상담교사를 말한다. 2011년 3월 교원 자격검정령 시행규칙 개정으로 새롭게 도입된 교과 교사 제도로, 2014년까지 모든 중·고등학교에 배치됐다. 진로 전담교사는 해당 담당 교사와 협의를 거쳐 수업 시간에 진로상담을 제공할 수 있으며, 이 경우 진로상담 시간은 수업 시간으로 간주된다. 진로 전담교사는 교과 지도 경험이 풍부한 현직 교사들을 대상으로 부전공 연수를 통해 양성되며, 자격을 취득한 진로 전담교사는 학교의 진로 진학 상담 활동을 종합적으로 이끌어나간다.

2017년 현재 중학교와 고등학교에서 『진로와 직업』이 독립된 교과로 설정되어 학생들에게 자신의 진로를 탐색하고 설계할 수 있는 기회를 제공해 주고 있다. 『진로와 직업』[13]에서 다루고 있는 범주는 직업과 인간의 행복, 자기 자신의 이해, 사회변화와 직업세계, 합리적인 의사결정, 직업생활의 영위에 관한 내용을 두루 포괄하고 있다.

대학에서도 인력개발원이나 커리어개발센터가 설치되어 진로상담전문가와 취업지원관 등이 활동을 하고 있다. 하지만 실제에서는 취업 정보 제공이나 취업 면접 등 스킬 위주의 전략이 주를 이루다보니 삶과 행복한 인생을 설계하는 단계로까지 나아가지 못하는 한계가 있다. 학생들의 전공분야와 밀접한 진로설계가 가능하도록 학과 내에서 주도하는 진로교육이 시급한 실정이며, 저학년 때부터 직업세계에 대한 이해·진로상담을 진행하고, 고학년은 실제 취업 준비를 위한 체계적인 서비스를 제공하는 등 대상별 맞춤 교육과 체계적인 진로설계 프로그램을 확대해 나가야 하는 과제를 안고 있다.

성인들의 진로상담은 직업에 관한 상담이 대부분이며, 전국에 설치된 고용센터에서 그 업무를 주로 관장하고 있다. 고용센터는 실업급여 지급과 함께 구인·구직정보 및 상담프로그램 제공, 동행면접, 직업훈련 기회 제공 등을 통해

---

13) 이무근(2008). 진로와 직업(고등학교, 교과서). 서울: 교학사; 손은령(2015). 중학교 진로와 직업. 서울: 비상교육.

구직자의 조속한 취업을 위한 상담과 조력을 하고 있다. 저성장으로 실업률이 늘어나면서 취업성공패키지나 직업능력개발을 통한 취업상담은 물론 기초생활보장과 같은 복지 지원이나 일과 가정 양립을 위한 모성보호, 고용촉진까지 일자리와 그에 필요한 생계지원으로까지 그 업무가 확대되는 추세이다.

CHAPTER 5

진로이론

01___선택이론

1) 파슨스(Parsons)의 특성-요인 이론

파슨스는 진로선택에서 개인의 특성과 직업적 요인을 고려하여 둘을 결합시키는 매칭(matching)이라는 아이디어를 최초로 발전시켰다. 사람들은 자신의 능력에 맞는 직업을 선택할 때 자신의 역량을 가장 잘 발휘할 수 있다고 본 것이다. 이 점에서 그는 직업 지도 운동의 창시자로 불리며, 진로상담에서도 독보적인 위치를 차지하고 있다. 그의 매칭 이론은 후일 '직업 선택의 특성-요인 이론'으로 발전하게 된다. 그 이론의 중심에는 매칭이라는 개념이 자리하고 있다. 파슨스는 적어도 직업 결정이 이루어지기 위해서는 적어도 다음의 세 가지 조건들이 충족될 때 가능하다고 보았다.

첫째, 자신의 개인적 특성, 즉 적성, 흥미, 개인적 능력 등을 정확하게 이해하여야 한다.

둘째, 직업과 노동 시장에 대한 풍부한 지식을 갖추고 있어야 한다.

셋째, 개인적 특성과 노동 시장의 관계에 대하여 합리적이고도 객관적인 판단을 내릴 수 있어야 한다.

파슨스의 3요소 이론은 오늘날에도 여전히 유효하다. 왜냐하면 이후에 등장하는 진로지도와 상담의 이론들은 대부분 파슨스의 기본 아이디어에 근거를 두고 있기 때문이다.

그런데 특성-요인 이론이 실효성을 갖기 위해서는 몇 가지 사항이 전제가 되어야 한다. 먼저 개인의 특성을 측정해야 한다. 신뢰할 만한, 타당한 진로 검사도구의 개발이 중요한 것이다. 하지만 사람마다 지속적이고 안정적인 개인적 특성이 존재하는지, 또 그러한 특성을 검사 도구로 파악할 수 있는지는 논란의 여지가 있다. 그와 동시에 특정한 직업을 수행하는 데 필요한 요인들을 파악하는 일도 중요하다. 직업적 특성과 업무의 성격을 파악하고, 특정 직업에서 요구하는 사항들이 무엇인지를 파악하는 일은 진로선택에서 필수적으로 고려되어야 할 사안이기 때문이다. 파슨스는 개인의 특성과 직업의 요구사항이 가장 잘 맞아 떨어질 때 직업적 성공의 가능성이 그만큼 더 커진다고 가정하였다.

그렇다면 진로의 문제를 갖고 있는 사람들에게 우리는 어떻게 도움을 줄 수 있을까? 우선 초기면담을 통하여 내담자와의 촉진적 관계를 형성할 필요가 있다. 그리고 이어서 필요한 검사를 실시하거나 내담자와의 실제 면담을 통하여 진로문제를 진단한다. 이 때 상담자는 내담자의 적성, 흥미, 개인적 역량은 물론 가정 배경, 교우 관계, 직업 포부 등을 다각도로 검토함으로써 진단의 근거로 삼아야 한다. 마지막으로 일련의 과정을 종합적으로 판단하여 내담자에게 직업정보를 제공한다.

진로선택에 도움이 되는 진로상담의 과정을 윌리엄슨(1939)은 분석, 종합, 진단, 처방, 상담, 추수지도와 같은 6단계로 체계화하여 제시하였다. 지시적 상담의 대표자인 윌리엄슨의 상담이론이 진로상담에 적용된 것은 그만큼 초창기 진로상담이 전문성을 지닌 상담자 위주로 진행되었음을 보여주는 단적인 증거이다.

① 분석: 가족 배경, 학교 성적, 내담자의 흥미와 태도, 지능 수준 등에 관한 세부적인 자료들을 수집하여 면밀하게 분석한다.
② 종합: 내담자의 개별성과 독특성을 파악하기 위하여 사례연구나 심리검사 결과의 자료를 수집하고, 종합적으로 정리한다.
③ 진단: 내담자의 특성과 문제를 분류하고, 교육이나 직업적 특성을 비교하여 문제의 원인을 진단한다.
④ 처방: 문제의 원인에 대한 해결 방안을 강구하고, 내담자에게 처방을 제시하여 나름의 대안을 찾도록 돕는다.
⑤ 상담: 지금 당장 내담자가 해야 할 일과 다가올 미래를 어떻게 준비할 것인가에 대하여 진지한 대화를 나눈다.
⑥ 추수지도: 상담 과정이 끝난 이후에도 진로선택과 관련된 문제에 관심을 갖고 지속적인 도움을 준다.

이처럼 특성-요인 이론은 상담자의 전문성을 바탕으로 상담자가 주도적으로 진로상담을 진행하는 특징이 있으며, 개인과 직업에 대한 객관적인 자료와 정보를 최대한 활용한다는 점에서 합리적이고, 심리검사에 근거한 판단을 권장한다는 점에서 과학적이라고 볼 수 있다.

초기 단계 진로상담의 개척이라는 나름의 공로에도 불구하고 이 이론은 몇 가지 한계를 지니고 있음을 지적하지 않을 수 없다. 가령 심리검사에 의한 직업적 예언이 과연 신뢰할 만한 것인지, 직업선택이 그렇게 일회적 사건으로 종결되는지, 개인의 특성이 정작 어디에서 나오는 것인지에 대한 명쾌한 답을 주지 못함으로써 아쉬움을 남기고 있다.

2) 로(Roe)의 욕구이론

로(Roe)의 이론을 욕구이론으로 보는 이유는 직업선택이 인간의 욕구에 기초를 두고 있다고 가정하기 때문이다. 아동기에 가족들 사이에서 느끼고, 경험

한 것들이 나중에 직업을 결정하는 데 적지 않은 도움을 준다는 것이다. 욕구의
문제를 전면에 내세운다는 점에서 로는 상당 부분 심리학자 매슬로(Maslow)의
욕구위계론의 영향을 받고 있다.

그의 욕구위계론에서는 인간의 욕구가 다섯 계층으로 구성되며, 하위 욕구
로부터 상위 욕구로 단계적으로 충족된다고 보고 있다. 1단계는 생리적 욕구
(physiological needs) 단계로서 이는 인간의 가장 기본적인 욕구를 의미하며 의식
주 및 성적 욕구 등이다. 2단계 욕구는 안전욕구(safety needs) 단계로서 안전과
보호, 경제적 안정, 질서 등에 대한 것으로 일종의 자기보전적 욕구를 말한다.
3단계 욕구는 사회적 욕구(social needs)의 단계로서 인간은 사회적 동물로서 여
러 집단에 소속되고 싶고 그러한 집단으로부터 받아들여지기를 원하는 욕구로
소속욕구, 애정욕구 등이다. 4단계의 욕구는 존경욕구(esteem needs)로서 스스로
자신을 중요하다고 느낄 뿐만 아니라 다른 사람들로부터도 인정되고자 하는 지
위, 존경, 인정, 명예, 위신, 자존심, 성공 등에 대한 욕구를 말한다. 5단계 욕구
는 자아실현욕구(self-actualization needs)로서 성장, 자아실현 등을 통해 자신의 잠
재 가능성을 실현하려는 욕구이다.

개인의 잠재가능성의 실현의 정도는 이러한 욕구를 충족할 수 있는 경험과
환경의 영향을 받는다. 가정의 사회경제적 배경과 사회의 문화적 배경이 이 과
정에서 중요한 역할을 수행한다. 가령 자아실현욕구를 실현하고자 하는 직업적
포부나 동기는 이를 뒷받침해줄 수 있는 가정적, 사회적 배경을 토대로 가능할
것이다.

이런 점에서 로는 아동기의 경험 가운데 부모와 자녀 관계와 직업선택의 상
관성을 주목하였다. 부모와 자녀 사이의 상호작용 유형에 따라 자녀의 직업선
택의 방향이 달라진다고 본 것이다. 그는 가정의 정서적 분위기를 세 가지로 나
누었다. 회피형(거부나 방임), 정서집중형(과보호나 요구과잉), 수용형(무관심 혹은 애정)이
그것이다. 어려서부터 부모의 정서적 지지를 받으며 온화한 인간 관계 속에서
자란 사람은 결국 사람들과 더불어 살아가는 직업군에 관심을 두고, 문화와 예
술직, 서비스직, 비즈니스직과 같은 인간 지향적인 직업을 선택할 것이다. 그와
는 반대로 부모와의 상호작용이 원만하지 못하거나 차가운 분위기에서 성장한

사람이라면 인간 사이에서 일하는 직업보다는 오히려 기술직, 옥외활동직, 과학직과 같이 사물이나 기계 지향적인 직업을 우선시할 것이다. 인생 초기의 양육 경험으로부터 인간은 자기 자신의 욕구 충족 방식을 내면화하고, 점차 직업선택과 연결을 짓는다는 로의 욕구이론은 진로교육 및 상담에도 적지 않은 시사점을 던져 준다.

이외에도 로는 인간의 흥미를 기초로 직업분류 체계를 정립하고자 하였다. 그는 직업에서의 곤란도와 책무성을 고려하여 8개의 직업군을 제시하였다(Roe & Lunneborg, 1990). 사람의 욕구와 복지에 관심을 가지고 봉사하는 서비스직(service), 인간을 상대로 판매를 하거나 상대방을 설득하는 비즈니스직(business), 기업의 조직과 효율적인 기능에 종사하는 단체직(organization), 공학, 기능, 기계, 무역, 운송, 정보통신 등 주로 사물을 다루는 기술직(technology), 농축수산, 임업, 지하자원의 개발, 보전, 수확과 관련된 옥외활동직(outdoor), 과학 이론과 적용에 관여하는 과학직(science), 인류 문화의 보존과 전수에 관련되는 일반문화직(general culture), 창의성과 상상력을 위주로 활동하는 예능직(arts and entertainment)이 그것이다. 로는 숙련도와 책무성을 기준으로 각 군집을 다시 6단계로 구분하고 있다. 가장 높은 순서로부터 고급 전문관리, 중급 전문관리, 준 전문관리, 숙련직, 반숙련직, 비숙련직 순이다. 가령 고급 전문관리는 대개 기업의 최고경영자(CEO), 사회와 문화의 흐름을 주도하는 혁신가 등이 이 수준에 속한다. 이들은 최고 수준의 교육과 학위를 소지하거나, 자기가 독자적으로 사업의 아이템이나 정책을 구상하며, 그에 대한 책임을 진다는 점에서 자신의 최고 전문성을 인정받는다.

로의 욕구이론도 나름의 한계를 지닌다. 진로선택 이론의 체계화에 집중한 나머지 이론 자체의 검증과 실증적인 증거가 약하다는 비판을 받는다. 부모를 중심으로 가정의 정서적 분위기와 직업선택의 상관성을 밝혀낸 공로는 인정되어야 마땅하나 이 부분도 정밀한 분석을 요한다. 왜냐하면 부와 모의 자녀 관계가 각각 다르게 나타날 수 있기 때문이다. 엄부자모(嚴父慈母)의 경우나 그 반대의 경우도 얼마든 실제 삶 속에서 나타난다.

3) 홀랜드(Holland)의 성격이론

진로탐색 및 선택에 대한 영향력으로 따질 때 홀랜드의 성격이론만한 진로이론을 찾기는 힘들다. 이 이론을 성격이론으로 부르는 것은 직업적 흥미와 성격의 불가분성에서 비롯된다. 홀랜드에 따르면 개인의 성격을 알게 되면 그 사람의 직업적 흥미를 알 수 있고, 특정한 직업선택은 개인의 고유한 성격적 특성에서 기인한다. 그는 군복무 중 군인들의 직업특성을 유형화하려는 생각을 갖게 되었고, 성격유형과 직업특성의 관계를 지속적으로 연구한 결과 1997년 자신의 이론과 검사도구 등을 완성하였다.

그의 이론은 RIASEC 이론으로도 불린다. 홀랜드는 인간의 성격 유형과 직업적 특성을 여섯 가지 유형으로 제시하였는데, 그 유형의 영문 첫 자를 조합하면 그 단어가 등장한다. 그 유형은 실재적(Realistic) 유형, 탐구적(Investigative) 유형, 예술적(Artistic) 유형, 사회적(Social) 유형, 기업적(Enterprising) 유형, 관습적(Conventional) 유형으로 구체화된다.

홀랜드가 제시한 여섯 가지 유형을 연결지어 보면 [그림 2.2]와 같은 육각형 모형이 나오게 된다. 여기서 중요한 것은 각 유형 간의 관계에 관한 것이다. 사회적 유형은 예술적 유형, 기업적 유형과는 인접 관계에 있지만, 실재적 유형과는 대립 관계에 있다. 홀랜드의 진로 및 적성탐색검사14)는 한 사람이 성격적으로 여섯 가지 유형 중에서 어떤 유형이 우세하게 지배하는지를 탐색하도록 구성되어 있다. 사회적(S) 유형이 가장 우세한 사람의 경우 대개 인접하고 있는 예술적(A) 유형이나 기업적(E) 유형이 그 다음으로 우세하게 나타난다. 그와 반대로 실재적(R) 유형이 우세한 사람의 경우 인접하고 있는 관습적(C) 유형이나 탐구적(I) 유형이 그 뒤를 잇게 된다. 이처럼 성격유형과 직업환경 간의 근접성에 따라 우리는 그 사람의 일관성(consistency) 수준을 가늠할 수 있다. 일관성이 높다는 것은 그만큼 진로선택의 방향 설정에서 안정성을 갖는다는 의미로 볼 수 있다. 홀

---

14) 한국가이던스에서 출시한 홀랜드 진로적성탐색 검사도구의 경우 중고등학교 학생용은 진로탐색검사로 대학생인용은 적성탐색검사로 명명하고 있다.

그림 2.2 홀랜드의 육각형 모형

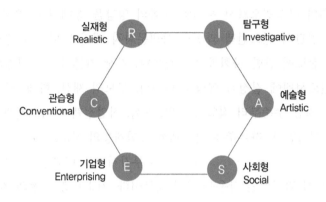

랜드 검사결과 어떤 사람은 한 가지 유형에서 높은 점수가 나오기도 하지만 또 어떤 사람은 그와 달리 모든 유형에서 골고루 점수를 얻기도 한다. 여기서 나오는 개념이 바로 변별성(differentiation)인데, 그것이 높다는 것은 직업흥미특성이 높아 어느 한 분야에서 자신의 적성을 잘 발휘할 가능성이 높고, 일에서의 만족도가 높아, 사회적 상황이나 교육적 행동에도 적극적으로 참여한다는 것이다.

홀랜드 이론은 인간의 성격과 직업세계를 유형화함으로써 비교적 용이한 방식으로 합리적인 진로선택을 할 수 있도록 했다는 점에서 그 공로를 인정받을 만하다. 홀랜드는 실제로 활용할 수 있는 적성, 진로, 직업관련 검사들을 다수 개발하여 보급하는 데 기여하였다. 우리나라에도 널리 보급된 진로적성탐색검사(SDS: Self-Directed Search)를 비롯하여 직업선호도검사(VPI: Vocational Preference Inventory), 직업탐색과 통찰도구(VEIK: Vocational Exploration and Insight Kit), 나의 직업상황(MVS: My Vocational Situations)은 진로분야에서 널리 활용되는 검사도구들이다.

홀랜드 검사도구는 예언도와 활용도 면에서 장점이 크므로 널리 보급되어 있다. 하지만 인간의 성격과 직업 세계의 환경을 여섯 개의 범주로 국한시키다 보니 성격과 세계의 변화가능성을 충분하게 고려하지 못하는 나름의 한계도 지니고 있다.

4) 사회학적 이론

개인은 사회의 구성원으로서 사회와 문화의 영향을 통해서 한 인간으로서 성장해 나가듯 인간의 진로선택 과정도 사회문화적 배경을 떠나서 생각할 수 없다는 입장이 진로에 관한 사회학적 이론이다. 가장 기본적으로 가정의 형편과 분위기는 진로선택에 결정적 영향을 미친다. 부모의 재산, 학력, 사회적 지위는 한 인간의 지능 수준부터 직업적 열망, 진학, 직업선택에 이르기까지 지속적인 영향력을 행사한다. 자본주의 사회에서 사회계층의 척도로 부모의 사회경제적 지위(SES: Socioeconomic Status)15)를 전면에 부각시키는 이유는 그 요인이 자녀의 진로선택에서 결정적인 작용을 하기 때문이다. 저소득층 가정의 자녀들은 고소득층 가정의 자녀에 비해 부모로부터 제공받는 경험의 질과 양에서 차이가 나며, 그 결과는 고스란히 진학과 이후의 직업선택으로 이어진다. 가정 내에서 구성원 간의 상호작용 양식과 부모의 자녀에 대한 태도와 가치는 직업적 포부수준과 야망에도 차이를 가져와 자녀의 직업과 인생의 성패를 좌우하는 요인으로 작용한다. 진로선택에 영향을 주는 사회문화적 요인은 다양하며, 이를 정리하면 <표 2.1>과 같다.

진로선택에서 사회문화적 요인은 간과해서는 안 될 정도로 중요하다. 그 영향력 또한 크기 때문에 진로상담을 할 때 가정의 사회경제적 지위, 가정의 영향력, 학교, 지역사회, 압력집단, 역할 지각 등을 충분히 고려하여야 한다(Lipsett, 1962). 여기서 압력집단은 부모를 위시하여 내담자의 직업선택에 직간접으로 압력을 행사하는 교사, 동료, 친척 등을 말하며, 역할 지각은 자신의 다양한 역할 수행에 대한 지각 정도를 말하는 것으로 그 지각 여부에 따라 진로의 방향도 크게 달라질 수 있으므로 진로선택에서 중요하다.

---

15) 사회경제적 지위는 사회 안에서 수입, 직업, 재산, 거주지역, 그리고 교육수준 등에 의해 결정되어지는 개인이나 집단의 상대적인 위치를 말한다. 이러한 사회경제적 지위는 부모가 자녀에게 제공하는 경험의 질과 양, 가정 내에서 구성원 간의 상호작용 양식, 부모의 자녀에 대한 태도와 가치 등으로 반영되어 개인의 발달과 성취수준에 영향을 준다.

표 2.1	진로선택에 영향을 주는 사회문화적 요인
가정	가정의 경제적 지위, 부모의 직업, 부모의 수입, 부모의 교육 정도, 주거지역, 주거양식, 가족 규모, 부모의 기대, 형제의 영향, 출생 순위, 가정의 가치관
학교16)	교사와의 관계, 동료와의 관계, 교사의 영향, 동료의 영향, 학교의 가치
지역사회	지역사회에서 주로 하는 일, 지역사회의 목적 및 가치관, 지역사회의 경제 조건, 지역사회의 기술변화

5) 진로의사결정 이론

의사결정은 한 개인이 어떤 상황에 직면하여 의사결정 과제를 지각하고, 그에 대해 반응하는 특징적인 방식을 말한다. 하렌(Harren, 1979)에 의하면, 진로의사결정은 "개인이 정보를 조직하고 여러 대안을 신중하게 검토하여 진로선택을 위한 행동과정에 전념하는 심리적인 과정"이다. 진로선택의 과정이 하나의 결실을 맺는 것은 신중한 의사결정에 의해서 판가름되므로 진로에서 의사결정은 핵심적인 역할을 한다.

진로의사결정은 크게 세 가지 유형으로 나누어 볼 수 있다. 하나는 합리적 유형이다. 이런 유형의 사람은 진로와 직업에 대한 정확한 정보를 수집하고, 합리적인 의사결정을 내릴 수 있으며, 자신의 결정에 대하여 책임을 지는 태도를 보인다. 다른 하나는 직관적 유형이다. 이 유형은 자신의 감정과 상상력을 바탕으로 순식간에 직관적으로 결정을 내리는 경향이 강하며, 자신의 결정에 대한 합리적인 설명은 부족하다. 하지만 자신의 결정에 대한 책임은 지는 편이다. 마지막으로 의존적 유형이다. 의사결정의 책임을 전적으로 외부로 돌리는 유형이

16) 우리나라의 경우 학교의 위치나 유형 또한 직업선택에 중요한 변수가 될 수 있다. 서울 대도심의 특수목적고를 다니는 학생과 시골 한적한 지역에서 전문계 고교를 다니는 학생의 교육력 차이는 상상을 초월할 정도로 크다고 볼 수 있다.

며, 자기 자신의 주체적 사고보다는 타인의 생각이나 사회적 인정에 영향을 받으며, 자신의 진로에 대한 책임 의식도 낮은 편이다.

세 가지 유형이 진로상담에 주는 시사점은 분명하다. 진로상담의 과정은 진로의 문제에 자기 자신이 주인이 되어 주체적으로 의사결정을 내리는 합리적이고, 능동적인 의사결정자를 만드는 일이다. 따라서 미성숙한 진로결정자(직관적 유형과 의존적 유형)를 지속적인 대화와 훈련을 통하여 보다 나은 성숙의 단계로 이끌어 주는 일이 중요한 과제가 된다.

다른 한편, 진로의사결정과 관련된 유용한 개념이 진로결정수준이다. 진로결정수준에 따라 진로상담에서 내담자를 진로결정자(decided), 미결정자(undecided), 결단성이 부족한 사람(indecisive)으로 구분할 수 있다(김봉환·정철영·김병석, 2012: 258). 진로결정자는 자신의 진로에 대한 확실한 결정을 내리고 주체적 삶을 영위해 나가는 사람이다. 미결정자는 좀 더 나은 의사결정을 위해 나아가고 있는 단계로서 지속적인 정보 수집과 자아 및 직업세계의 탐색을 하고 있는 사람이다. 진로상담자의 개입으로 개선의 여지가 큰 대상자는 자신의 진로를 아직 결정하지 못한 미결정자들이다. 하지만 결단성이 부족한 사람은 비단 진로의 문제뿐만 아니라 개인의 일상적 삶이나 정서적 문제에서도 쉽사리 결정을 내리지 못하며, 이리저리 흔들리는 모습을 보이는 특성을 보인다. 일종의 결정 장애로 인해 이들 만성적인 미결정자(chronic indecisive)는 진로나 직업상담 이전에 심리치료와 같은 근본적인 처방이 병행되지 않으면 상담의 효과를 기대하기 힘들다.

02___발달이론

진로선택이론은 개인의 적성과 직업적 환경의 충분한 고려를 통해 합리적인 의사결정을 하도록 돕는 데 기여를 한다. 하지만 진로의 과정을 인생의 특정 시기에 일회적으로 결정되는 것으로 보기 때문에 개인의 성장과 발전이 지속적으로 이루어지는 평생학습 시대의 요구를 반영하는 데는 일정한 한계를 지닐 수밖에 없다. 진로발달이론은 진로의 발달과 직업의 선택이 전 생애에 거쳐 지속되고, 장기적인 과업이라는 점에 주목하여 이론을 전개한다.

1) 긴즈버그(Ginzberg)의 발달이론

긴즈버그는 진로의 문제를 발달의 관점에서 본 최초의 인물로 진로의사결정이 청년기인 20대 초반까지 지속된다고 보았다. 그의 진로발달은 3단계의 과정을 거쳐 발전해 나간다.

1단계 환상기(fantasy phase)는 유아기부터 11세 정도까지의 시기이며, 다양한 상상놀이를 통하여 일의 세계를 경험해 나가는 시기이다. 이 시기에 아이들은 의사나 간호사 놀이를 한다거나 경찰관이나 소방관의 역할을 흉내 내면서 직업 세계를 경험해 본다. 물건을 사고파는 행위를 하면서 일상에서 관찰하는 상인의 역할을 따라서 하는 경우도 있다. 하지만 이 시기의 상상이 구체적인 진로와 연결되는 확률은 그리 높지 않다.

2단계 잠정기(tentative phase)는 아이들이 잠정적으로 자신의 진로를 선택하게 되는 시기이다. 이 시기는 11세부터 16세까지의 나이의 아동과 청소년을 포함하며, 사춘기를 겪으면서 자신의 정체성과 미래의 진로에 대한 고민을 점차 하게 된다. 잠정기 내에서도 흥미(11-12세), 능력(13-14세), 가치(15-16세), 전환(17-18세)의 관점에 따라서 선택의 방향성이 점차 발전하는 것을 볼 수 있다. 즉, 이 시기의 아이들은 처음에는 흥미 위주로 직업을 선택하다가 점차 자신의 능력과 직업세계의 요구를 파악하여 선택을 하고, 청소년 시기가 되면 개인의 가치관과 삶의 우선순위를 고려하여 미래의 진로를 결정하는 경향성을 보이고 진로선택 결정과 그 선택에 따른 책임감을 인식하는 시기이다.

3단계 현실기(realistic phase)의 청소년들은 자신의 직업을 구체적으로 보게 된다. 18세부터 22세까지의 이 시기 또한 탐색, 결정화, 구체화의 3단계 과정을 거친다. 이전의 시기에 잠정 결정한 직업군을 좀 더 좁혀 현실에서 보다 구체적으로 탐색해 나가고, 자신의 진로결정과 관련된 내적 및 외적 요소를 종합한 후 세밀하고 정교하게 자신의 진로결정을 구체화해 나간다.

긴즈버그는 진로발달이 일련의 단계를 거쳐서 진행된다는 점을 밝혀 주었으나 청년 초기 단계에 종결되는 것으로 이론을 상정한 한계를 지니고 있다. 그 점을 보완한 대표적 인물이 수퍼(Super)이며, 그는 생애진로발달이론을 구축하여 이전의 한계를 보완하였다.

2) 수퍼(Super)의 전 생애적 발달이론

수퍼는 진로발달을 전 생애에 거쳐 진행되는 과정으로 본 점에서 이전의 진로발달이론과는 근본적인 차이점을 지닌다. 진로의 문제를 직업의 선택과 결부지어 설명하던 이전의 진로선택이론들(홀랜드와 로의 이론)과는 달리 수퍼가 진로발달이론을 강조한 이유는 진로 문제가 개인의 전체적 삶과 밀접한 관련이 있다고 보았기 때문이다.

수퍼의 진로발달이론에서 가장 중요한 개념은 자아개념이다. 왜냐하면 결국 인간은 누구나 자아의 이미지와 일치하는 직업을 선택하기 때문이다. 이러한 진로 자아개념은 개인의 직업적 선호와 능력, 사회적 요인, 시간의 경과 및 경험 등에 의해 죽을 때까지 발전되고 변화한다. 가정, 또래, 학교 등 다양한 공간을 거치면서 한 개인은 다양한 사회적 경험을 쌓고 자신의 흥미와 능력을 확인하고, 지속적으로 자신의 일에 대한 가치와 태도를 형성하게 된다.

수퍼(1990)의 아치웨이 모형에 따르면, 진로 자아개념은 다양한 개인적 요인과 환경적 요인의 결합에 의해서 형성된다. 개인적 요인에는 개인의 적성, 능력, 흥미, 가치, 지능 등이 속한다. 환경적 요인에는 가정, 학교, 또래집단, 사회적 상황, 정치적 상황, 노동 시장 등이 속한다. 개인의 삶을 둘러싼 다양한 요인들이 상호작용하면서 진로 자아개념을 형성하게 된다. 그렇다고 진로 자아개념이 어느 한 순간에 결정되는 것이 아니라 상황변화에 따른 의사결정과 자신의 역할을 재규정하면서 또다시 새로운 자아개념을 낳는 지속적이면서도 순환적인 과정의 산물이라는 점이다. 이 관점에서 우리는 수퍼의 이론을 생애진로발달이론으로 볼 수 있다. [그림 2.3]은 수퍼의 아치웨이 모형을 보여주고 있다.

그림 2.3 수퍼의 아치웨어 모형

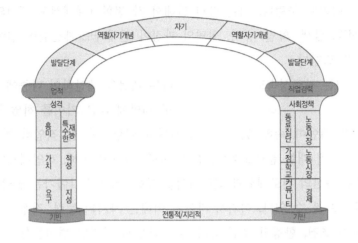

수퍼는 인간의 생애를 성장기(출생~14세), 탐색기(15~24세), 확립기(25~44세), 유지기(45~64세), 쇠퇴기(65세 이후)로 나누어 다섯 개의 진로발달 단계를 설정하였다. 성장기엔 가정과 학교에서의 주요 인물과 동일시함으로써 자아개념이 발전한다. 탐색기는 여가, 학교, 아르바이트 등으로 현실적 요인과 함께 여러 진로를 탐색하는 초기 성인기가 여기에 해당된다. 이 시기는 세 가지 하위단계인 잠정, 전환, 시행기로 진로가 발전한다. 이 단계의 중요발달 과업으로 결정화, 구체화, 실행을 제시하고 있다. 결정화(crystalization)는 진로에 대한 선호가 점차 분명하게 드러나야 하며, 구체화(specification)는 청소년기에 드러난 몇 가지 직업적 선호도 중에서 한두 개 직업으로 구체적으로 선호해야 하며, 실행(implementation)은 자신이 결정한 직업을 결정하고 상급학교 진학이나 취업 준비를 위하여 매진해야 함을 말한다. 확립기는 적합한 분야를 찾기 위해 시행착오를 경험하는 시행기(25~30세)와 점차 안정을 찾아가는 안정기(31~44세)로 나뉘는데, 정착, 공고화, 진전의 단계를 거친다. 유지기는 인생에 있어 최고의 숙련도를 갖게 되는 시기로 보유, 갱신, 혁신의 단계를 거친 후 쇠퇴기로 접어들게 된다. 쇠퇴기는 은퇴를 준비하는 일에서부터 은퇴 후 자신의 삶에 만족하며 살아가는 시기이다.

수퍼(1996: 135)는 대순환(maxi-cycle)이라고 말하는 전 생애 기간의 진로발달 과정과 구분하여 대순환의 각 단계 사이에 나타날 수 있는 전환의 과정을 소순환(mini-cycle)이라고 불렀다. 이는 다시 말해서 각 전환단계에서도 개인의 진로에 대한 성장, 탐색, 확립, 유지, 쇠퇴의 과정이 언제라도 재순환이 일어날 수 있다는 것을 말한다.

또한 수퍼는 진로성숙도(career maturity)라는 개념을 제안하여 나중에 진로성숙도검사(CMI: Career Maturity Inventory)의 도구 개발에 많은 기여를 하였다. 진로성숙도는 한 개인이 속해 있는 연령단계에서 이루어야 할 직업적 발달과업(vocational tasks)에 대한 준비도이다. 진로성숙은 자아의 이해, 직업세계의 이해를 바탕으로 자신의 진로계획과 진로선택을 통합, 조정해 나아가는 발달단계의 연속 과정으로 볼 수 있다. 여기서 자아의 이해는 자기의 능력, 적성, 흥미, 가치관, 신체적 조건, 환경적 조건 등과 같이 개인과 관련된 변인들을 고려하는 것이고, 일과 직업의 세계의 이해는 직업정보, 일과 작업의 조건, 직업관 및 직업윤리 등 개인 외적 요인에 대한 다양한 지각과 이해를 포괄한다. 각 단계마다의 발달과업을 개인이 얼마나 인지하고, 또 실제로 수행해 나가느냐의 여부가 다음 단계로의 발달을 촉진시키는 데 중요한 역할을 하게 된다.

요컨대 수퍼는 진로상담의 최종 목표를 직업선택으로 제한해서는 안 된다는 것을 잘 보여준다. 진로발달이란 전 생애에 걸쳐 이루어지는 과정이기 때문에 행복하고 만족스러운 생애를 위해 시기와 경험에 맞는 역할수행과 책임, 의무 등을 정확히 인식하고 실천할 수 있도록 할 필요가 있다. 또한 좀 더 합리적으로 진로성숙도검사의 결과를 엄밀하게 분석하여 자신의 취약점을 보완할 수 있도록 내담자에게 도움을 주어야 한다. 수퍼(1990)는 실제로 자신의 진로발달 이론을 진로상담에 적용하기 위하여 '진로발달 측정 및 상담(C-DAC: Career Development Assesment and Counseling) 모형'을 제안한 바 있다. 이는 내담자의 진로발달 수준을 평가한 후 그에 근거한 상담을 제공하기 위한 합리적이고, 과학적인 진로교육 프로그램이다.

3) 크라이티스(Crites)의 진로성숙이론

위에서 살펴본 바와 같이 수퍼는 진로발달론적인 입장에서 '진로성숙도'라는 개념의 사용을 제안한 바 있다. 이 개념은 사실 진로 의식의 발달 수준을 보여 주기 위한 시도로서, 나중에 크라이티스에 의해서 진로성숙도검사(CMI: Career Maturity Inventory)로 개발되었다. 그는 진로성숙도를 발달론적으로 개념화하여 진로선택의 과정과 연결시켰다. 그 과정은 어떤 직업을 갖기까지 점진적인 진로 의식의 발달을 보여 주는 일련의 과정이며, 그러한 발달은 직업의 사회·경제적 요구 사항을 일찍부터 의식하는 것으로부터 직업 세계에 들어갈 때까지의 가상적인 연속선을 따라 점증하는 변화 과정을 의미한다.

다양한 진로선택 및 진로발달 이론을 근거로 크라이티스(Crites, 1978)가 제안한 '진로성숙도'는 진로선택의 내용(內容)과 진로선택의 과정(過程) 두 가지 하위요인으로 구성되어 있다.

진로선택의 내용은 어떤 분야의 진로를 일관성 있게 추구해 가는 정도를 나타내는 '진로선택의 일관성'과 직업적 적성이나 흥미에 따라 진로를 현실화해 가는 정도를 나타내는 '진로선택의 현실성'으로 구성된다. 그리고 진로선택의 과정은 직업 정보를 참작해서 진로 계획을 수립하고 실현해 가는 정도를 뜻하는 '진로선택의 능력', 진로선택 과정에서 자신의 진로에 대해 뚜렷한 방향감각을 가지고 적응하면서 지속적으로 몰입해 가는 정도를 뜻하는 '진로선택의 태도'로 이루어진다.

우리나라에서는 장석민·임두순·송병국(1991)에 의해서 「중·고등학생용 진로성숙도검사 표준화연구」가 수행된 후 공인기관에 의해 진로성숙도검사에 대한 표준화가 이루어졌고, 학교현장에서 널리 활용될 수 있는 계기를 마련하였다. 그와 함께 한국직업능력개발원(2001)에서 중학교 2학년 이상의 청소년을 대상으로 진로를 준비하는 데 필요한 능력과 태도를 측정하기 위한 표준화된 진로성숙도검사를 개발하여 검사도구의 실제 활용도를 높이고자 하였다. 이 검사에서 태도의 하위요인은 계획성, 일에 대한 태도, 독립성이며, 능력의 하위요인은 자기이해, 정보 활용 및 합리적 의사결정 능력, 일반적 직업에 대한 지식(하는

그림 2.4 Crites의 진로성숙 모형

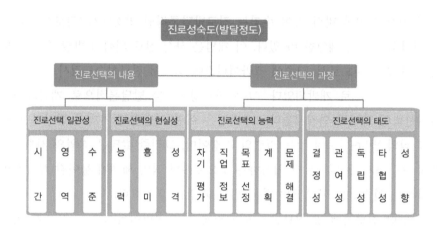

일, 임금/근무환경, 필요한 능력과 환경), 선호직업에 대한 지식이다. 행동의 하위요인은 진로탐색 및 준비활동을 포함하고 있다. 이러한 도구를 이용한 학생들의 진로 성숙도의 측정 결과는 진로지도 및 상담에서 유용한 자료로 쓰일 수 있으며, 진로 결정 당사자의 진로탐색과 결정에도 의미 있는 정보가 될 수 있다.

4) 갓프레드슨(Gottfredson)의 진로포부에 대한 제한-타협 발달이론

여성 진로발달학자인 갓프레드슨(Gottfredson, 1981)은 개인의 진로발달을 '진로포부(career aspirations)'라는 개념에 초점을 맞추고자 하였다. 그녀는 진로포부도 발달한다는 전제 아래, 사회계층 배경을 진로포부 발달의 결정적 요인으로 간주했다. 갓프레드슨에 따르면, 개인이 진로에 관한 포부를 형성할 때 일련의 과정을 거치면서 스스로 포부 수준을 제한(circumscription)하고 타협(compromise)하게 된다고 한다. 제한은 성과 사회적 지위에 주로 근거하여 개인이 수용하기 어려운 직업적 대안들을 제거해 가는 과정을 의미하며, 타협은 선택 가능한 대안들 가운데 취업 가능성을 비롯한 직업의 현실적 측면을 고려하여 진로선택을 조정하는 과정을 의미한다. 사람들의 직업에 대한 지각이나 선호의 차이는 사회계층 배경의 작용에서 비롯되는 경향이 높다는 것이다. 진로포부 수준과 관련되는 다른 요소로 그녀는 직업의 위신, 성(性) 역할, 그 직업에 종사하는 사람들의 공통적 특징 등을 꼽았다. 개인들은 이런 요소들의 합으로 구성된 산물인 '직업 인지도(cognitive map of occupations)'를 형성하며, 그 사고틀을 바탕으로 직업을 찾게 된다는 것이다. 진로포부와 관련된 직업 선호를 네 단계에 걸친 발달 과정으로 파악하고 있는 것은 앞서 살핀 진로발달 이론과 유사하나 인지적인 발달과 사회 환경(특히 사회 계층)의 영향을 동시에 강조하고 있다는 점이 특이하다. 갓프레드슨이 주장하는 진로포부발달 단계는 다음과 같다.

① 1단계: 규모와 힘 지향(3~5세): 주로 어른들의 역할을 흉내내고 직관적인 사고 과정을 보인다. 힘 센 성인의 역할을 동경하며, 그 역할을 보면서 직업을 인식하게 된다. 직업에 대한 무한한 상상력과 환상이 서열개념에 의해 제한받게 된다.

② 2단계: 성역할 지향(5~8세): 구체적인 사고를 할 수 있어 남녀 역할에 바탕을 둔 직업 선호를 하게 된다. 남자가 하는 일, 여자가 하는 일 등 성역할 사회화를 통해 직업에 대한 생각을 제한하게 된다.

③ 3단계: 사회적 가치 지향(9~13세): 사회 계층이나 지능을 진로선택의 주요 요소로 인식하게 되고 직업의 사회적 지위에 눈을 뜬다. 능력에 따라 사회적 가치가 분배된다는 것을 알게 되어 능력에 벗어나는 직업을 배제하게 되고 사회적 준거집단에 수용되지 않는 직업 또한 제외하기 시작한다.

④ 4단계 : 내적이며 고유한 자아 확립(14세 이후): 추상적인 사고를 하게 되고 개인적 흥미나 가치, 능력을 바탕으로 자신의 성격 유형에 관심을 갖게 되며, 그에 따른 직업 분야를 탐색해 나가는 한편 진로포부 수준도 점차 현실화해 간다. 자신의 고유한 특성을 토대로 선택 가능한 다양한 직업들 가운데 수용 가능한 직업을 고르는 이른바 타협의 과정이다. 내적으로 형성된 삶의 목표와 자기개념을 규정하기 시작하고 현재 자신이 가지고 있는 다양한 능력 수준을 기준으로 적합한 직업군을 줄여 나간다.

5) 인지적 정보처리이론

급격한 변화를 겪고 있는 현대 사회에서 개인의 진로탐색 및 결정의 문제는 이전과는 비교할 수 없을 정도로 복잡성을 띄고 있다. 다양한 선택지에서 합리적인 선택과 올바른 결정을 내려야 하며, 진로 결정을 위한 의사 결정의 필요성과 그에 상응하는 역량의 제고가 갈수록 중요해진다.

진로 결정에 대한 인지적 정보처리(cognitive information-processing)이론은 개인이 어떻게 정보를 이용해서 자신의 진로에 관한 문제 해결 능력과 의사 결정 능력을 향상시킬 수 있는가에 대한 종합적인 시각을 제공해 준다. 이 이론은 인간의 문제 해결 과정이 컴퓨터의 정보처리 과정과 유사하다는 점에 착안하여 진로선택의 과정을 정보 처리의 과정으로 간주하는 특징이 있다. 그런 점에서 진로선택 자체의 적절성보다는 그 선택에 있어서 인지적으로 정보를 처리하는 인간의 사고 과정을 중요시하고 있다. 가령 이 이론은 진로 결정 과정에서의 불합리한 의사결정 과정을 찾아 오류를 수정하고, 올바른 방향을 찾아 준다든가, 진로과정 전체에 대하여 명료한 사고를 전개하도록 도울 수 있다는 장점이 있다. 개인의 진로발달에 관한 이 이론의 핵심 주장을 간략하게 정리하여 제시하면 다음과 같다.

① 진로 의사 결정에서 인지적 영역이 중요하지만, 그 과정에서 정의적인 (affective) 측면도 인정되므로, 진로선택은 인지적 과정과 정의적 과정의 상호 작용의 결과이다.

② 진로를 선택한다는 것은 문제 해결 행동이며, 이러한 문제 해결 능력은 지식뿐만 아니라 인지적인 작용에 좌우된다.

③ 진로 문제 해결은 자신과 직업 세계에 대한 지식을 동시에 처리할 수 있는 큰 기억 용량(high-memory-load)을 필요로 하는 과제이다.

④ 진로발달은 일련의 체계적인 기억 구조(schemata)로 이루어진 자신과 직업 세계에 대한 지식 구조에 있어서의 지속적인 성장과 변화를 포함한다.

⑤ 자신과 직업 세계에 대한 정보의 사려 깊은 통합에 기초한 독립적이고 책임성 있는 진로 결정은 진로 문제의 해결 능력에 달려 있다.

CHAPTER 6

직업윤리

01___직업관과 직업윤리

1) 직업관

독일의 철학자이자 교육학자였던 슈프랑거(E. Spranger, 1882-1963)는 인간 삶에 대한 연구를 통해 흥미로운 연구결과를 발표한 바 있다. 그는 스승이었던 딜타이(W. Dilthey)의 삶의 철학에 영향을 받아 정신과학적 심리학에 의해서 문화철학의 기초를 세우려고 하였다. 정신과학적 심리학이란 개성의 유형적 구분의 방법론으로 제창되었던 것으로, 그는 이 방법을 통해서 인간 삶의 형성의 근원을 탐구하고자 하였다. 그 결과 그는 인간의 주요 유형(類型)을 여섯 가지로 구분하여 제시하였다(Spranger, 1927).

그는 인간에게 여섯 가지의 정신작용이 내재해 있는 바 이 중에 어느 한 유형이 더 지배적으로 작용하느냐 여부에 따라서 인간의 개인적인 성향이 결정된다고 보았다. 그 여섯 가지는 이론가형, 권력형, 경제형, 심미형, 사회사업형, 종교형이다. 이러한 개인적 성향은 특정 직업에 대한 선호도와 관점 형성에 적지 않은 영향을 미치게 된다.

첫째, 이론가형은 세상의 모든 일을 객관적으로 보고, 논리적으로 해석하려는 유형이다. 매사에 냉정하고 객관적인 반면 실생활의 적응력이 다소 떨어지고, 감정이나 애정을 중시하지 않기 때문에 사람들과의 교제는 서툰 편이다.

둘째, 권력형은 힘과 권력 지향적이며 타인의 지배에서 기쁨을 느끼는 유형이다. 인간의 모든 활동, 가령 학업, 취직, 결혼까지도 힘과 권력을 얻기 위한 수단으로 생각하는 경향이 강하다. 하지만 지나치게 자기애가 강하고 과시욕이 지나쳐 주변 사람들을 경시하는 단점을 드러내기도 한다.

셋째, 경제형은 인간 활동의 판단 기준을 경제적 가치에 두는 유형이다. 이런 유형은 인간과의 교제나 예술품에 대한 관심도 오직 경제적 관점에서 보는 경향이 강하다. 하지만 지나치게 계산적이며 수전노라는 평판에서 자유롭지 못하다.

넷째, 심미형은 우아하고 섬세한 것을 추구하며, 아름다운 것에 최고의 가치를 부여하는 유형이다. 자신의 직관과 상상력에 의존하며, 개인적인 삶의 가치를 중시하기 때문에 사람과의 교제가 서툴고, 외부 사회에 대한 관심과 실제 생활에서도 그리 적극적이지 못하다.

다섯째, 사회사업형은 주변 사람들과 더불어 살아가는 삶 속에서 보람과 기쁨을 찾는 유형이다. 사람들과의 사교에도 적극적이며, 타인을 위한 봉사와 사회적 공헌을 기꺼이 하고자 한다. 하지만 인간관계가 피상적으로 흐르거나 우유부단한 모습을 보이기도 한다.

여섯째, 종교형은 절대적인 가치를 신봉하며 오직 신앙 속에서 삶의 가치를 찾는 유형이다. 대개 도덕적으로 선한 삶을 추구하며, 타인의 안위와 행복을 걱정하는 편이다. 하지만 종교에 몰입한 나머지 자신의 본래 모습을 잃거나 극단적인 경우 광신적인 성향을 보임으로써 주위로부터 외면을 받는 경우도 있다.

하지만 현실 세계에서 어떤 사람이 특정한 직업을 선택하느냐에 대한 설명은 비교적 단순하게 설명될 수 있다. 직업관을 크게 천직관과 생업관으로 나누어 볼 수 있는 것이다. 직업을 천직으로 보는 관점은 어떤 사람이 직업을 선택하는 최종 근거가 소명의식에서 나왔다고 보는 입장이다. 하늘의 부름을 받아 자신의 현재 직분을 수행한다는 사고는 독일의 직업 개념인 'Beruf'에 잘 스며들어 있다. 영어에서도 직업 관련 개념 가운데 'Vocation'은 이런 관점을 반영하고 있다. 여러 직업군 중에서도 타인을 돕는 직업군, 가령 사회복지사, 상담사, 의사, 간호사는 물론 교사의 경우17)에도 소명의식 없이는 직분을 수행하기 힘들다.

천직관과 달리 생업관은 직업을 문자 그대로 생계를 위한 수단으로 보는 관점이다. 우리가 흔히 쓰는 'Job'은 생존 수단으로써 일의 성격을 잘 보여준다. 여기서는 소명의식보다는 먹고 살기 위한 수단으로 일 그 자체의 중요성이 부각된다. 단순한 육체노동에서부터 반복적인 업무나 시스템 유지를 위한 기능을 충실하게 수행하는 일 등이 모두 포함된다. 하지만 직업의 가치를 온통 경제적 가치로 환원시킬 경우 일을 통해서 얻는 보람과 의미가 사라지게 되므로 인간은 충만함보다는 오히려 공허함을 느끼게 된다. 일은 열심히 하지만 자아실현의 욕구는 여전히 미해결의 상태로 남게 되는 것이다. 돈과 성공을 얻는 대신 현대인은 보람, 가치, 기쁨, 행복을 잃고, 남는 것은 오직 일에서 오는 피로감과 소진뿐이다(한병철, 2012).

직업관은 역사적으로 변천을 거듭해 왔다. 전통 사회에서는 봉건적 직업관에 사로잡히다 보니 신분의 고하에 따른 차별이 뿌리 깊게 남아 있었다. 가령 우리의 전통 사회에서 양반 위주의 사농공상(士農工商)이 하나의 관행으로 자리를 잡아 이후의 직업관에도 적지 않은 영향을 끼쳐왔다. 가문의 명예와 개인의 성공을 우선시하는 입신출세관은 자라나는 세대의 진로와 직업 설정을 결정지을 만큼 위력을 발휘해 왔다. 이와 같은 부모의 교육철학은 과도한 교육열을 부추기는 원인으로 작용하여 입시경쟁과 유례를 찾기 힘든 사교육비 지출을 가져

---

17) 슈프랑거는 그의 유명한 저서 『천부적인 교사』(1983)에서 '천부적인 교사'는 천부적으로 이미 탄생한 것이 아니라, 그가 교직을 수행하면서 겪는 체험, 환멸, 열정, 노력에 의해서 마침내 '천부적인 교사'로 다시 태어난다는 의미심장한 말을 남겼다. 그렇게 본다면 천직의 의미도 애초부터 주어진 것이 아니라 삶의 과정에서 다양한 경험을 통해 만들어진다는 해석이 타당할 것이다.

오기도 하였다. 과거에서 유래한 비뚤어진 직업관은 의사와 같은 고소득 직업 군과 권력의 정점에 있는 판사, 검사, 변호사와 같은 직업군을 사회적으로 선호 하는 풍토를 조장하기도 하였다. 학업성적이 우수한 대입 수험생 대부분이 자 신의 적성과 흥미와 무관하게 의과대학 진학을 희망하는 현실은 그릇된 직업관 이 개인의 진로선택과 직업적 방향 설정에 어떤 영향을 미치는지를 보여주는 좋은 사례로 볼 수 있다. 왜곡된 직업관이 가져오는 부정적 폐해는 결국 한탕주 의, 기회주의, 황금만능주의, 퇴폐주의로 이어지며, 개인의 삶은 물론이거니와 사회 발전에도 악영향을 미치게 된다.

개인의 자유와 평등을 근간으로 하는 근대 사회에서는 직업 선택의 자유가 확장되고, 원하는 직업을 통한 행복 추구의 권리가 보장된다. '직업에 귀천이 없다'는 인식이 사회 전반에 널리 확산되면서 차별과 불평등이 이전보다 해소 된 것은 부인하기 힘들다. 하지만 근대 사회에서도 여전히 관주도적 정치, 경 제, 행정 시스템이 주를 이루면서 부지불식간에 관존민비(官尊民卑) 사상이 사 람들의 의식 속에 자리를 잡게 되면서 신분제의 폐단이 드러나기도 한다. 육체 노동보다 정신노동을 우선시하다 보니 정작 노동인력을 필요로 하는 업종에서 는 인력부족으로 어려움을 호소하고 있고, 청년실업은 늘어가지만 대기업 선 호로 중소기업에서는 인력난을 겪게 된다. 소위 3D업종으로 불리는 기피직업 군에는 사람이 부족하여 노동시장은 다문화 출신의 외국인 근로자를 고용해야 하는 어려움을 호소하고 있다. 전문가의 시대가 되면서 면허증, 자격증이 직업 을 결정하는 중요한 요소로 작용하고 있지만, 이마저도 4차 산업혁명 시대를 맞 이하여 인공지능으로 대체될 가능성이 높아 직업세계의 미래는 그리 밝지만은 않다.

그렇다면 한국인은 직업에 대해서 어떤 관점을 취하고 있을까? '직업에는 귀 천이 없다'라고 사람들은 이야기하지만 한국인의 직업에 대한 의식에는 일과 사회적 지위(social position)를 하나로 보는 경향이 강하다. 교육마저 좋은 자리를 얻기 위한 수단이 되고, 그래서인지 권력을 누리는 직업(판사, 검사, 변호사, 국회의원, 장관, 차관)을 선호해 왔다. 오죽하면 한국인의 교육철학은 입신출세하는 데 있다 고 할 만큼 사회적 지위에 대한 집착이 큰 편이다. 우리 사회가 자본주의 첨단을 걷게 되면서 돈을 많이 버는 직업(의사, 변리사, 회계사, 세무사) 또한 선망의 대상이 되었다. 반면 직업에 귀천이 없다고 말하면서도 직업의 사회적 공헌도와 무관하게 3D 현상(더럽고, 힘들고, 어려운 일을 기피하는 현상)이 사람들의 의식 속에 각인되어 있는 모순도 발견된다.

다년간 한국인의 직업관을 연구[18]해 온 김흥규(2016)는 직업에 대한 사람들의 평가를 통해 우회적으로 그 사회가 '건강·성숙한 사회냐', '병든 사회냐'를 변별할 수 있는 진단적 단서(diagnostic cue)를 얻을 수 있다고 말한다. 그가 수행한 일련의 연구에서 흥미로운 점은 다음과 같다.

첫째, '한국인의 직업관 분석을 통해 본 사회의 건강성 연구'(김흥규·이상란, 2016)에 따르면 소방관에 대한 한국인의 평가는 10점 만점에 8.41점으로 1위로 밝혀졌다. 이 결과는 2001년 연구에서 일본 대학생의 응답(1위: 7.87점)과 2005년 연구에서 독일대학생의 평가(1위: 8.13점)와 일치하고 있다. 소방관은 직업의 국가 사회적 공헌도, 청렴도, 존경도, 신뢰성과 신망도, 준법성 모든 영역에서 최상위 점수를 받았다.

둘째, 귀감이 되어야 할 국회의원은 2001년(44위: 3.29점), 2009년(44위: 4.66점), 2016년(44위: 4.17점) 세 차례나 연속적으로 꼴찌를 차지한 것으로 나타났다. 우리 사회에서 국회의원이란 직업에 대해 사람들이 얼마나 냉정한 평가를 내리고 있는지를 짐작할 수 있다. 이를 입증하듯 국회의원은 직업의 국가 사회적 공헌도, 청렴도, 존경도, 신뢰성과 신망도, 준법성 모든 영역에서 최하위 점수를 받았다. 마찬가지로 노조위원장(42위)과 대기업 회장(39위), 회사 사장(36위)도 낮게 평가됐고, 법조인과 국무위원 및 장관, 고위 공직자, 종교 지도자, 기자·언론인에 대한 평가 역시 대체로 낮게 나타났다.

이러한 직업관 연구가 시사해 주는 바는 대다수 사람들이 어려운 여건에서도 투철한 직업의식과 사명감을 갖고 헌신적으로 노력하는 직업을 높게 평가하는 반면 고비용 저효율의 정치인(국회)에 대해서는 냉정한 평가를 내리고 있다는

---

18) 그가 지금까지 수행한 연구로는 '청소년 세대들이 본 직업관'(1996), '한·일대학생의 직업관 연구'(2001), '한국·중국·독일대학생의 직업관 비교'(2005), '한국인의 직업관 연구'(2009), '한국인의 직업관 분석을 통해 본 사회의 건강성 연구'(김흥규·이상란 공동연구, 2016)를 들 수 있다.

사실이다. 이는 달리 말하면 사회지도층 인사들이 높은 사회적 신분에 상응하는 도덕적 의무로서의 '노블레스 오블리주'와 부유층의 사회적 책임인 '리세스 오블리주(Richesse Oblige)'가 우리 사회에 얼마나 시급한지를 반증해준다. 권력의 상층부에 위치하는 사회지도층 인사들, 가령 국회의원, 국무위원, 고위 공직자, 판·검사, 언론인들의 통렬한 반성과 근원적 각성이 요구되는 것이다.

2) 직업윤리

윤리(倫理)가 사람이 마땅히 지켜야 할 행위 규범을 지칭한다면, 직업윤리는 사람이 자신의 일을 수행하면서 마땅히 지켜야 할 행위 규범을 의미한다고 할 수 있다. 다시 말해서 직업윤리는 경제생활의 순환과정에서 발생하는 기업, 노동, 노사관계, 소비생활 유통 과정 등 모든 경제윤리를 포괄하는 가장 바람직한 행위 규범인 것이다. 직업윤리에는 모든 직업에 보편적으로 통용되는 윤리로서 '일반 직업윤리'와 특정한 직업에서 특별히 요구되는 '특수 직업윤리'가 있을 수 있다. 가령 전문직 직종에 종사하는 사람들에게는 보통 사람들과 다른 전문직의 직업윤리가 요구된다.

직업윤리는 시대적 변천에 따라 그 성격을 달리해 왔다. 전통사회에서는 자기가 속한 집단의 존속에 공헌하거나 사회 전체의 존립과 발전에 공헌하는 '유기적 직업윤리관'이 지배적이었다. 서구의 플라톤이 『국가』에서 나름의 계급을 인정하면서, 누구나 제 자리를 지키고, 분수를 지켜야 할 것을 강조한 것은 이 관점을 잘 보여준다. 국가의 사회계층에 따라 생산자는 절제, 수호자는 용기, 통치자는 지혜의 덕목을 준수해야 함을 역설하고, 그 질서가 유지될 때 비로소 정의로운 이상국가가 가능하다고 설파한 점은 직업윤리의 전통적 관점을 대표적으로 보여주는 것이다.

동양의 공자 또한 정명론(正名論)을 내세워 사회 구성원 각자가 제 이름에 맞는 처신과 행위를 해야 한다고 주장하였다. 『논어』에서 공자는 정치를 맡기면 무엇부터 하겠느냐는 질문에 반드시 "이름을 바로잡겠다(正名)"고 하였다. 공자는 이를 "임금은 임금답고, 신하는 신하답고, 아버지는 아버지답고, 자식은 자식답게 되는 것(君君, 臣臣, 父父, 子子)"이라는 말로 표현하였다. 이 말은 그 이름

(名)에 부합한 실제(實)가 있어야 그 이름이 성립한다는 의미이다. 이렇게 정명은 인간관계의 대표적인 역할 네 가지, 곧 임금, 신하, 아버지, 아들로부터 시작하여, 인간 사회의 모든 행위를 그 이름에 적합하도록 할 것을 요구하는 것으로, 넓게 보면 직분에 충실한 삶을 살아야 한다는 점을 정당화하고 있다.

근대 사회의 금욕적(禁慾的) 직업윤리는 직업에 대한 금욕적 헌신이 업적으로 나타나고 자기를 실현하는 길이라는 관점을 보여주었다. 이 점에서 베버(Max Weber)의 공헌은 지대하다고 할 수 있다. 그의 대표작 『프로테스탄트 윤리와 자본주의 정신』(1920)에 의하면, 근대 시민계급은 종교적인 측면에 있어서 프로테스탄티즘이라는 새로운 신앙을 수용한 사람들이었다. 프로테스탄티즘은 금전 숭배와 이윤 추구라는 인간의 기본적인 욕망에 윤리적인 통제를 가하는 기제로 작동하게 된다. 이로써 향락, 방탕, 재산의 탕진으로부터 절제, 고역, 금욕의 가치를 윤리적이며 신성한 가치로 여기게 되었다. 여기서 얻은 이윤의 증대와 자산의 양은 그의 신앙의 진실성을 드러내는 척도가 된다. 결국 재산의 획득을 윤리적으로 정당화하여 결과적으로 자본주의의 발전을 돕는 것이다. 이와 같이 '신이 내리신 직업(Beruf)'을 최선을 다해 수행하여야 한다는 청교도적 세계관은 이러한 '자본주의 정신'을 더욱 강화하게 되었고, 합리적 자본주의의 기틀이 되었다.

현대 사회로 접어들며 산업과 기술의 급속한 발달로 직업세계는 더욱 다양화, 전문화되었다. 직업이 사회에 미치는 영향력이 커지면서 새로운 차원의 직업윤리가 필요하게 되었다. 전문직에는 통상 의사, 판사, 변호사, 교사, 목사 등과 같은 전통적 직업은 물론 공인회계사, 변리사, 손해사정인 등과 같은 자격증 시대에 급부상한 직업들이 두루 포함된다. 어느 나라를 막론하고 전문직에 종사하는 사람들은 직업의 전문성과 독점성으로 사회적으로나 경제적으로 많은 이득을 보며, 전문직에 종사하는 사람들은 특별히 직업윤리를 제정하여 준수하고 있다.

전문성의 측면에서 전문직은 전문화된 지식이나 기술을 가지고 고객에게 서비스하는 직업이기 때문에 일반 고객과 소비자들은 그들의 전문적 활동 내용을 쉽게 알 수 없다. 의사와 환자와의 관계에서도 환자나 그 가족은 의사의 전문적 지식과 기술이 어떻게 사용되었는지를 잘 알지 못한다. 만일 비윤리적인 의사가 있어 환자를 속이더라도 환자는 그것을 알아차리기 쉽지 않다. 또한, 전문직은 공인된 자격을 가진 사람들만 종사할 수 있는 독점적인 직업이 대부분이어서 같은 전문직에 종사하는 사람들이 직업적인 유대를 가지고 고객들에게 높은 대가나 부당한 대가를 요구하더라도 고객들은 거기에 순응할 수밖에 없다.

이처럼 전문직은 '전문성'과 '독점성' 두 가지 특성을 지니고 있으므로 다른 어떤 직업보다도 더 높은 수준의 윤리의식과 기준이 적용되어야 한다. 전문적 지식과 기술이 비윤리적으로 사용되었을 때 일어날 수 있는 사회적 결과와 해독은 너무 큰 것이기 때문에 전문직 종사자들은 여타의 직업과는 다른 차원의 직업윤리가 필요하다.

안타깝게도 우리나라의 경우 전문직의 역사와 전통이 짧은데다가 전문직의 종사자가 급격히 증가하면서 그들의 윤리 의식은 심심치 않게 사회 문제로 대두하고 있다. 지각없는 소수의 의료인들이 응급 환자의 진료를 거부하여 죽음을 피하지 못한다거나, 제약회사와 의사 간의 밀실거래가 은연 중에 일어나기도 하고, 판결을 앞둔 판·검사와 변호사가 뇌물을 수수(授受)하거나, 특정한 집단의 이익을 위하여 국책사업을 결정하는 일이 벌어지기도 하고, 공정성을 신조로 삼아야 할 신문이나 방송이 부정확한 보도로 국민의 알 권리에 손상을 주는 일이 관행처럼 발생하고 있다. 위에서 언급한 의료윤리, 약사윤리, 법조인윤리, 공무원윤리, 언론윤리 등 전문직 윤리가 지켜지지 않을 때 사회적 신뢰는 무너질 뿐만 아니라 그 파장이 크기 때문에 전문직 종사자에게는 철저한 규범 준수와 윤리적 실천이 요구된다.

미래 사회는 거의 모든 직업이 전문화될 전망이므로 직업의 전문성과 독점성에 따른 윤리 문제는 직업 사회 전체의 문제로 확산될 확률이 높다. 따라서 전문직 종사자들은 전문적인 지식과 기술의 습득 못지않게 전문 직업인으로서의 윤리 의식 함양이 그 어느 때보다도 절실하다고 볼 수 있다.

그렇다면 직업윤리 확립을 위한 개선방안[19]에는 어떤 것들이 있을까? 가장

---

19) 김기홍 · 이지연 · 정윤경(1999). 『한국인의 직업윤리에 관한 연구』. 서울: 한국직업능력개발원.

우선적으로 우리의 전통 가운데 본받을만한 정신을 잘 계승·발전시키는 일이 필요하다. 직업을 신성시하는 소명의식, 주변 사람들과 서로 도와 공통의 문제를 해결하려는 협동정신, 공(公)과 사(私)를 분명히 구분하면서 청렴과 결백으로 자기 고유의 삶을 영위해 가려는 청백리 정신, 자신이 종사하는 일에서 온 정성을 다하며 탁월성을 추구하는 장인정신 등이 그것이다.

이와는 반대로 부정적 전통에서 벗어나려는 노력 또한 병행되지 않으면 안 된다. 전통 유교의 반상(班常)제도와 사농공상(士農工商)의 의식으로 인해 발생하는 인문을 숭상하고, 육체적 노동을 천시하는 차별의식은 하루 빨리 사라져야 할 것이다. 왜냐하면, 권력과 부의 유무에 따라 인간의 귀천을 따지는 것은 현대판 신분제와 다르지 않기 때문이다.

다른 한편으로 일과 직업에 대한 건전한 태도와 가치관을 정립해 나가는 일도 시급하다. 봉건적인 의식 수준에서 벗어나 준법정신, 공정성, 시민의식, 공동체 의식을 새롭게 확립해 나가야 한다. 이를 위해서는 헌정질서와 법률위반에 대해서는 엄중한 잣대로 상응한 조처가 취해져야 하며, 청렴사회를 유지하기 위해서는 부정부패 방지를 위한 법률이 보다 엄격하게 시행되어야 한다. 시민성과 공동체 의식의 함양을 위해서는 자발적인 봉사와 사회적 연대가 필요한 일에 참여하는 일이 도움이 된다. 그 이전에 각 가정마다 올바른 가정윤리가 선다면 직업에 대한 편견을 줄이고, 자신보다 먼저 타인을 배려하는 공익 우선의 정신도 길러질 수 있을 것이다.

디지털 정보화 사회로 진입하면서 그에 상응하는 직업윤리의 확립도 마련해 나가야 한다. 랜섬웨어[20](Ransomware)와 같은 신종 컴퓨터 바이러스가 유포되는 상황에서 해커방지법 혹은 사이버테러방지법이나 인공지능으로 인간을 대신하는 로봇이 등장하고, 점차 인간의 복제가 가시화되는 시점에서 생명윤리법의 제정은 더 이상 미룰 수 없는 국가적 과제가 되었다.

좀 더 미시적 차원에서 일상 속에서 직업윤리를 실천할 수 있는 구체적인

---

20) 랜섬웨어는 일반적으로 웜바이러스(worm) 형태로 네트워크 취약점이나 다운로드된 파일을 통해서 전파된다. 침입한 후 여러 가지 방법으로 시스템 접근을 방해하며, 복구를 대가로 금전을 요구하기도 한다. 단순한 이메일 전파로부터 최근에는 네트워크 자체로 옮겨가는 경향성을 보이고 있다.

방안을 마련해 나가는 일도 필요하다. 진로교육과 직업교육 안에 직업윤리의 내용이 포함되도록 제도적 뒷받침이 요구된다. 중학교와 고등학교의 『진로와 직업』의 교재 내용에도 윤리적 요소가 보강되어야 하고, 대학 수준에서 다양하게 전개되는 『진로상담』, 『진로교육』의 강좌나 교재 안에 직업윤리에 관한 내용이 좀 더 상세하게 다루어질 필요가 있다. 학습대상자의 관심과 흥미를 반영하여 내용을 구성하고, 시대변화에 따라 새롭게 등장하는 직업윤리(생명윤리, 환경윤리, 정보윤리)를 신속하게 반영하려는 의지도 중요하다.

하지만 더 중요한 것은 그 내용을 어떻게 가르치느냐 하는 교육방법상의 혁신의 문제이다. 경우에 따라서는 직업윤리에 정통한 전문교사를 국가 수준에서 양성하여 윤리의식을 강화해 나가는 방안도 고려해 보아야 할 것이다. 제도, 교육내용과 방법도 그 운용의 주체인 교사가 주도적으로 그 일을 수행해 나갈 때 최상의 효과를 기대할 수 있을 것이기 때문이다. 이 밖에도 자격시험에 직업윤리 과목을 필수화하여 공무원 시험을 포함한 각종 직업 양성 과정에서 윤리의식을 고양할 수 있는 체계를 갖추고, 직종별 직업윤리 사례집을 만들도록 권장하여 사회문화적 변화에 따라 새롭게 발생하는 윤리적 쟁점과 다양한 사례들을 직업종사자들이 수시로 직면하도록 하는 방안도 고려해 볼 필요가 있다.

02___장인정신과 앙트레프레너십(Enterepreneurship)

장인정신(craftsmanship)은 서구의 중세 교육의 전통의 하나인 도제교육제도(徒弟敎育制度)로 거슬러 올라갈 수 있다. 이 제도는 일종의 기술자 양성교육으로, 그 당시 기술자가 되기 위해서는 반드시 거쳐야 할 교육이었다. 도제교육은 도제, 직공, 마스터의 3단계로 구성된다. 첫 단계에서는 10세 전후에 도제(견습공: apprentice)가 되어 배우고자 한 기술의 마스터(master)를 찾아가 그에게 봉사하면서 일정 기간 동안 기술을 습득하였다. 두 번째 단계에서 마스터에게 어느 정도 기술을 습득한 후 도제는 직공으로 승격하게 된다. 이때 여러 곳을 여행하면서 삶의 실제에서 다양한 경험을 쌓는 것은 물론 더 높은 기술을 습득하여 장차 마스터가 되어 도제를 지도하는 데 필요한 교양과 수양을 쌓았다. 습득한 기술과 풍부한 경험을 바탕으로 직공은 독자적인 작품을 제출하여 엄격한 심사를 받아 정식 마스터로서의 자격을 받게 된다. 대개 10여 년이 넘는 교육과 훈련의 귀한 산물이므로 마스터 자격증은 고귀하게 여겨졌다. 마스터가 되면 정식으로 조합에 가입하여 도제를 가르치고 직공을 두면서 독자적인 사업을 운영할 수 있는 자격을 얻었다. 중세 말기의 도제교육은 생활을 위한 실제적인 교육을 실시하여 직업교육·기술교육·실업교육의 근간을 이루게 되었다.

직업윤리와 관련하여 주목할 만한 사실은 장인의 교육과정이 단순한 직업 전수만이 아니라 교양교육이 수반되었다는 점이다. 장인은 도제에게 자신의 고유한 기술뿐만 아니라 교양과 도덕의식 그리고 교훈을 함께 지도하였다. 형식적인 교육기관에서의 사제지간의 관계를 넘어 이 제도에서는 가족적인 인간관계에 상응하는 긴밀한 인간관계가 유지되었다. 직업교육과 윤리교육이 따로 분리되지 않으면서 장인들은 자신의 일에 대한 높은 긍지와 자부심, 자신의 작품에 대한 책임감과 사명감, 자신들의 작품을 찾는 고객들에 대한 최상의 봉사정신을 제공할 수 있었던 것이다.

장승희(2001)는 현대의 직업윤리교육과 관련하여 추출할 수 있는 '장인정신'의 덕목을 네 가지로 정리한 바 있다. 그것은 자기가 하는 일을 천직으로 삼고 열과 성을 다하는 소명의식(사명감), 자신의 직분에서 전문가적 소임을 다하고자 부단히 노력하는 자기계발, 자신의 일과 작품에 대하여 완벽하게 처리하고 그에 대해 무한 책임을 지는 책임감, 자신의 일이 단순한 생계유지 수단이 아니라 전체 사회에 직접 혹은 간접적으로 기여한다는 봉사정신(공동체의식)의 네 가지 덕목이다.

한국과 일본의 장인정신을 비교 연구한 정수현(2014)은 이웃 나라 일본이야말로 고집스럽게 전통을 이어가는 철두철미함을 숭상하는 '장인의 나라'임을 강조하고 있다. 우리 장인들은 자신의 가업을 자식들에게 물려주기를 꺼려한 반면 일본의 장인들은 '아무리 가난하더라도 다른 직업을 넘보아서는 안 된다. 변함없이 성심성의껏 기술을 닦는다면 언젠가는 번창할 것이다'라고 훈계를 하며, 자신의 직업을 후손에게 물려준다고 한다.

일본에서 장인에 해당하는 직인(職人)이 신분상으로 그리 높지 않은 위치에 자리하고 있음에도 불구하고, 사회적으로 그들이 하는 일이나 만든 작품은 영혼이 담긴 예술로 융숭한 대접을 받으며, 존경을 받는다. 장인의 작품이 단순히 인간의 기술에 의해 만들어진 것이 아니라 성스러운 신의 힘을 통해 창조된 고귀한 작품이라는 인식이 장인들 스스로에게만이 아니라 일본 사람들의 의식 속에 깊게 자리를 잡고 있었다는 것이다. 에도시대 경제사상가이며, 근로의 절대화와 상행위의 윤리적 기초를 마련한 인물로 간주되는 이시다 바이간(1685-1744)은 일본 장인정신의 원천이라고 할 만한 제업즉수행(諸業卽修行)을 주창하였다. 이 말은 '모든 일은 그 자체가 도를 닦는 것이다'라는 뜻이다. 노동은 신성하며, 일의 수행은 정신의 수행과 밀접한 관련이 있으며, 궁극적으로 인격수양과 자기완성의 근본이라는 점을 강조한 것이다. 이처럼 장인의 기술을 예술의 경지, 심지어는 도의 경지로 승화시켜 존중하는 사회적 풍토는 아시아의 작은 섬나라인 일본이 왜 오늘날 세계의 경제 강국이 되었는지를 설명해 주는 좋은 단서가 된다.21)

일본이 1990년대 잃어버린 10년이라는 장기불황의 늪에서 벗어나기 위한 계기가 된 것이 바로 모노즈쿠리(物作) 정신이다. 이것은 단순히 물건만을 만들어 판매하는 데 치중하는 것이 아니라 하나의 물건이라도 혼을 담아 제작하겠다는 제조업의 기본정신으로 볼 수 있다. 일본문화 전문가인 김지룡(1998)은 일본 장인정신 근간으로 '직인정신'과 '천하제일주의' 사상이 들어있다고 보고 있다. 가령 일본이 강세를 보이고 있는 애니메이션, 음악과 영화 등 다양한 장르에는 어느 한 분야를 깊게 연구하여 최상의 결과를 가져오는 제조 기반 철학이 오늘날에도 살아 있음을 보여준다.

리처드 세넷(2009)은 『장인: 현대 문명이 잃어버린 생각하는 손』에서 '장인의식이란 일 자체를 위해 일을 잘해 내려는 욕구'이며, 장인을 손으로 일하면서도 머리로 생각하고 그 의미를 깨달아 더 나은 방법을 찾아내는 사람으로 정의내리고 있다. 우리가 일상에서 접하는 '명품'은 장인의 혼과 정신이 하나의 예술

---

21) 한국은행의 조사(2008)에 따르면, 전 세계적으로 창업 200년 이상의 장수기업은 총 41개국에 5,586개가 존재하며, 이 중 일본이 3,146개(56.3%)로 독보적인 위치를 점하고 있고, 세계에서 가장 오래된 기업 또한 서기 578년 창립된 '곤고구미'라는 기업으로 거의 1,500여 년 동안 지속하고 있다.

품으로 승화된 결과물로 볼 수 있다. 세계 패션을 선도하는 이탈리아와 프랑스의 명품 브랜드, 예를 들어 프라다, 구찌, 페라가모, 루이뷔통, 샤넬, 에르메스는 하나같이 직물장인, 디자이너와 같은 장인들의 신성한 노동에서 탄생한 역작들이다. 요컨대 자신이 하는 일에서 보람을 느끼고 최상의 결과를 도출하려는 의지와 노력인 장인정신은 현대적으로 해석하면 다름 아닌 '전문가정신'이라고 할 수 있다.

최근 4차 산업혁명의 도래와 함께 이러한 장인정신은 다시금 기업가정신을 의미하는 앙트레프레너십(Entrepreneurship)으로 주목을 받고 있다. 원래 앙트레프레너(Entrepreneur)는 "수행하다, 시도하다, 모험하다" 등의 불어동사 entreprendre에서 유래한 단어로, 최근에는 창업가의 도전의식을 설명하는 용어로 자주 쓰이고 있다. 20세기 초 오스트리아 경제학자인 슘페터(J. Schumpeter)는 기존의 자본주의를 혁신하기 위해서 새로운 기업의 정신이 필요하다고 보았다(이민규·이윤준, 2013). 즉, 자본주의는 새로운 재화의 생산, 기존 재화의 품질향상, 새로운 생산방법의 도입, 신시장의 개척, 원료와 부품의 새로운 공급원의 획득, 새로운 산업조직 형성 등과 같은 생산요소의 결합에 의해 발전하며, 기업가는 이러한 '창조적 파괴(creative destruction)'를 유발하는 혁신(innovation) 활동을 하는 사람을 필요로 한다는 것이다.

기업들이 과거에는 수익만 창출하면 존재할 수 있었으나, 변화된 환경에서 현대의 기업은 이윤 추구에 안주하다가는 새로운 기회를 얻지 못하고 도태되기 십상이다. 지속적인 변화와 혁신을 추구하고자 하는 앙트레프레너십 정신은 스타트업(startup)뿐만 아니라 기존 기업들에게도 그 어느 때보다 중요해졌다. 20세기 들어 미국이 세계 최고의 경제 강국으로 급부상한 것도 따지고 보면 혁신적인 사고와 행동을 하는 수많은 앙트레프레너를 양성하고 지원하는 시스템을 구축하였기 때문이다.

직업윤리의 관점에서 앙트레프레너십을 새롭게 보아야 하는 이유는 기업경영과 경제행위 차원의 기업경영전략 차원에서 벗어나 시민 각자의 책임범위 내에서의 삶의 경영행위와 의사결정과정에서 발휘되어야 할 시민성의 자질로 볼 때 그 진가를 발휘할 수 있기 때문이다. 이렇게 확장된 기업가정신 교육의 내용은 개인, 기업, 국가 등 각각의 '경영하는 주체'의 성격에 따라 달라진다(김준태, 2014: 60). 기업가정신은 기업을 위해 전략적 의사결정을 하는 최고경영자의 특성, 기능, 책임에 국한되지 않으며, 기업을 하는 사람이라면 누구에게 필요한 것이며, 기업 수준을 떠나 하나의 시민으로서 개인의 삶과 사회 전체의 수준에서도 동일하게 요청된다. 기업가정신 교육에서는 동기부여 차원에서 '경영하는 주체'의 인식 전환, 자신감 확충, 강건한 의지, 사회공헌 의지, 좋은 것을 주고자 하는 소망 등을 함양함은 물론 주고받음의 정신과 과정에 대한 체계적인 교육도 필수적으로 포함시킬 필요가 있다. <표 2.2>는 기업가정신 교육 영역 및 교육 중점요소를 나타낸 것이다.

표 2.2 기업가정신 교육 영역 및 교육 중점요소

영역	교육 중점요소
태도	기업가적 동기 부여(독립성과 자유, 자원의 조직화에 대한 인식) 태도 형성(상황파악능력, 직무의 효율성, 학습결과의 적시 적용)
업무수행	도전적인 과제 탐색, 강한 동기부여나 업무의 주도적 처리 업무에의 몰입, 글로벌 프로젝트 참여
능력	효율성 추구의 태도, 인내, 확신, 결단력 배양
커뮤니케이션 및 관계 기술	일터와 사회의 통합, 대인관계 및 커뮤니케이션 기술 협력의 자세, 환경에의 탄력적 적응
평판	일터에서의 좋은 평판, 자기분야에서 최고가 되고자 하는 열망

출처: 김준태(2014). 기업가정신의 본질이해 및 교육방안 탐색, p. 60.

4차 산업혁명은 인간과 기계의 융합, 가상과 현실의 결합, 네트워킹, 자율성과 같은 특징을 바탕으로 개인의 삶의 방식, 직업과 일하는 방식, 기업의 형태 면에서도 이전의 산업사회와는 다른 질적인 차이를 보여주고 있다. 기업의 이윤 추구에서 무게 중심이 개인의 역량 강화와 사용자 만족, 가치, 재미의 추구쪽으로 옮겨 오게 되었다. 일자리보다는 일 자체가 중심이 되므로 우리는 '일터

의 종말'이라는 끔찍한 현실이 한 발짝 더 가까이 왔음을 실감하게 된다.

급격하게 변화된 시대에서 개인은 무엇보다도 달라진 패러다임을 인식하고, 이에 대한 준비를 서둘러야 할 것이다. 흔히 100세 인생으로 표현되는 미래 사회에서는 개인이 살아가면서 직업을 여러 번 바꾸어야 하므로, 하나의 전문적 능력보다는 그 기초가 되는 대화와 토론, 글쓰기, 소프트웨어 능력과 같은 기초 역량은 물론 탄탄한 독서와 다양한 체험을 바탕으로 한 풍부한 교양이 그 어느 때보다도 중요하다. 인간과 기계의 결합이 현실화되고, 인공지능이 인간의 영역을 넘보게 되면서 개인들은 인문 중심, 가치 중심의 감성자본이 더욱 절실한 시대가 되었다. 초연결 시대를 살아가야 하는 만큼 인간과 인간 사이의 유대와 협력, 네트워킹 역량은 사회적 자본(social capital)으로서 시대적 파고를 헤쳐 나가는 밑거름이 될 수 있다.

개인뿐만 아니라 기업, 대학, 국가에서도 기업가정신으로 무장하지 않으면 안 될 것이다. 기존 지식과 산업의 범위를 넘어서는 기술과 융합이 가능한 지식의 분야에 눈을 돌리고, 대학이나 국가에서도 개인과 기업이 혁신정신을 구현할 수 있는 생태계를 구축해 주어야 한다. 대학은 교육, 취업, 창업을 하나의 선순환 구조로 전환하여 현재 사회에서 스스로의 가치를 창출해 내는 앙트레프레너를 배출해야 한다.[22] 이들이 사회에 진출하였을 때 공정한 기회와 경쟁을 할 수 있도록 보장해 주는 일은 국가와 사회의 몫이다.

---

22) 박민우(2016)는 이러한 앙트레프레너를 배출하는 미래 대학 사례로 미국의 스탠포드 D-스쿨(Stanford d-school), 미네르바 스쿨(Minerva Schools at KGI), 드레이퍼 대학(Draper University of Heros), 알트스쿨(Altschool)을 들고 있다. 이들 학교는 기업가정신을 과감히 교육과정에 도입하여 기업가적 영재를 발굴, 육성함은 물론 이른 시기부터 글로벌 리더십을 길러주고 있다.

03 생애설계와 자기계발

CHAPTER 7

생애설계와 비전

01___생애설계

진로를 탐색하고 선택하기 위해 선행되어야 하는 가장 중요한 것은 자신에 대한 이해이다. 자신에 대한 이해는 어느 한 순간에 얻게 되는 것이 아니라 전 생애적 발달과정에 기반한 지속적인 노력의 과정이자 그 과정을 통해 점차적으로 얻게 되는 자기인식과 수용의 결과이다. 따라서 자기이해의 과정은 개인의 심리적 발달, 성장 및 성숙하고 기능적인 사회인이 되기 위한 자기발견을 의미한다.

전 생애적 발달 과정은 여러 다양한 측면의 발달을 뜻하지만 여기에서는 생애역할을 중심으로 자기이해의 영역을 제시하고자 한다. 역할 변화에 따른 개인의 발달은 개인의 기능적 측면을 중심으로 설명하는 관점이며, 이후 다른 장에서도 개인의 다양한 특성을 탐색, 분석, 종합하여 진로선택을 위해 자신에 대한 이해가 제시될 예정이다.

생애설계를 위한 전 생애적 관점에서의 역할변화와 자기이해를 바탕으로 한 진로 및 직업선택은 자신의 일에서 만족을 추구하는 사람들의 전 생애에 걸친 의사결정 과정이다. 이러한 과정은 사람들로 하여금 변화하는 진로목표와 현실적인 일의 세계 사이의 적합성을 어떻게 증진 시킬 수 있는지를 반복적으로 재평가하게 한다. 한 사람이 직업세계에 들어가기 이전과 직업인으로서 공식적인 활동을 마친 후까지를 모두 포함하고 있는 진로 및 직업선택은 일생을 통해 개인과 환경 간의 끊임없는 상호작용으로부터 발생된다. 아동기, 청소년기, 청소년 후기와 성인기의 진로선택과 성인기에 발생할 수 있는 진로전환 및 진로위기 등의 진로문제나 직업발달에 적용되는 생애발달이론은 직업만이 아니라 개인의 진로성장과 변화에 대한 삶의 경험 전반에 걸친 모든 일의 과정이며 일생 동안 맡게 되는 모든 생애역할들을 아우르고 있다. 진로를 효과적으로 관리한다는 것은 자신이 맡은 생애역할들을 효과적으로 통합해 나간다는 것을 내포하며. 이러한 의미에서 진로란 삶의 경험에서 어떤 의미를 찾고자 하는 시도라고 할 수 있다.

한 개인이 태어나서 일생 동안 성장하면서 겪게 되는 중요한 경험 중 하나가 역할과 관련된 것인데, 역할이란 개인의 삶과 사회 속에서 마땅히 해야 할 맡은 바 의무이자 직책이다. 이와 관련해 5장 진로이론에서 제시되고 있는 수퍼(Super, 1990)는 진로발달 관점에서 개인은 생애주기에서 여러 역할을 경험한다고 주장한다. 개인은 일반적으로 일생 동안 자녀, 학습자, 여가인, 시민, 근로자 배우자, 가사인, 부모, 은퇴자와 같은 역할을 하며, 이러한 역할은 가정, 학교, 직장, 지역사회에서 수행하고 생애단계에 따라 역할의 중요도가 전환되며 동시에 몇 가지 역할을 경험할 수 있다고 한다. 개인은 생애 초기에 아동으로서 주로 양육을 받는 자녀의 역할을 경험한다. 또한 성장하면서 가족의 변화주기에 따라 부모-자녀 관계에서 자녀 역할을 꾸준히 경험한다. 다만 부모의 생애발달 단계, 자녀의 생애발달 단계, 가족 주기의 변화에 따라 역할의 특성과 상호작용 양식은 계속해서 변화한다.

학습자 또는 학생 역할은 아동기보다 청소년기에 더 중요하다. 이 단계에서는 다른 생애 단계에서 보다 학습자 역할이 훨씬 더 중요하다. 즉, 청소년기는 학습을 통해 학교에서 직업세계로의 진입을 준비하고 사회적 역할을 수행할 준비를 하는 발달단계이다. 청소년기에 주로 학습자 역할을 경험하기는 하지만 현대 사회의 특성상 학습은 청소년기에만 해당하지는 않는다. 평생학습의 관점에서 보면, 개인은 지식기반의 현대사회에서 전 생애 단계에 걸쳐 학습자 역할을 경험한다.

근로자 역할은 개인이 사회적 맥락 속에서 사회적 기능을 담당하면서 수행하는데 특정 직업, 직장에서의 사회적 기능 측면에서의 근로자에 대해 생각해 볼 수 있다. 근로자 역할은 성인기의 주요 역할이며, 생애발달 단계에 따라 노년기로 진입하면서 이 역할과 기능이 축소되고 은퇴자 역할로 전환된다.

가족, 가정과 관련된 역할로는 자녀 이외에도 배우자, 부모, 가사인의 역할이 있다. 가족의 형태에 따라 역할에 세부적인 차이가 있지만, 기본적으로 가족이나 가정 안에서의 역할은 관계 속에서 역할과 맡은바 책임과 관련된 역할을 말한다. 자녀, 배우자, 부모역할은 관계적인 측면을, 가사인 역할은 가정이라는 공동체 생활 속에서 일과 관련되어 있다. 어린이가 부모의 가사를 돕거나 부모가 자녀를 보살피거나 식사준비, 청소 같은 가사를 하는데 공통으로 분담하는 일 등을 의미한다.

시민으로서의 역할은 사회적 구성원으로서 사회참여를 하면서 맡는 역할이다. 사회, 문화, 정치, 경제, 종교적 차원의 사회활동을 통해 시민으로서의 역할을 수행하며, 각종 지역사회 모임, 사회단체, 국제기구, 종교단체 등 다양한 사회적 영역에서 개인은 사회적 기능을 건전한 방식으로 나타낸다. 이런 과정을 통해 사회발전과 변화를 촉진하고 좀 더 좋은 사회를 만드는 데 기여하는 역할을 한다.

여가인의 역할은 생애 모든 단계에 걸쳐 경험하는 것이다. 우리는 일생 동안 다양한 삶의 즐거움을 추구하고 만족감과 행복감을 얻고자 노력한다. 이 과정 속에서 개인의 특성에 따라 다양한 취미활동이나 여가활동을 개인적으로 또는 집단적으로 개발하고 경험한다. 여가활동 자체가 하나의 목적이기도 하지만 다른 한편 여가활동을 통해 더 다양한 경험을 하고 더 많은 삶의 활력소를 얻어 다른 여러 역할을 더 잘 수행하도록 촉진할 수 있다.

앞서 살펴본 것처럼 사람들은 수년간에 걸쳐 자신의 진로를 적극적으로 추구하고 그 과정에서 다양한 직무와 직위를 맡게 된다. 그 과정에서 일과 여가, 개인발달, 가족에 대한 헌신 등 다양한 이유로 특별한 시기와 시간에 특별한 일을 하게 되며, 생애 동안 다양한 역할을 수행한다. 개인은 삶의 가치와 자기역할에 대한 인식이나 직업적 특성에 따라 여러 역할 중에 더 중요한 역할과 더 집중적으로 수행할 역할이 있다는 것이다. 따라서 진로설계 또는 생애설계란 자신의 삶에 구조와 의미를 부여하는 모든 역할과 관계를 포함하는 생활양식과 자신의 진정한 삶을 구축하기 위해 필요한 수단이자 목적이다.

수퍼(Super)의 전 생애적 진로발달이론에서도 진로는 전 생애를 거쳐 진행되는 과정으로 진로는 개인의 직업적 선호와 능력, 사회적 요인, 시간의 경과 및 경험 등에 의해 죽을 때까지 발전되고 변화한다고 한다. 따라서 가정, 또래, 학교 등 다양한 공간을 거치면서 한 개인은 다양한 사회적 경험을 맺고 자신의 흥미와 능력을 확인하고, 지속적으로 자신의 일에 대한 가치와 태도를 형성하게 된다.

수퍼는 인간의 생애를 성장기, 탐색기, 확립기, 유지기, 쇠퇴기로 나누어 진로발달 단계를 구성하였는데 성장기에는 자기개념과 연합된 진로 역량, 태도, 흥미, 욕구가 발달되며, 탐색기에는 진로선택이 좁혀지지만 결정되지 않는 잠정적인 단계이며, 확립기에는 직업과 관련된 작업경험을 통한 시도와 안정화기, 유지기는 작업입지와 상황을 향상시키기 위한 지속적 적응과정, 쇠퇴기는 은퇴 및 은퇴를 고려하고 일의 효율성이 감소되는 특징을 가지고 있다고 제시한다. 이러한 직업발달 단계는 직업행동과 태도의 특징을 제공하며, 직업발달 과제로 알려진 결정화, 구체화, 실행, 안정화, 공고화의 다섯 가지 활동을 통해 입증된다. <표 3.1>에 제시되어 있는 발달 과제는 일반적 연령범위, 즉 제시된 과제들은 다른 연령 수준에서도 발생할 수 있는 일반적 특성들을 가지고 있다. 결정화 과제는 자신이 원하는 진로선택에 대해 더 잘 인식하려는 목표를 가지고 적절한 정보를 찾아 자신이 원하는 하나의 진로계획을 정하고 어떻게 수행할 것인가를 고려하는 것이다. 구체화 과제 단계는 개인이 더 구체적인 자원들과 선호하는 선택에 영향을 미치는 변인들에 대한 명확한 인식을 통해 진로설계를 확실히 할 필요성을 느끼는 단계이다. 실행과제는 훈련을 마치고 그 진로에 진입하는 것을 의미하며, 안정화는 개인이 선택한 직업에서 확고히 자리를 잡고 직위에서 안정감을 느낄 때 도달한다. 공고화는 자신이 선택한 직업에서의 승진을 의미하는 것이다.

표 3.1 수퍼의 직업발달 과제

직업발달 과제	연령	특징
결정화	14~18세	자원 인식, 흥미, 가치, 선호하는 직업에 대한 계획 인식을 통해 일반적 직업목표를 형성하는 인지적 과정
구체화	18~21세	특정 직업선호에 따라 일시적인 직업선호도를 갖게 되는 시기
실행화	21~24세	직업선호에 따른 훈련을 마치고 취업을 하게 되는 시기
안정화	24~35세	자신에게 적합한 실제 일의 경험과 재능 사용, 선호하는 진로를 확고히 하는 시기
공고화	35세 이상	승진, 지위, 선임자가 되어 진로를 확립하는 시기

출처: 이현림 외(2013). 새롭게 보는 진로상담. 재구성.

수퍼(Super, 1990)는 생애주기를 통한 발달 과제를 <표 3.2>처럼 수정하여 제시하였다. 그는 발달 과제를 통해 순환과 재순환을 연령과 단계이행을 유동적인 것으로 보고 개인은 하나 또는 그 이상의 단계를 재순환 할 수 있는데, 이를 소순환이라는 개념으로 제시하였다. 예를 들면 특정 직업에서 해직을 경험한 사람은 새로운 성장단계를 경험할 수 있고 직업전환을 준비하게 될 수 있다는 것이다. 즉, 유지기에 도달했었지만 새롭고 다른 위치를 찾는 탐색기로 되돌아 갈 수 있다는 것이다. 따라서 개인은 생애역할의 다양성을 고려하여 자신의 삶을 계획해 나가야 하는 생애설계를 해야 한다.

표 3.2 수퍼의 전 생애 발달 과제의 순환과 재순환

생애단계	시기			
	청소년기(14~25세)	성인초기(25~45세)	성인중기(45~65세)	성인후기(65세 이상)
성장기	현실적인 자기개념 학습	타인과의 관계학습	개인의 한계수용 학습	비직업적 역할 개발
탐색기	많은 기회에 대한 학습	원하는 일을 할 기회 발견	일에 대한 새로운 문제발견	좋은 은퇴 시점 찾음
확립기	선택한 분야 시작	영속적 위치에 정착	새로운 기술 개발	항상 원했던 일을 함
유지기	현재 직업선택 확인	직업적 위치를 안정적으로 만듦	경쟁으로부터 자신을 지킴	계속 즐기는 것을 유지
쇠퇴기	취미에 시간을 덜 투자	체육활동 참여 감소	필수적인 행동에만 초점	작업시간 감소

출처: 손은령 외(2017). 진로진학상담교육론. 재인용.

생애설계(Life Planning)란 어디서, 누구와, 어떻게 살 것인지, 무엇을, 어떻게 준비하며, 편안하고 안락한 노후를 보내기 위해서는 어느 정도의 소득이 있어야 하는지, 이러한 삶과 나이 듦에 따라 변화되는 다양한 요소에 대해 종합적인 설계를 하는 것을 의미한다. 사람들이 100세까지 산다고 가정하면 40~50대 중장년 시기에서 노년기에 접어드는 시기를 서드에이지(3rd Age)[23]라고 할 수 있다. 청·장년기에 걸친 교육과 경제활동의 시기를 거쳐 75세 이후 노년기에 접어드는 20~30년의 인생의 황금기를 어떻게 보낼 것인가에 대한 고민이 생애설계의 시작이라고 할 수 있을 것이다(최성재, 2013).

최성재 서울대 명예교수는 "생애설계는 개인이 자아 정체감을 확립하고 이에 근거한 인생의 가치와 목표를 설정하여 인생과정에서 이를 실현하기 위한

---

[23] 서드에이지(3rd Age)는 우리말로 표현하면 '제3기 인생', '제3연령기' 등으로 표현된다. 영국의 사회철학자 피터 래스렛(Peter Laslett)은 서드에이지를 생애주기 4단계의 이론에 따라 제1기 인생(the first age: 배움의 단계), 제2기 인생(the second age: 배움을 통한 사회적 정착을 하는 단계), 제3기 인생(the third age: 자아실현을 추구해가는 단계), 제4기 인생(the fourth age: 노화의 시기로 인생을 마무리하는 단계)으로 단계를 구분하고 있다.

체계적이고 전반적인 행동계획을 표현해 놓은 것"이라고 정의하였다. 단순한 경력(career)이나 재무적인 은퇴설계(retirement plan)와 같은 좁은 의미의 계획이 아니라 생애 전 과정에 걸친 라이프이벤트(life-events)에 대한 포괄적인 계획이라 할 수 있다.

그렇다면 생애설계는 왜 필요한가? 생애설계는 평균수명의 연장으로 늘어난 30년 간의 장수보너스 기간에 대한 시간 관리와 중년기 이후 생애과정의 의미를 부여하기 위해 필요하다. 고령화 사회에서 길어진 노년기를 성공적이고, 활동적이며, 건강하게 보내는 것이 중요하기 때문이다. 미국의 노년학자인 로우와 칸(Rowe & Kahn, 1998)은 성공적인 노화 과정을 이루기 위해서는 충분한 노후자금을 마련하는 것보다는 질병이나 장애로 인한 어려움이 없어야 하며, 적절한 인지적·신체적 기능을 유지하며, 적극적인 인생참여가 중요하다고 하였다. 생애설계는 성공적인 노화과정을 이루는 데 필요한 하나의 단면으로 인식되고 있으므로 그 중요성이 더해지고 있다.

그림 3.1 생애주기 변화에 따른 생애설계

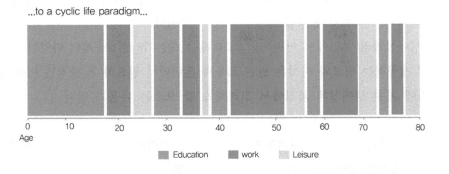

출처: http://blogfiles.naver.net/20150704_190/ksh06277_1435935613951gaLqf_JPEG/recruiting-
2020-trends-challenges-29-638.jpg

생애설계가 필요한 시점은 언제부터인가? 생애주기의 변화에 따라 라이프 스타일도 변화하고 있다. 20세기에 들어 평균수명 70세의 시기에는 55세 또는 60세에 은퇴하여 10~15년 정도의 노후기간을 보내는 것으로 생각하였지만, 21세기에는 55세 은퇴 후 약 40~50년간의 노후 생활이 이어진다고 본다. 과거 인생 70세 시대에는 청소년기에 집중적인 교육을 받고, 사회에 진출한 청·장년기에 경제적 활동과 일을 하고 난 후, 노년기의 남은 인생을 여가생활을 하는 직선형 생애설계의 모습을 보였지만, 이러한 방식의 삶의 설계는 인생 100세 시대에는 더 이상 어울리지 않는다. 삶의 모든 시기에서 교육, 경제활동, 여가생활이 복합적으로 일어나는 순환형 구조로 바뀌고 있기 때문에, 이러한 패러다임에 맞춘 생애설계가 필요한 것이다.

생애설계의 영역은 어떻게 구성되어 있는가? 생애설계의 내용은 이론적인 면이나 경험적인 면에서 그 내용이 다양하고 개인에 따라 생애과정도 다르기 때문에 차이가 있을 수 있으나, 포괄적으로 다음 10가지 영역을 고려해볼 수 있다. 이는 일자리(Paid work), 일거리(Non-paid work), 학습과 자기개발(Life long Learning & Development), 지역사회(Community), 가족 및 사회적 관계(Family/Relationships), 여가와 여행(Leisure/Travel), 재무관리(Finances/Legal Issues), 건강관리(Health/Fitness), 영적 활동(Spiritualty), 주거와 생활(Housing/Lifestyle) 등이다.

생애설계의 영역에서 어떤 점을 고려해야 하는가? 생애설계의 다양한 영역에서 제공하는 정보와 지식은 관련 교육과 훈련에서 필요하다. 중장년 이후 노년기에 거친 생애설계 과정에서 고려해야 할 요소는 다음과 같다.

① 일자리(Paid work): 내려놓기(down-shifting), 경력전환(Career Change), 창업과 재취업, 단계적 은퇴(Phased Retirement) 등
② 일거리(Non-paid work): 자원봉사(Volunteerism), 돌봄(Caregiving), 재능기부 등
③ 학습과 자기개발(Lifelong Learning & Development): 학위과정, 평생교육, 세미나, 토론과 행사, 워크숍, 독서, 자격증 등
④ 지역사회(Community): 지역사회 연계, 사회적 기업, 커뮤니티 비즈니스, 비영리조직, 협동조합 등

그림 3.2 이모작 시대의 생애설계

Click on Your Area of Interest

출처: http://blogfiles.naver.net/20150704_256/ksh06277_1435935667873ekNkf_JPEG/clickpie.jpg

⑤ 가족 및 사회적 관계(Family/Relationships): 가족과 친구, 조부모와 손자, 가족 간 돌봄, 세대통합 활동, 직장 내 세대 간 관계, 노노케어[24], 노노갈등 해소 등

⑥ 여가와 여행(Leisure/Travel): 여행, 창작활동, 레크리에이션, 취미활동, 음식 만들기 등

⑦ 재무관리(Finances/Legal Issues): 노후자금, 노후소득, 연금과 포트폴리오, 부동산, 세금, 유언과 상속, 금융사기 등

⑧ 건강관리(Health/Fitness): 음식관리, 맞춤형 운동, 생활습관, 체형관리, 치매 예방 등

⑨ 영적활동(Spiritualty): 종교, 자아정체성, 삶의 목적, 역할재정립, 권한분산, 유산 남기기, 죽음에 대한 대비, 삶의 마무리 등

⑩ 주거와 생활(Housing/Lifestyle): 에이징 인 플레이스, 실버타운, 요양원, 귀농과 귀촌, 코하우징, 다운사이징 등

---

24) 노노케어: 건강한 노인이 병이나 다른 사유로 도움을 받고자 하는 노인을 돌보는 것.

앞서 제시한 바와 같이 발달단계를 거치면서 겪게 되는 어려움 중에 어른이 된다는 것은 우리가 경험할 수 있는 어떤 것보다도 중요하고 포괄적인 변화의 과정이다. 청소년에서 성인이 되는 과정을 거치는 데는 약 15년 정도가 걸리지만 성인이 된 이후에도 우리는 계속 성장하고 발달한다는 것을 알아야 한다. 이 과정은 전 생애를 통해 지속되는 것으로 생애 초기에 국한되지 않으며, 발달적인 변화는 심리, 사회, 생리적 영역 전반에 걸쳐 있으며 다양한 요인들의 영향을 받는다(황매향, 2005).

변화들은 피할 수 없는 것이기에 풍요롭고 행복한 삶을 위해서는 살아 있는 동안 지속적으로 계획을 세우는 것이 필요하다. 그러기 위해서는 삶에 대한 준비와 변화에 대한 유연성, 변화하는 세계에서 만족감을 얻기 위해 노력하는 일이 중요하다. 따라서 생애설계란 삶의 구조와 의미를 부여하는 모든 역할과 관계를 포괄적으로 아우르는 생활양식을 구축하거나 그것을 향해 나아가는 수단으로서 자신이 진정한 삶의 주인으로 인생을 살아가기 위한 설계인 것이다.

02___비전과 목표설정

비전(vision)이란 상상력, 직감력, 통찰력 등을 뜻하거나 미래상, 미래의 전망, 선견지명 등의 뜻을 가지고 있다. 기관이나 기업에서 많이 사용되고 있는 비전들을 살펴보면 코카콜라는 "물을 이긴다", 맥도널드는 "세계에서 가장 뛰어난 '퀵 서비스 레스토랑'이 되는 것이다". 보잉은 "항공기 운항의 표준 모델이 되는 것" 등 각 기관의 존재의 이유와 성취하고자 하는 목표를 말하고 있다. 사람들은 비전이 명확할 때 동기를 가지고 그 일에 도전하고, 어려움이 있어도 역경을 이겨낸다. 비전은 단순하지만 어떤 방침이나 의견, 주장을 외부에 표명하고 있으며, 많은 사람들이 공감할 수 있는 내용을 줄여서 간략하게 말한 것이다. 따라서 많은 사람들이 힘을 합쳐 비전을 이루기 위해 노력하여 기업을 성공하게 만드는 힘이 있는 것이다.

이처럼 개인도 비전을 가져야 한다. 개인의 비전은 개인의 존재 이유가 될 수 있으며, 우리가 평생 살아가며 이루고 싶은 가치의 핵심이 될 수 있다. 크롬

웰(1599-1658)은 "더 나아지려고 노력하지 않으면 반드시 평범해진다"는 비전을, 파스퇴르(1822-1895)는 "기회는 비전(꿈)을 가진 자에게 찾아온다"는 비전을 가지고 살았다. 이들은 언젠가 이루게 되고 그 이후에는 효력이 사라지는 목표가 아닌 평생을 노력해도 이룰 수 없는 꿈과 비전을 간직하고 살았기 때문에 평생 열정이 소진되지 않고 살 수 있었던 것이다(송원영·김지영, 2009).

비전을 이루려면 '나'를 정확히 알고 나를 준비해야 하며, 내가 추구하려는 인생의 비전을 명확히 설정해야 한다. 그 다음으로 비전을 이루기 위한 직업을 결정하고, 지금 당장 해야 할 일을 한다. 목표는 비전이라는 최종 목적지로 가는 정거장들이다. 일반적으로 우리의 삶은 대학생활에 이어 취업과 직업 활동(일과 삶), 결혼과 가정생활(배우자, 자녀, 부모와의 삶)을 병행하며 살아가게 된다. 비전은 이러한 생활들이 함께 지향하는 방향이라 할 수 있다. 비전을 이루기 위해서는 비전을 향한 취업과 직업 활동과 함께 비전을 지향하는 가정생활을 함께 이루어 가야 한다.

비전설정 다음으로는 목표설정이 중요하다. 목표(objective)는 사명(mission)[25]을 선택하고 이루기 위해 중간에 거쳐야 하는 관문이다. 비전과 사명에 대한 차이점에 대해 예를 들어보면, 한 학생이 '어느 누구도 고통 없이 사는 세상을 만드는 것'이 비전이라면, 비전을 이루기 위해 '신체적, 정신적인 고통을 없애기 위한 의사, 임상심리학자, 사회운동가(빈곤함으로 인한 고통을 없애기 위해), 기자(고통당하는 사람들의 모습을 다큐멘터리로 제작하여 많은 사람들의 의식변화를 일으키는) 등이 사명이 될 수 있다. 비전이 같다고 하여 비전을 성취해 나가는 방식이 같은 것은 아니며, 다양할 수 있다. 비전과 사명이 같은 직업 종류의 사람이면 협조가 잘 될 것이고, 비전은 같지만 사명이 다른 직업 종류의 사람은 아이디어 제공, 상호보완이 이루어 질 수 있기 때문에 사명 또는 직업만 같은 사람은 도움이 되기도 하지만 때에 따라서는 경쟁자가 되기도 한다.

---

25) 사명(mission): 비전을 이루기 위해 택하는 방법으로 비전을 가장 효율적으로 이루기 위한 길을 의미. 직업선택은 비전이 결정된 후에 비전을 이루기 위한 효율적인 방법이 되는 것임. 사명을 선택하기 위해서는 자신의 적성, 성격, 흥미, 경험, 내·외적 자원, 장·단점, 교육환경 등을 통해 형성된 가치관 등을 파악하여 적절히 활용할 수 있음.

앞에 언급한 사례의 경우, 비전은 '어느 누구도 고통 없이 사는 것', 여러 상황을 고려한 사명은 '최고의 의료기기를 만드는 것'이었다면, 그것을 이루기 위해 어떤 과정이 필요한지를 알아보고 단기, 중기, 장기목표(의료공학과 진학 → 관련 자격증 취득 → 컴퓨터 프로그램 배우기 → 최고의 의료공학기기를 만들기 위해 유학결심 → 영어공부하기 등)로 삼아 계획하여 실천하는 것이 중요하다. 결국 우리의 비전(꿈)을 위해서는 구체적인 목표설정이 꼭 필요하다. 또 다른 예로 사범계열이 아닌 대학생이 '교사가 되어 청소년들이 꿈을 이루며 행복하게 살아가도록 돕겠다.'는 비전을 지향하는 취업과 직업 활동을 살펴볼 수 있다. 비전 달성을 위해 대안학교를 찾아가 우리나라 중등교육의 현실을 정확히 파악한다던가, 청소년상담복지센터를 방문하여 청소년들의 삶과 고민에 대해 알아보기, 청소년 지도에 필요한 상담 관련 교과목을 수강하고 학습하기, 교육강국 청소년 지도 정책과 제도 연구하기, 교육대학원에 진학하여 교직과정 이수하기, 중등교원 임용자격시험패스, 학교배치, 교내 지역 비전 스터디그룹 활동 참여, 롤모델 선정 및 멘토 선정하기, 비전스쿨 프로그램 구축, 청소년들을 위한 비전지도 전략 배우기 등을 노력할 수 있다.

목표설정은 왜 중요할까? 목표가 있는 사람들이 목표가 없는 사람들보다 일을 더 잘한다고 한다. 그리고 같은 사람이라도 목표가 있을 때 목표가 없을 때보다 일을 더 잘 할 수 있다. 이것은 아래 제시된 예시만 살펴보아도 알 수 있다.

체력조건이 비슷한 A, B반 학생들을 대상으로 윗몸 일으키기를 하도록 하였다. A반 학생들에게는 자신들이 2분 동안 얼마나 많은 윗몸 일으키기를 할 것인가에 대한 목표를 세우도록 했고, B반 학생들에게는 미리 정한 목표 없이 윗몸 일으키기를 하도록 했다. 어느 반이 더 많이 했을까?

물론 A반 학생들이 더 많은 윗몸 일으키기를 할 수 있었다. 그 이유는 A반 학생들에겐 목표와 현재 상태와의 차이를 줄이고자 하는 강력한 동기가 유발되었기 때문이다. 목표가 없으면 줄여야 할 차이가 존재하지 않기 때문에 더 이상 노력하지 않는다는 것이다.

'목표'란 우리가 스스로 활동을 통해 성취하고자 하는 구체적인 대상이다. 만약 방학을 알차게 보내려면 계획과 목표를 잘 세우는 게 중요하다. 거창한 목표를 세웠지만 실천은 작심삼일로 끝나버린 경우가 허다하다. 자신의 의지력을 한탄하며 한숨짓는 사람들도 주위에 많다. 효과적인 목표 설정 방법을 알고 인내심을 가지고 실천하면 실패하지 않을 수 있다. 목표가 불분명하면 작은 유혹이나 감정 변화에도 결심이 무너질 수 있다. 무엇을 그리고 어디까지 달성할 것인지, 목표를 달성하기 위해 어떤 일을 해야 하는지 아주 구체적으로, 측정할 수 있게 목표를 설정하는 방법이 바로 "SMART 목표 설정 기법"이다. 또는 각각의 일을 실행할 시기와 실현방법 등을 2W3H의 원칙을 이용하여 매우 구체적으로 계획한다. 2W3H 원칙은 6하원칙에서 뽑은 것으로 What, When, How, How much(many), How long을 말한다.

S Specific(구체적인, 명확한, 분명한): 구체적인 목표를 세워라! 구체적인 목표가 두루뭉술한 목표보다 달성 가능성이 높다. 목표를 달성하는데 필요한 일들을 모두 열거한다.

예) • '방학 동안 영어 공부를 한다.' 보다는 '매일 오전 9시부터 10시까지 영문법 교재를 10페이지 학습한다.'가 효과적이다.
    • 내년 여름방학 중 서유럽 7개국에 배낭여행을 간다.

M Measurable(측정 가능한): 측정할 수 있는 목표를 세워라!

제대로 된 목표라면 달성도를 '측정'할 수 있어야 한다. 가능하면 구체적으로 정량적으로 측정할 수 있는 기준이 있다면 좋다. 목표의 측정 기준은 수량, 횟수, 기간 등이 있다.

예) • '기초 영어를 마스터할 것이다.' 보다는 '매달 있는 영어 학원 레벨 테스트를 통과해 3개월 후엔 최고 레벨반에 들어갈 것이다.'가 효과적이다.
    • 여행경비 500만원을 모은다. 학기중에는 아르바이트 매주 15시간(200만원), 방학 중에는 매일 8시간(300만원)을 모을 것이다.

A Achievable(성취할 수 있는; 달성할 수 있는): 달성 가능한 목표를 세워라! 목표가 달성 가능한 목표인지 자신에게 물어본다. 머릿속에선 쉽게 달성할 수 있을 것 같은 목표도 달성하기 위해 상당한 노력이 필요하다. 지금 나의 능력, 지식, 체력, 쓸 수 있는 시간들을 모두 고려해보고 달성 가능한 목표를 세운다. 목표의 달성 가능성이 높지 않다면 목표를 바꾸거나 현실에 맞게 조정해 보는 것도 좋다.

예) • '다음 학기 학과 1등이 된다.' 보다는 '다음 학기 시험에서 각 과목 점수를 10점씩 올린다.'가 효과적이며 현재 성적의 70%를 기준으로 목표설정하는 것이 중요하다. 영어가 80점이면 86점으로 올린다.

  • 학기 중에는 현재 진행중인 아르바이트를 계속하고, 방학중에는 인턴으로 취업을 한다.

R Relevant(연관성 있는): 자신이 원하는 것과 연관성 있는 목표를 세워라! 달성하려는 목표가 자신이 원하는 것과 관련이 있는지 살펴본다. 예를 들어 지금 나는 과학 공부를 잘 하고, 다음 시험에서 100점을 받을 자신이 있다. 그렇지만 나의 꿈은 극작가가 되는 것이라고 한다면 '시험에서 과학 100점 받기'라는 목표가 나의 꿈과 연관성이 높은 목표일까? 이런 경우 나의 꿈과 연관성이 있는 다른 목표를 생각해 보아야 한다.

예) • 아르바이트와 인턴취업은 이미 협의가 되어 실현가능하다.

T Time-bounded(시간제한이 있는): 목표를 달성해야 하는 기한을 반드시 정해 둔다! 언제까지 이 목표를 달성할 것인지 명확하지 않으면 목표를 달성해야겠다는 생각이 들지 않는다. 또한 목표에 마감일이 생기면 목표를 달성하기 위해 무엇을 해야 하는지 스스로 확인하게 된다.

예) • '올해 안에 영어 회화를 능숙하게 한다.' 보다는 '매일 아침 2강씩 영어 회화 어플을 듣고 이번 달 30일까지 어플 학습을 끝내겠다.'가 효과적이다.

  • 내년 1학기까지 이 모든 계획을 달성한다.

앞으로 하고 싶은 일 목록을 제시하고, 'SMART' 원칙에 따른 목표를 세우고, 10년, 20년, 30년, 50년에 대한 인생설계 곡선을 그려보는 것도 도움이 될 것이다. 다음 사례는 인생에서 목표 설정이 얼마나 중요한지를 단적으로 보여준다.

"1979년, 하버드 MBA과정 졸업생들을 대상으로 목표설정에 관한 조사를 하였는데, 졸업생 중 3%는 자신의 목표를 세워 그 달성계획을 기록해 놓았고, 13%는 목표가 있었지만 기록하지는 않았고, 나머지 84%는 목표가 없었다. 10년 후, 목표가 있었던 13%는 목표가 없었던 84%의 졸업생들보다 평균 2배의 수입을 올리고 있었고, 뚜렷한 목표를 기록해 두었던 3%는 나머지 97%보다 무려 10배의 수입을 올리고 있었다."
"목표가 없는 사람은 목표가 있는 사람을 위해 평생 일해야 하는 종신형에 처해져 있다."

-세계적 컨설턴트 브라이언 트레이시-

비전 구현을 위한 단계별 내 목표의 실행계획을 세우기 위해서는 자신의 학업실행계획, 역량개발계획, 모든 에너지를 목표에 집중하는 것이 중요하다. 학업실행계획에서는 전공과 교양 지식(Knowledge), 능력과 기술(Skill), 사회능력(SQ: Social IQ), 태도(Attitude)에 대한 구체적인 이수 계획을 세워야 한다. 전공과목과 교양과목, 자격증이나 어학능력에 대한 구체적인 역량개발 계획, 교내외 비교과 동아리 활동을 포함한 사회능력 개발, 긍정적인 태도를 개발하기 위한 구체적인 계획을 수립하되, 자신이 원하는 직업이나 직종과 직장 등 진로를 참고하여 4년간의 이수계획을 세워야 한다. 자신의 역량을 개발하기 위해서는 기업이 바라는 인재가 되기 위한 소양과 자질, 즉 전공실력, 국제 감각과 외국어 구사 능력, 경제·경영뿐 아니라 다양한 교양, 도전과 성취의식, 유연한 사고와 창의력, 올바른 가치관, 인간미, 책임감, 협력, 예의바른 사람, 결정된 일에 적극 협조하고 최선을 다해 성취하는 사람 등의 역량을 갖추기 위한 노력을 해야 한다. 뿐만 아니라 어떤 계획도 실천이 따르지 않으면 이뤄지지 않는다. 세계적인 컨설턴트 브라이언 트레이시는 『잠들어 있는 시간을 깨워라』의 저서에서 자기계발 방법을 아래와 같이 제시하였다.

하루에 1시간 책을 읽으면, 1주일에 대략 1권의 책을 읽는다. 1년이면 대략 50권을 읽고, 1년에 50권을 읽으면 3년 안에는 그 분야의 전문가가 되고, 5년 안에는 전국적인 전문가가 되고, 7년 안에는 세계적인 전문가가 된다.

지식을 얻는다고 해서 달라지는 것은 없다. 전문가가 되지도 않는다. 매일 1시간 동안 책을 읽어야 이 지식에 가치가 생긴다. 행동이 따르지 않으면 아무것도 이뤄지지 않는다. 세상 일이 반드시 노력한 만큼 이뤄지는 건 아니지만 노력하지 않고는 어떤 성과를 기대할 수는 없다. 스스로 정한 목표에 따라 행동의 방향을 결정할 에너지에 집중해야 한다. 매일 10분씩 비전카드, 사명카드, 그리고 목표를 집중해서 바라보면서 거기에 적힌 내용을 이뤄나가는 자신의 모습을 그려보면 에너지가 생길 것이다.

성공하지 못한 삶을 사는 사람들은 일반적인 생활이나 삶에 있어 뚜렷한 목적이 없다. 기껏해야 부모님이나 주변 사람들의 기대와 계획에 따를 뿐이다. 자신의 진로를 위해 어떤 일을 해야 할지 쉽게 결정하지 못한다. 이렇게 삶을 살다 보면 자신이 어디로 가는지 알 수 없을 것이고 도착한 후에도 어디에 있는지 모를 것이다. 삶은 그 누구에게도 완전히 펼쳐져 있지 않기 때문에 어떤 일을 시작할 때 끝을 볼 수도 없다. 그러나 끝이 보이지 않는다고 시작하지 않으면 자신이 원하고 추구하는 삶의 근처에는 가지도 못하게 된다.

삶에서의 비전과 의미를 가지기 위해서는 '내가 이렇게 노력을 하면 결과도 좋을 것이다!'라는 생각을 하며 원하는 일을 시작하는 것이 중요하다. 이러한 노력은 생각을 넘어 계획하고 실천하게 된다면 뚜렷한 목적을 가지고 모든 일을 잘 해나가게 될 것이며, 삶에서 추구하고 싶었던 의미 있는 목표와 꿈을 언젠가 이루게 될 것이다. 이러한 삶을 사는 사람들은 학교 졸업 후, 직장생활 중, 직장생활 은퇴 이후에도 어떻게 최선의 삶을 살아갈지에 대해 계획을 세운다. 뿐만 아니라 이들은 미래를 위해 하루하루 성적향상을 위해 노력하거나, 직장에서의 승진을 위해 전문적인 능력을 향상하거나, 행복한 가정을 꾸리기 위해 목표를 가지고 행동하게 된다.

CHAPTER 8

적성 · 성격 · 강점

01___적성

자신에게 적합하고 잘 어울리는 진로를 계획하고 선택하기 위해서는 자신에 대해 잘 알아야 한다. 자신을 잘 안다는 것은 무엇을 의미하는 것일까? 내가 잘 할 수 있는 것, 내가 재미있어 하는 것, 내가 높은 가치를 두고 있는 것 등이 무엇인지 잘 알고 있다는 의미이다. 인간은 누구나 어느 특정분야에서 뛰어난 자신만의 능력을 가지고 있다.

적성이란 어떤 과제나 임무를 수행하는 데 있어서 개인에게 요구되는 특수한 능력이나 잠재능력을 의미한다. 일반적으로 적성은 개인이 가지고 있는 일반능력인 지능과 구분되는 특수한 능력을 말한다. 즉, 어떤 특정 부문에 대한 능력이나 그 능력의 발현 가능성을 말한다. 따라서 적성은 개인이 어떤 직업에서 얼마만큼 그 직무를 성공적으로 수행할 수 있을지를 예측하게 해 주는 요인이 된다. 개인의 적성을 구성하는 요인으로는 일반적으로 일반적성능력, 언어

능력, 수리능력, 공간지각능력, 수공능력, 운동조절능력, 사무지각능력, 형태지
각능력 등 여러 요인을 포함하고 있다. 일반적으로 적성은 타고난 능력이나 소
질이라고 알려져 있는 바와 같이 유전적인 성향이 강하다. 그러나 학습경험이
나 훈련에 의하여 계발될 수도 있으므로 다양한 학습경험이 필요하다(김봉환 외, 2006). 사람들은 적성이 맞는 일을 보다 쉽게 배우고 활용하여 다른 사람보다 잘
할 수 있으며, 스스로 재미를 느낄 수 있다. 따라서 진로를 선택하고 결정할 때
적성을 미리 파악하여 그에 맞는 전공 및 직업을 선택하는 것이 직업에서의 행
복 및 성공가능성을 높이는 것이다.

다음 <표 3.3>은 적성과 직업의 관계에 상응하는 능력을 설명한 것이다.

표 3.3 적성과 직업의 관계

구분	내용
언어능력	일상생활이나 직장생활에서 사용하는 단어의 의미를 대체로 이해할 수 있고, 문서를 읽고 그 내용과 의미를 어느 정도 파악할 수 있음. 효과적인 의사소통을 위해 정확한 단어를 선택하고 어휘를 연상하며 문장의 뜻을 이해하고 발표하는 능력
수리능력	정확하게 이해하고 계산하는 능력을 말하며, 직업에서 필요한 기초적인 사무처리 능력
추리능력	일상생활이나 직장생활에서 주어진 정보를 종합해서 이들 간의 관계를 대체로 추론할 수 있음. 원리를 추리하고 응용하는 능력
공간지각능력	물체를 회전시키거나 재배열했을 때 변화된 모습을 어느 정도 상상할 수 있으며, 공간 속에서 위치나 방향을 대체로 파악할 수 있음. 입체적인 공간 관계를 이해하는 능력으로서 시각을 통해 실체적 물체를 취급하고 물체를 회전·분해했을 때의 형태를 상상하는 능력
사물지각능력	서로 다른 사물들 간의 유사점이나 차이점을 빠르고 정확하게 지각할 수 있음. 문자 기호를 정확하고 신속하게 식별하는 능력
상황판단능력	실생활에서 자주 당면하는 문제나 갈등상황에서의 문제를 해결하기 위해 가장 바람직한 대안과 바람직하지 않은 대안을 판단할 수 있는 능력

구분	내용
기계능력	기계의 작동 원리나 사물의 운동 원리를 이해하고 추리하는 능력
집중력	작업을 방해하는 자극이 존재함에도 불구하고 정신을 한 곳에 지속적으로 집중할 수 있는 능력
색채지각능력	색을 식별하고 서로 다른 두 가지 색을 혼합하였을 때의 색을 예측할 수 있는 능력
사고유창성	주어진 상황에 대해 짧은 시간 내에 서로 다른 아이디어를 많이 개발할 수 있는 능력
협응능력	눈과 손을 함께 사용하는 작업을 어느 정도 빠르고 정확하게 해낼 수 있는 능력

출처: 워크넷 직업심리검사 가이드 e북.

02___성격

사람들은 자신에 대해 잘 알고 있다고 생각하지만 의외로 모르는 것이 자신의 속마음이다. 사람은 저마다 독특한 다른 성격을 가지고 있다. 성격은 타고난 기질과 환경이 상호작용하여 형성되는 것으로 어떤 성격이든 그 자체로 좋고 나쁜 것은 없다. 오히려 자신의 고유한 성격을 알고, 타인에 대한 진정한 이해를 바탕으로 자신만의 개성과 강점을 수용해 나갈 때 인격의 성숙과 발달을 이룰 수 있다. 진로를 선택하는 데는 개인의 성격이 큰 영향을 미친다.

성격(personality)이란 한 개인이 환경에 따라 반응하는 특징적인 양식 또는 타인과 구별되는 독특하고 일관성 있는 사고, 감정 및 행동방식의 총체를 말한다. 이런 성격은 개인에게는 두드러지게 나타나는 특징적이고 독특한 성향과 시간의 흐름과 상황의 변화와는 상관없이 그 사람의 행동과 사고, 감정에 영향을 미친다. 성격을 이해하려면 그 행동의 기저에 깔려 있는 동기력(motivating force)과 충동(drive)을 알아야 하고, 환경을 해석하고 행동을 결정하게 하는 정신구조와 정신의 구성요소를 알아야 한다. 어떤 사람은 타인과의 접촉이 많은 활동적인 일을 좋아하고, 어떤 사람은 사무실에서 자료를 정리하고 계획하는 일을 좋아한다. 사람마다 성격이 다르고 성격마다 맞는 일이 다르다. 그렇기 때문에 자신의 성격에 대한 정확한 이해를 하고 있다면 진로를 선택하는 데 도움이 될 수 있을 것이다.

성격은 선천적으로 부모의 유전적 요인을 닮아갈 수 있으나, 후천적으로 부모의 자녀양육 방식에 따라 다르게 나타날 수 있다. "세살 적 버릇 여든까지 간다"는 속담처럼 어렸을 때는 습관이 성격형성에서 중요한 작용을 한다. 그러나 후천적인 교육에 따라 어느 정도 변화되는 것을 볼 수 있다. 자신에게 적합한 진로선택을 위해 자신의 성격에서의 강점을 잘 파악하는 것이 중요하다. 성격은 밖으로 드러난 외현적 특성뿐만 아니라 외현적으로 판단하기 어려운 내면적 특성도 함께 지니고 있기 때문에 자신의 성격 특성을 파악하기 위해서는 표준화된 검사를 활용하여 알아보는 것도 좋은 방법이다.

융(Jung)의 심리유형론을 근거로 하여 일상생활에 유용하게 활용할 수 있도록 고안한 자기보고식 성격유형검사인 MBTI(Myers-Briggs Type Indicator) 검사는 비진단 검사로서 네 가지 척도의 관점에서 인간을 이해하려고 한다. MBTI는 인식과 판단에 대한 융의 이론, 그리고 인식과 판단의 향방을 결정짓는 융의 태도이론을 바탕으로 제작되었다. 융은 교육이나 환경의 영향을 받기 이전에 이미 인간에게 잠재되어 있는 선천적 심리 경향이 있으며 각 개인은 자신의 기질과 성향에 따라 4가지 이분척도에 따라 둘 중 하나의 범주에 속하게 된다고 제시한다. 각 지표는 4가지의 기본적인 선호경향 중의 하나를 나타내고 있는데, 이 선호경향이 인식과 판단의 사용 경향을 결정짓는다고 한다. 선호경향은 사람들이 특정 상황에서 "무엇에" 주의를 하느냐 뿐만 아니라, 내용에 대해 "어떻게" 결론을 내리는가에 영향을 미친다. MBTI는 개인이 쉽게 응답할 수 있는 자기 보고를 통해 인식하고 판단할 때의 각자 선호하는 경향을 찾고, 또 이러한 선호 경향들이 하나 또는 여러 개가 합쳐져서 인간의 행동에 어떠한 영향을 미치는가를 파악하여 실생활에 응용할 수 있다. MBTI는 [그림 3.3]과 같이 네 가지의 분리된 선호 경향으로 구성되어 있다(김정택 등, 2003).

그림 3.3 MBTI의 네 가지 선호 경향

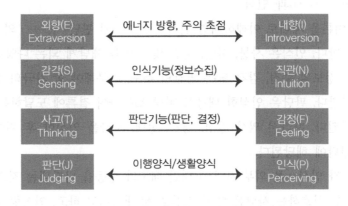

외향(E) Extraversion	에너지 방향, 주의 초점 ◄───►	내향(I) Introversion
감각(S) Sensing	인식기능(정보수집) ◄───►	직관(N) Intuition
사고(T) Thinking	판단기능(판단, 결정) ◄───►	감정(F) Feeling
판단(J) Judging	이행양식/생활양식 ◄───►	인식(P) Perceiving

- **외향성**(Extroversion, E)**과 내향성**(Introversion, I)

외향적 태도(E)를 가진 사람은 관심을 외부 세계의 사람이나 사물에 쏟는다. 이러한 사람은 환경에 영향력을 행사하고 외부 세계의 중요성을 확인하고 영향력을 증대하고 싶어 한다. 내향적 태도(I)를 가진 사람은 외부 세계에서 벗어나 자기 자신 안으로 몰입한다.

- **감각**(Sensing, S)**과 직관**(iNtuition, N)

융은 모든 인식 활동을 감각과 직관으로 나눈다. 융의 감각과 직관을 비합리적 기능이라 부른다. 왜냐하면, 이 두 기능은 어떤 합리적인 방향에 얽매이지 않고 자유로이 작용하기 때문이다. 감각(S)이란 우리의 감각을 통해 관찰하는 인식을 말한다. 감각은 구체적으로 존재하는 것을 통해 이루어진다. 직관이란 통찰을 통해 가능성, 의미, 관계를 인식하는 것을 말한다.

- **사고**(Thinking, T)**와 감정**(Feeling, F)

융은 사고와 감정을 합리적 기능이라 부르는데 그 이유는 이 두 가지 판단 방법이 생활 사건들을 이성의 법칙에 따라 조화시키려고 하기 때문이다. 사고(T)는 아이디어를 논리적으로 연관시키는 기능이다. 사고는 인정에 얽매이지 않고(impersonal) 인과 원리에 따라 이루어진다. 감정(F)은 상대적인 가치와 문제의 장점 등을 고려하여 의사를 결정케 하는 기능이다. 감정은 개인이나 집단의 가치를 중시한다.

- 판단(Judgment)과 인식(Perception)

융의 이론을 제대로 이해하려면 인식(Perception)과 판단(Judgment)의 중요성을 이해해야 한다. 인식은 사물, 사람, 사건 및 사상을 깨닫게 되는 다양한 방법을 가리킨다. 정보의 수집, 감각 또는 영감의 추구, 주목해야 할 자극의 선택도 인식에 해당한다. 판단은 인식한 내용을 바탕으로 하여 결론에 도달하는 모든 방법을 가리킨다. 따라서 의사 결정, 평가, 선택, 자극을 인식한 후 취할 반응의 선택도 판단에 해당된다.

판단(J)과 인식(P)은 외부 세계에 대한 태도와 행동을 나타내는 것으로, 판단적 태도(J)를 선호하는 사람은 빨리 결정을 잘 내리려고 하고, 인식형 같이 주어지는 정보를 느긋하게 받아들이는 것이 아니라 결정을 내릴 만큼의 정보를 얻었다 싶으면 재빨리 결론에 도달하려 한다. 사고적 판단(TJ)은 논리적인 분석을 바탕으로 하여 결정하고 계획을 수립한다. 반면에 감정적 판단형(FJ)은 결정을 내리거나 계획을 수립할 때 인간적인 요인을 많이 고려한다.

인식적 태도(P)를 선호하는 사람은 자기에게 들어오는 정보 그 자체를 즐긴다. 감각적 인식형(SP)은 직접적이고 구체적인 사실에 관한 정보를 잘 받아들인다. 직관적 인식형(NP)은 새로운 가능성을 내다보려 한다.

다음 <표 3.4>는 위의 네 가지 선호경향을 바탕으로 구성된 MBTI 16가지 성격의 다양성과 각 유형별 비교적 선택률이 높은 직업 분야를 나열한 것이다. 제시된 직업들은 선택가능성이 높은 직업일 뿐 반드시 이 성격유형에 이 직업이 적합하다는 것을 의미하는 것은 아니다. 따라서 참고자료로만 활용해야 할 것이다.

표 3.4   MBTI 16가지 성격 유형별 선택률이 높은 직업분야

ISTJ 세상의 소금형	ISFJ 임금 뒤편의 권력형	INFJ 예언자형	INTJ 과학자형
한번 시작한 일은 끝까지 해내는 사람	성실하고 온화하며 협조를 잘하는 사람	사람과 관련된 뛰어난 통찰력을 가지고 있는 사람	전체적인 부분을 조합하여 비전을 제시하는 사람
회계/법률/생산/건축 /의료/사무직/관리직	의료/간호/교직/ 사무직/사회사업	성직/심리학/심리치료 및 상담/예술과 문학/ 순수과학/연구개발	과학/엔지니어링/발명/ 정치/철학분야
ISTP 백과사전형	ISFP 성인군자형	INFP 잔다르크형	INTP 아이디어 뱅크형
논리적이고 뛰어난 상황 적응력을 가지고 있는 사람	따뜻한 감성을 가지고 있는 겸손한 사람	이상적인 세상을 만들어가는 사람	비평적인 관점을 가지고 있는 뛰어난 전략가들
법률/경제/마케팅/ 판매통계분야	의료/교직/예술/성직 /사회사업/생산분야	언어/문학/상담/심리 학/과학/예술분야	순수과학/연구/수학/ 엔지니어링분야/경제 /철학/심리학분야
ESTP 수완좋은 활동가형	ESFP 사교적인 유형	ENFP 스파크형	ENTP 발명가형
친구/운동/음식 등 다양한 활동을 선호하는 사람	분위기를 고조시키는 우호적인 사람	열정적으로 새로운 관계를 만드는 사람	풍부한 상상력을 가지고 새로운 것에 도전하는 사람
엔지니어링/경찰직/ 요식업/신용조사/ 마케팅/건강공학/ 건축/생산/레크리에이 션/분쟁조정가	의료/판매/교통/유흥 업/간호직/비서직/사 무직/감독직/기계분야	상담/교육/저널리스트 /광고/판매/성직/작가	발명/과학자/문제해결 사/저널리스트/마케팅 /컴퓨터분석
ESTJ 사업가형	ESFJ 친선도모형	ENFJ 언변능숙형	ENTJ 지도자형
사무적/실용적/ 현실적으로 일을 많이 하는 사람	친절과 현실감을 바탕으로 타인에게 봉사하는 사람	타인의 성장을 도모하고 협동하는 사람	비전을 가지고 사람을 협력적으로 이끌어가는 사람
사업가/행정관리/생산 /건축 및 공장 현장 감독관/관리자	교직/성직/판매/간호/ 의료분야	교직/성직/상담/예술/ 문학/외교/판매/ 컨설턴트	지도자/통솔자/정책자 /활동가

출처: Martine, C., 김현숙 외 역(2009). 「성격유형과 진로탐색」. 재구성.

03____강점

진로선택을 위해 자신의 강점을 파악하는 것은 매우 중요하다. 가드너(Gardner, 1983)는 인간이면 누구나 어떠한 영역에서는 강점을 보일 수 있으나, 다른 영역에서는 약점을 보일 수 있다는 관점을 전제로 인간의 '다중지능이론'에 대해 소개하고 있다. 이 이론은 인간 개개인의 다양성과 평등함을 존중하며, 인간을 위한 교육이 인간의 특성에 맞는 개별화된 교육과 구체적인 방법을 찾을 수 있도록 해주는 실천적 이론이라 볼 수 있다.

가드너(Gardner, 1983; 1999)의 다중지능이론(theory of multiple intelligence)은 지능이 하나의 일반능력이 아니라 독립적이며 상이한 여러 상징체계로 구성된다고 주장한다. 가드너는 지능이 높은 사람은 모든 영역에서 우수하다는 종래의 획일적인 지능관을 비판하고, 지능을 한 문화권 또는 여러 문화권에서 가치 있게 인정되는 문제를 해결하고, 결과를 창조해 내는 능력이라 정의한다. 가드너는 각각의 지능이 단순히 서로 분리되어 있지만 단순히 분리되어 있는 능력을 의미하는 것이 아니며, 이 각각의 지능들은 서로 다른 상징체계들을 사용한다고 본다. 예를 들면, 언어지능은 단어를 조합하여 사용하고, 논리—수학적 지능은 수와 논리적 상징을 사용하며, 음악적 지능은 다양한 종류의 음악적 부호를 사용한다. 뿐만 아니라, 가드너는 각각의 지능이 두뇌의 서로 다른 위치에 존재하는 것으로 보았다(Sternberg & Williams, 2002). 가드너는 정상아의 각기 다른 기능의 발달에 대한 관찰, 뇌손상에 의한 환자의 기능장애 관찰, 상징체계의 암호화, 그리고 천재, 백치, 자폐아, 학습장애 등 특수집단의 관찰을 통하여 인간에게서 관찰되는 여덟 가지의 지능을 다음 <표 3.5>와 같이 제시하였다(Gardner, 1999).

표 3.5	가드너의 다중지능이론과 관련 직업		
지능	핵심내용	관련 직업	관련 행동에 관한 예
언어지능	언어를 효율적으로 사용하는 능력	작가/웅변가/시인/언론인	설득력 있는 논쟁, 시 쓰기, 단어 의미에 민감
논리-수학지능	논리적으로 추론하는 능력, 특히 수학, 과학	과학자/수학자/회계사	수학문제 빨리 풀기, 수학 증명하기, 관찰된 현상에 대한 가설검증 및 공식화
공간지능	보이는 무엇인가의 세부 내용을 관찰하고, 마음 속의 시각적 물체를 조작하거나 상상하는 능력	비디오 그래퍼/화가/건축가	마음 속 이미지 그려내기, 물체의 시각적 사진 그려보기, 유사한 물체들 잘 식별하기
신체-운동지능	자신의 신체를 능숙하게 사용하는 능력	운동선수/무용수/조각가/외과의사	춤추기, 피겨스케이팅, 농구하기, 팬터마임 연기
음악지능	음악을 창조하고 이해하고 감상하는 능력	연주자/작곡가/악기연주	음악작곡, 음악의 기본적인 구조 예민하게 인식
대인간지능	사람들의 기분, 기질, 동기, 욕망 등 행동 양상을 구분하고 대응하는 능력	전문상담가/정치지도자/세일즈맨	타인의 마음 읽기, 내재된 의도나 욕망 찾아내기, 사고나 행동에 영향을 주기 위해 다른 지식 활용
개인내지능	자신의 감정, 동기와 욕망을 인식하는 능력	심리치료사/종교지도자	슬픔, 후회와 같은 유사한 감정 구별, 자신의 행동을 이끄는 동기 식별, 다른 사람들과 함께 관련된 자기지식을 효율적으로 사용
자연지능	자연의 패턴과 자연물과 삶의 형태 간의 차이점을 구분하고 인지할 수 있는 능력	생물학자/동물학자/농부	수많은 종식별, 자연물 분류, 농장, 풍경, 사냥과 같은 자연에 대한 지식 적용
실존지능	실존의 의미 발견과 목적에 많은 관심과 탐구, 민감성	신학자/종교학자/철학자/심리학자	인간의 존재유무, 생과 사의 문제, 인간본성, 가치

출처: Amstrong(2011), Ormord(2003), 김정휘(2006), 재구성.

첫째, 언어지능(linguistic intelligence)은 말하기와 읽기, 듣기 영역에 대한 민감성, 언어학습능력, 특정한 목표를 달성하기 위한 언어활용능력 등을 포함한다. 작가, 시인, 법률가, 교사 등은 언어지능이 높은 사람들이다.

둘째, 논리-수학지능(logical-mathematical intelligence)은 어떠한 문제를 논리적으로 분석하고, 수학적 조작을 수행하고, 과학적인 방법을 사용하여 문제를 해결할 수 있는 능력을 의미한다. 수학자, 논리학자, 과학자 등은 논리-수학지능이 높은 사람들이다.

셋째, 공간지능(spatial intelligence)은 좁은 공간뿐만 아니라 항해사나 비행기 조종사가 경험하는 넓은 공간을 인지하고 다루는 잠재력을 의미한다. 시각적인 세계를 잘 지각할 수 있고 지각된 것을 변형시킬 수 있으며, 균형과 구성에 대한 민감성, 유사한 양식을 감지하는 능력 등이 포함된다. 조각가, 외과의사, 건축가, 그래픽 아티스트 등은 공간지능이 높은 사람들이다.

넷째, 신체운동지능(bodily-kinesthetic intelligence)은 문제를 해결하거나 사물을 아름답게 꾸미거나 만들기 위하여 몸 전체나 손 혹은 입과 같은 신체의 일부분을 이용할 수 있는 능력을 의미한다. 운동선수, 배우, 무용가, 외과의사, 과학자, 기술자 등은 신체운동지능이 높은 사람들이다.

다섯째, 음악지능(musical intelligence)은 연주를 하거나 노래하기, 음악적 양식을 이해하고 작곡 혹은 지휘를 하는 기술과 관련된 능력이다. 음정과 리듬에 대한 민감성, 음악의 정서적인 측면에 대한 이해, 음악적 사고 등을 포함한 음악에 대한 기억, 인식, 조직하는 능력이 포함된다. 가드너(1999)에 따르면, 음악지능과 언어지능의 구조는 거의 같다고 한다. 말을 못하면서도 악기를 아름답게 연주하거나 훌륭하게 작곡을 하는 사람들을 보면 음악지능은 언어지능처럼 청각능력에 크게 의존하지만, 실어증과 실음증이 다른 것처럼 청각능력이 곧 언어능력은 아니기 때문에 음악지능과 언어지능은 별개의 능력이다. 연주가나 성악가, 작곡가, 지휘자 등은 음악지능이 높은 사람들이다.

여섯째, 대인간 지능(interpersonal intelligence)은 다른 사람을 이해하고, 무엇이 사람을 동기화시키는지 알며, 사람이 어떻게 서로 협동하는가를 아는 능력이다. 대인관계 지능을 구성하는 능력은 각 개인 간의 차이점을 변별할 수 있는 능력,

다른 사람의 성향, 동기, 의도를 알아내는 능력이 포함된다. 교사, 심리치료사, 종교인, 정치가, 사업가, 행정가 등은 대인 간 지능이 높은 사람들이다.

일곱째, 개인내 지능(intrapersonal intelligence)은 개인의 내적 측면에 대한 지식을 의미한다. 자기 자신을 이해하고 자신의 욕구, 불안, 두려움 등을 잘 통제하여 효율적인 삶을 살아 나갈 수 있는 잠재력을 의미한다. "너 자신을 알라."는 격언의 기초가 되는 능력으로 자신의 강·약점, 욕구, 지능, 동기, 느낌, 감성에 관한 지식(자아정체성)이 자신의 행동을 지도하며, 자신을 변화시키는 능력을 의미한다. 심리치료사, 종교지도자, 작은 부분까지 세밀하게 정확한 자기인식을 하는 사람 등은 개인 내 지능이 높은 사람들이다.

여덟째, 자연지능(naturalist intelligence)은 동식물이나 주변 사물을 자세히 관찰하여 잘 구분하고, 차이점이나 공통점을 찾고 분석하며, 자연과의 교감을 능숙하게 할 수 있는 능력이다. 이 능력은 사냥꾼, 채집가, 농부 식물학자, 요리사에게도 중요하다. 소비사회에서 자동차, 운동화, 그 밖의 인공물들을 구분하는 데 자연지능이 이용되며, 과학의 한 분야에서도 중요한 패턴 인식에는 자연지능이 요구된다.

가드너는 이후에 실존지능(existentialist intelligence)이라는 개념을 독립적인 지능으로 추가하여 제시하였다. 이는 처음에는 영성지능(spiritual intelligence)으로 불렸던 것으로 인간의 존재이유, 생과 사의 문제, 희로애락, 인간의 본성, 가치 등 철학적인 능력과 종교적인 사고를 할 수 있는 능력, 즉 삶의 의미를 생각하고 어떻게 살아야 할지 고민하고 탐색하는 능력을 의미한다. 철학자, 신학, 종교학자, 심리학자, 수도자 등은 실존지능이 높은 사람들이다.

이와 같이 다중지능이론에서는 직업에 필요한 재능으로 자신의 강점지능을 파악하여 직업을 선택할 때 성공할 가능성이 더 높고, 빛을 발할 수 있는 분야나 직업에서 활동해야 자신도 즐겁게 일을 할 수 있다고 강조한다. 이러한 강점지능은 누구에게나 있고 교육이나 훈련을 통해 개발될 수도 있다.

CHAPTER 9

자기계발과 관리

01___리더십과 셀프리더십

1) 수직적 리더십과 수평적 리더십

리더십(leadership)은 무리를 다스리거나 이끌어가는 지도자로서의 능력으로, 리더십에 대한 우리말은 '지도자상'이다. 그러나 리더십이란 어휘 자체가 일반화 되어 통상적으로 우리말 '지도자상'은 리더십으로 쓰고 있다. 영어의 리더십이란 말은 약 200년 전부터 사용되기 시작한 것으로 알려져 있으나, 리더(Leader)라는 어휘는 서기 1300년경부터 문헌에 등장하는 것으로 나타났다.

리더십의 정의는 리더십을 정의하려고 시도했던 수많은 사람들만큼이나 많으나, 공통된 사항이 도출된다. 즉, 리더십이란 목표지향성, 사람들 간의 영향력, 상호교류, 힘, 자발성, 영향력 행사 과정 등과 관련된다. 각 이론에 따라서 일정한 요소에 더 큰 비중을 둔다. 즉, 리더십은 일정 상황에서 목표를 달성하기 위해 개인 또는 집단행동에 영향력을 행사하는 특성 또는 과정을 의미한다.

리더십은 20세기 이후에 체계적으로 연구되기 시작하였다. 1970년대에는 리더십을 조직의 목표달성을 위한 리더-추종자의 관계적 측면으로 보았으며(Stogdill, 1974; Burns, 1978), 그 후 20년 뒤에는 리더십을 개인의 학습과 실천을 통하여 개발될 수 있는 측면에서 보았다(van Linden & Fertman, 1998). 최근에는 리더십에 대한 관점을 종합하여 리더십을 전통적 입장과 현대적 입장으로 구분하고 있다.

전통적 입장에서 바라본 리더십은 리더가 조직의 목표를 달성하기 위하여 구성원들을 동기화시키고 그들에게 영향력을 행사하는 과정이다. 이처럼 전통적 입장에서는 리더가 조직 성패의 결정적인 열쇠를 쥐고 있다고 보았기 때문에 '나를 따르라(follow me)'는 상징적 표현의 리더십을 표명하고 있다. 반면 현대적 입장에서 바라본 리더십은 구성원들을 자유, 평등, 자아실현과 같은 고차원적 동기를 갖는 존재로 보고, 그들로 하여금 고차원적 욕구를 충족시키고, 자아실현을 도모하여, 스스로 일을 찾아 보람을 느끼면서 동시에 집단의 목표를 달성할 수 있도록 하는 것에 관심을 가지고 있다. 즉, '함께 가자(Let's go together)'라는 상징적 의미를 가지고 있는 리더십은 현대적 입장을 취한다고 할 수 있다(김민정, 2007; 신용섭, 2004; 전명남, 2013). 이와 같이 리더십도 시대상황에 맞게 변천을 거듭해 왔으며, '나를 따르라'는 수직적 리더십 못지않게 '함께 가자'는 수평적 리더십의 중요성이 부각되고 있다.

수직적 리더십에서의 조직의 방향과 명운은 조직을 이끌어가는 리더의 결정에만 달려있는 것이 아니다. 리더십의 대상이 되는 부하직원(팔로워) 없이는 존재할 수 없고 팔로워도 리더 없이 존재할 수 없다. 리더가 팔로워에게 발휘하는 영향력을 리더십이라고 하고, 팔로워들이 발휘하는 영향력을 팔로워십(followership)이라고 한다. 따라서 리더십을 이해하기 위한 가장 바람직한 방법은 리더와 팔로워의 상황적 요구를 가장 잘 들을 수 있는 사람이라고 한다. 누구나 리더이면서 팔로워이기 때문에 이와 같은 입장을 이해하고 공부해야 한다. 직장 상사나 팀장이 아무리 훌륭한 리더십을 발휘한다고 하더라도 리더의 영향력은 대상이 되는 팔로워의 특성에 따라 영향력의 질과 방향이 좌우되기 때문에 제대로 된 팔로워십을 갖추는 것 또한 조직의 일원으로서 생활하는 데 결정적인 요소이다.

조직에서는 직장상사와 부하직원처럼 수직적 리더십만 있는 것은 아니다. 나와 동료와의 관계처럼 수평적인 관계도 있다. 이를 수평적 리더십이라고 한다. 내가 팀원으로서 팀 내에서 제대로 역할을 수행해내고, 팀워크를 잘 하며, 동료들을 배려하고, 어떻게 도와주는가에 따라 팀의 성과가 좌우된다. 조직의 가치는 팀워크이며, 여기에서 필요한 것은 원만한 대인관계 및 의사소통능력이다. 즉, 상대방 입장을 이해하고, 배려하며, 상대방의 말을 잘 경청하고, 나의 생각과 감정을 정확하게 잘 전달하는 의사소통 및 갈등관리 해결관리 등이 중요하다. 동료들 서로가 함께 긍정적인 마인드를 가지고 일하다 보면 조직의 업무 향상 등의 긍정적인 효과를 창출할 수밖에 없는 것이다. 개미들도 함께 일함으로써 시너지 효과를 7배 가까이 낸다는 말이 있다(한국산업인력공단, 2012). 따라서 잘 어울리고 더불어 살아가면서 동료를 이해하고 배려해 주는 마음을 바탕으로 하는 수평적 리더십을 만들 수 있도록 노력하는 것이 중요하다.

한편, 급변하는 시대의 경영환경의 변화는 조직 구성원의 잠재된 능력을 최대한 이끌어 경영환경에 능동적으로 대처할 수 있는 능력을 향상시킬 수 있도록 통제중심의 관리에서 벗어나 자율중심의 관리로 바뀌고 있으며, 이러한 요구에 부응하기 위해 셀프리더십이 필요하다.

2) 셀프리더십과 슈퍼리더

셀프리더십(self-leadership)은 조직 구성원이 자신을 스스로 관리하여 이끌어가는 리더십을 의미한다. 개인 스스로 자신의 생각과 행동을 변화시켜 자신에게 영향력을 발휘하는 리더십을 말하는 것으로, 조직에의 참여와 권한위임을 넘어서 자기 관리를 포함하는 개념이다. 자기 스스로 성취목표를 설정하고 그 목표달성에 보상을 스스로 정한다거나, 목표를 이루지 못했을 경우 자기반성 및 스스로에게 벌을 주는 등의 자율성을 말한다. 즉, '자율적으로 하라(stand autonomously)'는 의미의 리더십이다.

많은 연구와 실제 조직 상황에서 도출된 셀프리더십은 다음 세 가지 가정을 전제로 한다. 누구나 발휘하나 누구나 효과적인 셀프리더는 아니라는 점, 특정 소수에게 한정된 것이 아닌 누구나 학습에 의해 만들어질 수 있다는 점, 리더와 구성원에게 똑같이 적용된다는 점이다.

셀프리더십은 만츠(Manz, 1986)에 의해 심리학의 두 영역인 사회적 인지이론과 내재적 동기이론을 근거로 연구되기 시작했고, 두 영역의 관점은 개인행동에 대한 통찰력을 준다는 측면에서 셀프리더를 설명하는 주요 근거가 될 수 있다.

사회적 인지이론은 개인이 자신을 관리하고 통제할 수 있는 능력과 중요한 직무에 직면할 때 발휘하는 능력에 중요성을 부여하며, 개인이 대리적이고 상징적인 메커니즘, 즉 타인을 관찰하고 상상력을 사용하여 학습할 수 있는 능력을 통해 직무나 사건을 경험하고 배울 수 있다고 보는 이론이다.

내재적 동기이론은 개인이 좋아하는 활동을 하거나 직무를 수행하면 즐거움이라는 내재적 보상을 받는다는 것을 강조하고, 내재적 동기란 어떠한 외재적 목적이나 보상이 주어지지 않는 경우에도 특정한 활동을 하려는 동기를 말한다. 개인으로 하여금 늘 즐거워하는 행동을 하게 하는 동기는 외재적 보상이나 자기 보상으로부터 비롯되는 것이 아니라 자연발생적인 것이다. 즉, 직무나 활동 속에 동기부여 요소가 들어 있다는 것이다.

슈퍼리더(Super-leader)란 구성원이 스스로 리드할 수 있게 만드는 리더이다. 슈퍼리더는 구성원이 셀프리더가 되도록 가르치는 시스템을 설계하여 실행해야 하는데, 이때 슈퍼리더가 효과적인 절차를 통하여 구성원에게 셀프리더십을 학습시키는 것이 중요하다.

슈퍼리더가 구성원에게 셀프리더십을 가르치는 7단계는 다음과 같다.

1단계: 리더 자신이 셀프리더십을 실천하여 셀프리더가 되는 것이다. 직무 자체에서 내재적 보상을 받을 수 있도록 직무를 재구성하고, 자아 개념을 긍정적이고 건설적인 방향으로 변화시켜야 한다.

2단계: 셀프리더의 모습을 구성원에게 보여 줄 수 있도록 모델링 기법을 계획적이고 생산적으로 활용해야 한다. 모델링 활용 지침은 구성원의 주목을 끌도록 하고, 모범이 된 셀프리더십이 오래 보존되도록 조장하며, 셀프리더십을 실무에 적용하며, 외부적·대리적·내적 보상을 조장하여 셀프리더십을 실천에

옮길 수 있도록 동기 부여하는 것이 중요하다.

3단계: 리더가 구성원에게 자기 목표를 설정하는 기법을 가르쳐 주는 단계로 이렇게 구성원 자신이 설정한 목표는 실행 시 더 노력하게 만드는 것이 중요하다.

4단계: 구성원이 잠재력을 발휘할 수 있다는 믿음을 줌으로써 긍정적 사고 유형을 만들어 셀프리더십을 개발할 수 있다.

5단계: 구성원에게 외적 보상보다는 직무 자체로부터 얻는 보람, 즐거움, 성취감(내적 보상)을 가르쳐야 한다. 셀프리더십을 발전시키기 위한 가장 강력한 전략이 보상과 질책이다. 보상이 효과를 거두기 위해서는 적절하고 신속해야 하며 양과 크기도 적절히 조절되어야 한다. 또한 셀프리더십은 구성원이 결핍상태에 있을 때 효과가 커진다. 이 단계에서 주의할 점은 부정적 통제는 적절히 사용하지 않으면 오히려 부정적인 효과를 유발하는 원인을 제공할 수도 있다는 것이다.

6단계: 슈퍼리더는 자율 개념의 확산을 조장하고 스스로 팀을 운영해 갈 수 있는 권한부여의 확산에 노력해야 한다.

7단계: 조직 전체가 셀프리더십의 가치를 받아들여 실천할 때 성과가 커지므로 리더는 조직 전체에 셀프리더십을 강화하기 위해 총체적이고 긍정적인 조직문화를 창출해야 한다는 것이다.

셀프리더십의 실천적 전략은 크게 2가지 영역으로 구분된다. 사회적 인지이론에 근거를 둔 행동중심전략, 내재적 동기이론에 근거를 둔 인지중심전략으로 나눌 수 있다. 행동중심전략에는 자기 목표 설정, 단서관리, 예행연습, 자기관찰, 자기보상, 자기비판적인 행동이 있다. 셀프리더십을 발휘하기 위해서는 자신의 직무에 대한 새롭고 구체적인 목표를 계속적으로 개발하는 것과 자신이 하고자 하는 행동을 용이하게 하기 위해 단서가 될 만한 것들을 환경 주위에 설치하거나 근무환경을 변경하는 행동이 중요하다. 또한 직무를 실행하기 전에 깊이 생각하고 미리 연습하는 태도, 즉 정신적 예행연습은 단호한 행동을 가능하게 하며, 구성원이 자신의 직무 진행사항을 지속적으로 확인하거나 또는 자신의 직무 성과를 인식할 수 있도록 자기관찰을 하는 노력이 중요하다. 바람직한 행동을 완수했을 때는 노력의 대가로 가치 있는 보상을 스스로에게 제공하는 것도 중요하며, 자기보상은 어렵거나 하기 싫은 일을 하게 하며, 일할 의욕을 북돋우고, 앞으로의 행동을 선택하는 데 중요한 영향을 준다. 일반적으로 보상이라고 하면 조직이나 타인으로부터 받는 것에 관심이 집중되지만 자신에게 부여하는 보상 또한 중요하다. 마지막으로 바람직하지 못한 방법으로 행동했을 때 자신에게 일정한 처벌을 가하는 것으로 실수를 반복하거나 습관적인 실패에 빠지지 않을 수 있도록 자기비판을 하는 것도 도움이 된다. 자기비판이 지나치거나 습관적이 되면 오히려 노력하고자 하는 의욕을 떨어뜨리게 되므로 실패의 원인을 분석하고 교훈을 얻었으면, 만족하도록 노력하는 것이 중요하다.

표 3.6 행동중심전략

행 동	내 용
자기 목표 설정	자기 스스로 목표를 설정하고, 우선순위를 정한 후 스스로에게 실행을 지시하는 행동(목표는 도전적, 달성가능성, 구체적)
단서관리	바람직하다고 생각하는 개인적 행동을 촉발할 수 있도록 근무환경에서 얻는 단서들을 활용하는 행동
예행연습	실제 직무수행 전에 신체적·정신적 예행연습(역할연기)을 함으로써 직무수행 성공률과 효과성을 높이는 행동
자기관찰	자신이 변화하기로 계획한 특정한 행동을 구체적으로 관찰하고 그 행동에 대한 정보를 수집하는 행동
자기보상	바람직하고 효과적인 직무수행 후 스스로에게 내적 보상을 함으로써 차후 행동을 선택하는 데 중요한 영향을 미치는 행동
자기비판	바람직하지 못한 행동에 대해 자신에게 비판과 교정을 함으로써 실수의 반복과 습관적 실패에 빠지지 않도록 하는 행동

셀프리더십에서 인지중심전략에는 자연적 보상과 건설적 사고유형이 있다. 자연적 보상은 직무 자체에서 나오는 자연적 보상을 활용하는 데 있다. 정보화시대에 직무가 의미 있고, 동기부여의 원천이 되려면 자연적 보상에 기초한 셀

프리더십이 필수적이며 직무를 통하여 자연적 보상을 얻고 자연적 보상이 높은 성과의 동기부여 요인이 될 수 있다.

개인의 사고는 셀프리더십의 핵심이다. 건설적 사고 유형은 어려운 상황을 장애물이 아닌 기회 요인으로 보는 긍정적 사고를 의미한다. 즉, 장애 요인에 집착하기보다는 기회 요인을 찾음으로써 건설적으로 사고하도록 관리하는 것이다. 신념과 가정, 정신적 이미지, 자신과의 긍정적인 대화를 통하여 건설적이고 효과적인 습관이나 유형을 확립한다. 성과에 결정적인 영향을 주는 것은 문제에 대응하는 스스로의 정신 자세에 있다.

표 3.7 인지중심전략

인지	내용
자연적 보상	- 행동의 동기는 외재적인 보상이나 자기 보상으로부터 비롯되는 것이 아니라 자연발생적인 것 - 직무를 하게 만드는 잠재적 동기는 직무 자체에 내재된 자연적 보상(유능하다는 느낌, 자신이 일인자라는 느낌 등) - 자신의 직무가 가치를 창출한다는 느낌을 진지하게 추구할 때 자연적 보상은 더욱 증가
건설적 사고 유형	- 개인의 사고는 셀프리더십의 핵심 - 건설적 사고패턴과 습관 방식 확립 - 어려운 상황을 장애물로 여기기보다는 기회요인으로 보는 긍정적 사고 유형을 의미(자기 자신의 믿음, 자기와의 대화, 리더 체험 경험)

구성원의 셀프리더십 개발에 대한 전략은 일반적으로 구조적 전략, 과정 전략, 대인관계 전략의 세 가지 범주로 나눠 볼 수 있다. 구조적 전략은 조직의 구조를 셀프리더십 개발에 용이하도록 변화시키는 방법을 말한다. 셀프리더십 향상을 위해서는 전통적 문화 정도를 줄이고, 권한위임을 촉진하며, 슈퍼리더 유형중심의 조직 편성을 위해 조직의 구조를 다시 짜는 방법들이 필요하다. 이러한 구조적 전략의 사례로는 자율관리팀 만들기, 제품 및 품질관리팀 만들기, 조직 구조의 계층제거, 감독보다는 촉진자 또는 조정자 선임, 임원의 기능 축소 또는 제거 등이 있다.

과정 전략에서는 조직 과정을 변화시킴으로써 셀프리더십이 실행될 수 있다는 것이다. 첫째, 슈퍼리더는 각 구성원이 전문화된 부분보다는 전체적인 직무에 보다 많이 관여할 수 있도록 직무를 재구성해 주어야 한다. 둘째, 슈퍼리더십 실행에 필요한 과정 전략의 조치들을 보면 ① 권한위임(가능하면 최하위 단계에 결정권을 부여), ② 관리자에 의해 주도되는 것이 아닌, 집단의 구성원이 주도하는 회의를 매주 개최, ③ 명령계통을 통하지 않고 조치의 핵심을 맡고 있는 해당자에게 직접 보고 및 전달, ④ 개인적 기술이나 능력 개발을 위한 종합적 훈련, 특히 셀프리더십 교육의 제공, ⑤ 부분적인 직무가 아닌 전체적인 직무 책임을 구성원이 맡는 리엔지니어링의 내용으로 구성되어 있다.

셀프리더십 실행에 가장 중요한 수단인 대인관계 전략은 구성원과의 매일매일의 상호작용 속에서 말하고 행동하는 방법을 바꾸는 것이 중요하다.

표 3.8　구성원들의 셀프리더십 개발을 위한 전략

구분	내용
구조적 전략	셀프리더십 개발에 용이한 조직 구조의 변화, 조직 구조의 계층 및 권한위임 변화
과정 전략	셀프리더십 실행을 위한 조직 과정의 변화, 직무재구성 등
대인관계 전략	구성원과의 상호작용 속에서 말하고 행동하는 방법의 변화, 인간관계와 소통

02＿＿＿관계 및 소통역량

1) 대인관계

기업 인사 담당자를 대상으로 어느 한 포털 사이트가 기업에서 가장 필요로 하는 인재에 대해 설문 조사한 결과 '인재가 갖춰야 할 역량'에 '대인관계 및 의사소통'이 54.9%로 가장 높게 나타난 결과처럼 인생에서 인간관계와 소통은 선택이 아니라 필수이다.

인간은 관계를 통해 완전한 존재가 된다는 말처럼 빠르게 변화하는 사회에 살고 있는 우리는 다양한 관계를 맺으며 살아간다. 우리는 가족과의 관계를 시작으로 직장 및 사회에서 만난 사람들까지 세상을 살아가며 새롭고 다양한 관계를 형성한다. 사람들과 함께 어울려 살아가는 다양한 삶의 경험과 관계들에 잘 적응하며 살기 위해 사람들과 어울려 살아가는 방법을 배우고 경험하는 것은 매우 중요하다. 조부모, 부모, 자녀, 손자의 세대를 거치며 세월의 흐름 속에서 많은 것들이 바뀌고 변화되었지만 분명한 것은 시대가 바뀌고 삶의 방식이 바뀌었어도 세상을 살아가는 데 수많은 지혜들 중 건강한 인간관계와 의사소통이 가장 중요하다는 사실이다.

자신의 인간관계 양식을 알고 효과적인 의사소통이 이루어지기 위해서는 자신의 의사소통 양식에 대한 이해와 자신을 다른 사람에게 얼마나 개방하는가가 중요하다. 인간관계에서 다른 사람들이 나에 대해 어떻게 느끼고 있는지를 잘 아는 것도 중요하다. 이것은 다른 사람들이 나를 어떻게 느끼고 생각하고 있는지에 대하여 피드백을 듣게 됨으로써 알게 되고, 객관적으로 자기를 보는 눈이 생기며, 자신의 행동에 대한 통제와 조절 능력을 향상시킬 수 있다.

자기공개와 피드백 측면에서 인간관계를 알아 볼 수 있는 방법으로는 '조해리의 마음의 창(Johari's window of mind)'이다. '조해리의 창'은 심리학자인 조세프 루프트(Joseph Luft)와 해리 잉검(Harry Ingham)이 개발하였으며, 두 사람의 이름을 합성하여 조해리(Joe + Harry = Johari)의 창이라고 명명되었다. 조해리의 창을 이용하여 자신의 인간관계를 살펴보면 다음과 같다(손승남 외, 2017. 재인용).

조해리의 창은 개인의 자기공개 수준과 피드백을 구하는 수준에 대하여 네 개의 창으로 표시된다. 네 개의 창은 공개된 영역, 무지의 영역, 숨겨놓은 영역, 미지의 영역을 보여준다.

첫째, 공개된 영역(open area)은 나도 알고 있고 다른 사람에게도 알려져 있는 나에 관한 정보이다. 둘째, 무지의 영역(blind area)은 나는 모르지만 다른 사람은 알고 있는 나의 정보를 뜻한다. 나의 이상한 행동 습관, 특이한 말버릇, 독특한 성격에 대해서 '남들은 알고 있지만 자신은 모르고 있는 부분'이 있는데, 이를 무지의 영역이라고 할 수 있다. 셋째, 숨겨놓은 영역(hidden area)은 나는 알고 있지만 다른 사람에게는 알려지지 않은 나의 정보를 의미한다. 예를 들면, 나의 약점이나 비밀처럼 다른 사람에게 숨겨 놓은 나의 부분을 뜻한다. 넷째, 미지의 영역(unknown area)은 나도 모르고 다른 사람도 알지 못하는 나의 부분을 말한다. 이것은 심층적인 무의식 세계로서 남도, 나도 잘 모르는 영역이다. 그러나 자신의 행동과 감정에 대한 지속적인 성찰을 하게 되면 미지의 영역은 자기에게 의식화 될 수 있다.

표 3.9   조해리의 '마음의 창'

		자신이 아는 부분	자신이 모르는 부분
피 드 백			
자기공개	다른 사람이 아는 부분	열린 창 Open area	보이지 않는 창 Blind area
	다른 사람이 모르는 부분	숨겨진 창 Hidden area	미지의 창 Unknown area

사람마다 마음의 창 모양이 다르다. 개인이 인간관계에서 나타내는 자기공개와 피드백의 정도에 따라 마음의 창을 구성하는 네 개 영역의 넓이가 달라진다. 이렇게 다양하게 나타나는 창 모양은 어떤 영역이 가장 넓은가에 따라 개방적, 자기주도적, 신중한, 고립된 인간의 네 가지 유형으로 구분될 수 있다.

첫째, 개방적 인간은 공개된 영역이 가장 넓은 사람이다. 개방형은 대체로 인간관계가 원만한 사람들이다. 다른 사람에게 호감과 친밀감을 주기에 인기가 있지만, 지나치게 공개된 영역이 넓은 사람은 말이 많고 경박한 사람으로 비쳐질 수 있다.

둘째, 자기주장적 인간은 무지의 영역이 가장 넓은 사람이다. 자신의 기분이나 의견을 잘 표현하며 나름대로 자신감을 가지고 있고 시원시원한 사람일 수 있다. 그러나 다른 사람의 반응에 무관심하거나 둔감하여 때로는 독선적인 모습으로 비쳐질 수 있으므로 다른 사람의 말에 좀 더 진지하게 귀를 기울이는 노력이 필요하다.

셋째, 신중한 인간은 숨겨 놓은 영역이 가장 넓은 사람들이다. 다른 사람의 이야기를 잘 경청하지만 자신의 속마음을 잘 드러내지 않는 사람으로서 계산적이고 실리적인 경향이 있다. 신중형은 적응은 잘하지만 내면적으로 고독감을 느끼는 경우가 많으며 현대인에게 가장 많은 유형으로 알려져 있다. 따라서 조금 더 자기개방을 하여 다른 사람과 깊이 있는 교류를 시도할 필요가 있다.

넷째, 고립된 인간은 미지의 영역이 가장 넓은 사람이다. 이들은 인간관계에 소극적이며 혼자 있는 것을 좋아하는 사람들이다. 이런 유형 중에는 고집이 세고 주관이 지나치게 강한 사람이거나 심리적인 고민이 많으며 부적응적인 삶을 살아가는 사람들이 많다. 따라서 인간관계에 좀 더 적극적이고 긍정적인 태도를 가질 필요가 있다. 인간관계의 개선을 위해서는 미지의 영역을 줄이고 보다 더 자기를 공개하는 일이 요청된다.

자신은 자기공개의 측면에서 어떤 유형에 속하는가? 다른 사람에게 자신의 모습을 잘 내보이는지, 또 다른 사람이 당신에 대해 어떤 생각을 가지고 있는지를 알아보려고 하며, 잘 알고 있는지를 파악해 보면 자신에게 많은 도움이 될 것이다.

2) 소통

인간관계 개선을 위해 가장 기본이 되는 것은 '자신에 대한 이해'와 '타인에 대한 이해'이다. 이를 위해서는 타인에게 관심을 갖고 타인의 이야기에 귀를 기울이며 서로의 생각과 마음을 나누는 지속적인 과정이 필요하다. 소통이 잘 이루어질 수 있도록 말을 잘하려면 말의 원칙과 방법에 대해 이해해야 한다. 배우고 싶은 운동이 있을 때 그 종목을 열심히 연습하여 운동을 잘하게 되듯이 말하기의 연습과 훈련은 더욱더 말을 잘 할 수 있도록 돕는다. 다른 사람의 말을 들어 줄 자세가 되어 있고, 이를 통해 새로운 경험으로 자신을 발전시키며 상황에 적절한 말을 하여 상대방과 공감대를 형성해 나간다면 일상적인 대화는 물론 공식적인 자리에서의 대화도 잘 할 수 있다.

소통을 위한 기본적인 태도는 관심갖기이다. 타인에 대한 관심과 존중, 자신의 생각만을 고수하는 것이 아니라 타인과 서로 영향을 주고받을 수 있는 유연성 등이 중요하다. 그러한 기본적인 태도의 중요성에 대해서 충분히 인식하고 약간의 경험과 연습을 하면 의사소통 능력이 향상될 것이다.

인간관계에서의 의사소통 분야를 오랫동안 연구한 캘리포니아 대학의 메라비언(Meharabian) 교수는 사람들이 처음 만났을 때 받는 첫인상을 결정하는 요인을 분석하였는데, 말하는 사람의 의미전달 중 말의 내용, 즉 언어적인 메시지는 타인에게 7%, 목소리의 톤, 어조, 높낮이는 38%, 비언어적 메시지인 몸짓, 얼굴 표정 등의 55%가 타인에게 전달된다고 주장했다. 이는 시각적인 메시지나 표현, 음성 톤 등의 비언어적 메시지가 가지는 힘의 중요성을 보여주고 있다. 따라서 언어적 메시지를 잘 전달하기 위해서는 말하고자 하는 내용을 효과적으로 전달할 수 있는 표정과 몸짓을 활용해야 한다. 말할 때 활용하는 언어적 메시지로 자신의 감정과 의사전달 효과를 극대화 할 수 있는 몸짓, 미소 등은 바람직하지만, 다리를 떨거나 손을 비빈다거나, 자신의 코나 턱을 만지작거린다거나, 목을 흔드는 등의 말하는 내용과 관계없는 행동은 나쁜 습관이어서 바람직하지 않다.

적극적 경청은 말하는 사람의 비언어적 메시지와 언어적 메시지 모두를 주의 깊게 듣는 것을 가리킨다. 적극적 경청 시 상대방의 요구와 기대에 특히 관심을 가지고 경청한다. 또한 열심히 듣고 있다는 것을 말하는 사람에게 전달해야 한다. 적극적 경청은 말하는 사람과 듣는 사람 간의 우호적인 관계형성을 위한 기반이 될 수 있다. 적극적 경청을 통해, 열린 마음으로 말하는 사람의 이야기를 내용과 내용에 포함되지 않은 뉘앙스까지 읽어내고 끝까지 듣는 것이 중요하다. 상대방의 이야기가 길어지면 집중력이 약해져서 건성으로 듣게 되는 경우도 많다. 다른 사람의 말을 들을 때는 고개를 끄덕이면서, '으음', '네', '그렇군요', '저런', '아하', '지금 하신 말씀은 ○○○ 하다는 의미인가요?' 등의 질문 등을 통해 맞장구를 치면서 듣는 것이 중요하다. 말하는 내용을 주장하는 바와 그 근거를 구분하면서 듣는 것도 제대로 듣는 방법이다. 적극적 경청이 이루어지기 위해서 가장 중요한 것은 진실된 마음으로 듣는 것이다. 즉, 듣는 사람이

언어적, 비언어적 메시지를 일치적으로, 진솔성 있게 표현하면서 들어야 한다.

말하는 사람, 듣는 사람의 역할 활동을 하고 나면 경청이 얼마나 중요한지 알 수 있다. 자신이 듣기만 하는 사람의 입장이었을 때, 무슨 말을 해주고 싶었는지, 듣고 있는 사람의 생각을 바탕으로 참견하고 싶어 끼어들고 싶은 마음에 참기가 힘들지는 않았는지, 또 말하는 사람의 입장이었을 때의 듣는 사람의 태도나 반응에 대해서 어떤 느낌과 생각을 갖게 되었는지를 알 수 있다.

주로 말하기만 하는 사람은 보통 타인의 입장을 들을 준비가 안 되어 있거나, 듣기만 하는 사람은 일방적으로 당하기만 하는 사람 역할을 한다고 볼 수 있다. 듣기만 하는 입장은 속으로만 이런 저런 생각을 하고 항변을 할 뿐 상당히 무기력한 상태를 의미한다. 그럴 때 말하는 사람의 이야기는 그냥 떠드는 소리일 뿐 전혀 자기 이야기로 수용되지 않는다. 서로가 마음을 열지 않은 채 하는 이야기는 상대방에게 의미 있는 이야기로 받아들여지기 어렵다는 것이다. 한편, 말하는 사람도 듣는 사람이 귀기울여주고 비언어적으로 또는 언어적으로 반응을 해오지 않으면 말을 이어가기가 어렵다, 하고 싶은 이야기가 너무 많을 때는 기분이 상하고 화가 날 수도 있다.

관심을 갖고, 경청하면서, 자신과 타인의 감정 알아차리기 또한 매우 중요하다. 감정은 뇌 활동에 핵심적인 역할을 하기 때문이다. 우리가 운전을 할 때도 계기판에 나타난 속력을 보고 내가 얼마나 속력을 내고 달리는 것인가를 알기에 속력을 조절할 수 있으며, 연료가 얼마나 남았는지, 얼마나 달렸는지 알 수 있기에 얼마나 가서 기름을 넣어야 할지를 알 수 있다. 이처럼 우리의 감정도 내가 화가 났는지, 기쁜지, 즐거운지, 편안한지, 슬픈지, 답답한지, 속상한지, 짜증이 났는지를 잘 알아야 자신의 감정을 조절하고 감정을 다스릴 수 있게 된다. 무작정 감정을 누르고 부인하고 회피한다고 부정적인 감정이나 스트레스가 사라지지는 않는다. 적절하고 효과적인 대응을 통해 사라진다. 따라서 자신과 타인의 감정읽기를 위해 다양한 감정을 표현하는 어휘들을 살펴보고, 이 중에서도 비슷한 듯 하지만 감정의 정도에 따라 미묘한 차이가 있는 단어들이 있으므로, 이를 상황에 맞게 사용하는 것도 알아보며 표정을 지어 보는 연습을 하는 것도 중요하다(손승남 외, 2017).

감정을 알아차리고 난 다음으로는 공감하기이다. 공감이란 "상대방의 상황과 감정을 내 방식대로 이해하는 것과 달리, 그의 입장에서, 그의 틀로 이해하는 것"을 의미한다. 상대방의 입장이 되어, 그의 마음의 소리를 듣고 이해하는 것이다. 말로, 또는 비언어적으로 표현하는 것 이면의 더 깊은 동기, 감정 등을 인식할 때 심층적인 공감이라고 표현하기도 한다. 이렇게 공감하고 이해한 것을 상대방에게 전달하는 것은 또 하나의 주제가 된다. 때로는 말없이 끄덕임이나 침묵으로, 때로는 손을 잡아주거나 머리를 쓰다듬어주는 비언어적인 행동으로, 또 때로는 '~~~마음이었구나!' 하는 언어적 표현으로 마음을 함께 나누고 있음을 전달할 수 있다. 공감하고 이해하고 있음을 적절하게 전달할 때, 의사소통이 더욱 촉진된다.

결국 올바른 인간관계와 의사소통을 위해서는 이론적 지식과 실천적 노력이 필요하다. 일반적으로 인간관계의 발달은 만남, 정보교환, 개성표출 및 갈등해결, 일치감 형성의 일정한 과정이 수반된다(천성문 외, 2017). 인간은 감정과 목적을 가진 존재이므로 인간관계를 형성할 때 순수한 감정과 자신의 목적을 달성하려는 의도가 동시에 존재할 수 있다. 그러나 진실된 만남을 위해서는 조건과 목적보다는 무조건적이고 진실한 인간 대 인간의 만남이 우선되어야 한다. 인간적 만남이 이루어지고 나면 서로 정확하고 바람직한 정보교환이 이루어지며 이는 서로에 대한 공통점과 신뢰감이 형성되었을 때만이 가능하다. 각자의 객관적인 정보교환이 끝나고 나면 주관적인 정보가 교환되면서 서로의 개성이 드러나게 되는데 이 과정에서 생기는 갈등은 있을 수밖에 없다. 관계에서 비롯되는 갈등은 나쁜 것이 아니라 어떻게 함께 노력해서 해결하느냐가 중요한 문제이며, 긍정적인 갈등해결의 경험은 나아가 다른 대인관계에도 지속적인 영향을 미친다. <표 3.10>은 갈등 대처방식을 정리한 것이다.

표 3.10 갈등 대처방식

대처방식	내용
회피	- 갈등을 무시하고 피하는 방식. - 갈등이 일시적으로 없어진 것처럼 보이나 여전히 해결되지 않은 채로 남아 있음. 더 큰 갈등을 초래하거나 관계를 단절하게 할 수 있음.
제압	- 상대방의 의견은 무시하고 한쪽의 의견만을 강요하는 방식. - 제압 이후 갈등이 사라진 것처럼 보이지만 상대방이 힘을 잃으면 상황은 역전. 독단적인 해결방법으로 더 큰 갈등을 초래할 수 있음.
타협	- 서로 자신의 의견을 양보함으로써 갈등을 해결하는 방식. - 외관상으로는 의견이 조율된 것처럼 보이지만, 자신의 의견을 너무 양보했다고 생각하게 되면 불평이 생기고 새로운 갈등을 유발할 수도 있음.
다수결의 원칙	- 가장 일반적이고 보편적이지만 다수의 틀린 의견이 수렴될 수 있기 때문에 이러한 허점을 잘 살펴보아야 함. 많은 사람이 동의한다고 해서 반드시 좋은 의견이 아닐 수 있다는 모순이 있음. 다수가 항상 옳을 수 없으므로 갈등은 여전히 미해결 상태로 존재할 수 있음.
통합	- 타협과 달리 서로가 최대한 만족할 수 있는 해결책을 진지하게 찾아가는 방식. - 통합을 위해서는 각자 자신의 의견에 대한 타당한 이유를 제시하고, 상대방의 의견에 대해 마음을 열고 존중해야 함. 갈등대처의 가장 바람직한 방법에 해당함.

출처: 천성문 외(2017). 「대학생을 위한 진로코칭」.

갈등 대처를 통해 갈등을 해결하고 나면 다음 단계로 신뢰감이 형성되는데, 여기에서는 나와 상대방의 의견을 편견 없이 인정하고 수용하게 된다. 이러한 과정 속에서 형성된 신뢰감은 서로에 대한 행동표현, 의사표현, 정서표현이 자유로워지고 진솔한 일치감이 형성되어 '우리'라는 의식을 갖게 되는데, 이 단계에 이르러야 건강한 인간관계가 형성되었다고 볼 수 있다. 건강한 인간관계의 특징은 서로에 대한 정확한 이해와 나와 다른 타인이 지니고 있는 특징을 좋아하며, 서로의 행복이나 성장을 위해 노력하는 것이다. 또한 효과적인 의사소통을 통해 자신의 생각이나 감정을 효과적으로 전달할 수 있어야 하며, 자신이 원하는 것이 있더라도 상대방의 상황에 맞는 요구를 하거나, 서로의 개성과 자율성을 인정하고 존중해야 한다.

월리엄 피치(Willam V. Pietsch)는 어떤 사람을 있는 그대로의 자신이 될 수 있도록 해주는 조건을 '신뢰, 경청, 명료화'라고 말한다. 이 세 가지 조건은 인간관계를 맺는 비법이자 의사소통의 나침반 같은 역할을 한다. 대화를 할 때 이 세 가지 원칙을 기억한다면 유능한 의사소통자가 될 것이다. '신뢰'는 타인이 나를 신뢰하기보다 내가 먼저 타인을 신뢰하는 것을 말한다. 내가 먼저 타인을 신뢰할 때 비로소 타인도 나를 신뢰하게 되고, 이로써 서로 간에 진정한 신뢰가 형성된다.

신뢰와 더불어 어떤 사람을 있는 그대로 자신이 될 수 있도록 해주는 조건 중 하나가 '경청'이다. 상대방과 이야기할 때 예의를 갖추어 진지하게 경청해주는 자세를 취하는 것, 시선을 맞추고 상대방의 어조나 억양의 특징, 언어적, 비언적 표현의 불일치 여부 등에 주의를 기울이는 것이 적극적 경청의 태도이다. 또한 상대방의 이야기 주제나 흐름에 따라 감정의 리듬에 맞장구를 치며, 어떤 이야기인지 열심히 들어주며, 기분을 이해해주고, 역지사지, 즉 공감해주며, 생각의 차이가 있음을 인정하면서 대화를 이끌어 가는 것이 중요하다.

상대방의 감정을 수용하고 상대방이 전하고자 하는 감정을 듣고 나누는 것을 '명료화'라고 한다. 명료화는 상대방에게 내가 잘 이해하고 있는지 확인해 보는 것이다. "당신이 하신 말씀은 ....란 뜻이지요?"라고 하면서 되물어 보는 것이다. 또는 "당신이 느끼기에는 ...란 감정인 것 같네요", "당신의 말씀은 ....란 말씀인 것 같네요?"라고 되물어 봄으로써 상대방의 입장에서 이야기를 들어주고 상대방의 감정을 이해하고 있음을 전달하는 것이다.

로저스(Rogers)는 타인과 대화 시 대화를 이끌어가는 사람이 가지고 있어야 할 기본적인 자세로서 타인에 대한 무조건적 존중, 공감적 이해, 진솔성이 중요하다고 이야기 한다. 이렇듯 건강한 의사소통을 통한 인간관계를 맺기 위해서는 마음의 문을 열고, 상대방의 입장을 이해하고, 감정을 읽어 주는 것이 중요하다.

상대방의 입장에서 이야기를 들어주고 마음을 읽어야 한다는 것, 모든 사람들이 머리로는 이해하지만 일상생활에서 적용하려고 하면 잘 안 되는 이유는 무엇일까? 어쩌면 '나는 안 돼', '이제 와서 변화할 수 있을까?', '건강하게 의사소통하는 것이 중요한 것은 알지만 너무 어려워' 등 의사소통에 대해 부정적인 생각이 마음속에 박혀 있기 때문일 것이다. 그러나 효과적이지 못하고 건강하지 못한 의사소통을 효과적으로 변화시키고자 노력한다면 달라질 수 있을 것이다. '나는 안 돼'에서 '나는 할 수 있어'로, '이제 와서 변화할 수 있을까?'에서 '이제부터라도 변화할 수 있도록 노력해보자!'로, '처음에는 어렵지만 처음부터 잘하는 사람은 없으니 열심히 연습하고 노력하다 보면 언젠가는 나도 건강하고 효과적으로 대화를 잘 할 수 있을 거야'로의 긍정적인 생각 전환은 효과적인 의사소통을 할 수 있도록 도울 것이다(손승남 외, 2017).

PART
04 자기분석과 진로·직업 탐색

CHAPTER 10

자기분석과 미래설계

01____진로자서전

　　진로자서전은 개인이 과거에 진로와 관련하여 어떻게 의사결정을 해왔는지 알아보기 위해, 지금까지의 삶을 돌아보며 현재의 진로 위치에 있게 된 사건과 경험 등을 적어보는 것이다. 학교선택은 어떻게 했는지, 고등학교 졸업 후의 직업훈련, 시간제 일을 통한 경험, 고등학교에서 배운 지식과 기술들, 중요한 타인들에 대한 생각 등을 스스로 작성함으로써 자신의 의사결정을 이해하고 적극적인 의사결정에 참여할 수 있도록 돕는다. 학교생활 내용을 중심으로 진로자서전을 작성할 수 있는 예시 질문을 살펴보면 다음과 같다(김봉환 외, 2013).

1. 학교생활 중에 가장 기억에 남는 선생님은? 그 이유는? 그 선생님이 나에게 미친 영향은 무엇인가?

2. 학교에서 나는 어떤 부류의 사람인가?

3. 학교에서 친구들과의 관계는 어떠한가? 친구들이 나에게 미치는 영향에는 어떤 것이 있는가?

4. 학업적인 면에서 가장 좋아하는 과목은 무엇이며, 그 이유는? 싫어하는 과목이 있다면 무엇이며, 그 이유는? 나는 어떤 부분에 만족을 느끼며, 어떤 것을 어려워 하는 사람인가?

5. 학교생활 중에 가장 즐거웠던 기억은 무엇인가? 그리고 가장 좌절감을 경험했던 기억은 무엇인가? 나는 무엇으로 즐거움을 느끼며, 어떤 때에 좌절감을 느끼는가?

6. 재량시간에 선택한 활동은 무엇인가?

02___생애진로주제(life career theme)

생애진로주제(life career theme)는 자신이 어떤 사람인지 자신이 좋아하는 용어를 사용하면서 직업적 선호를 표현하고, 어떤 직업에 들어가 자신의 자아개념을 구현해 내려고 노력하고 그 직업에서 안정을 찾은 후에는 자신의 잠재력을 실현하고 자기 존중감을 유지하려고 한다는 수퍼의 가정에 근거하고 있다. 생애진로주제는 사람들이 그들 자신('나는 ~이다'에 대한 진술)과 타인('타인은 ~이다'에 대한 진술) 그리고 세계관('삶이란 ~이다'에 대한 진술)에 관한 생각, 가치, 태도 신념을 표현하는 말이다. 생애진로주제에 대한 이해는 자신의 사고과정을 이해할 수 있는 방법을 제공하기 때문에 중요하다(Savickas, 2005, 2013). 또한 자신의 표상적 체계에 대한 그림을 제공하고, 자신의 정보와 행동에서 통찰을 얻도록 돕는다(김봉환, 2017).

생애진로주제는 개인이 어떻게 문제를 해결하고, 자기완성을 향해 어떻게 나아가는지, 그들의 커리어를 구성하는 안전, 권력 혹은 사람에 대해 어떻게 애쓰는지에 대해 직접적으로 제시하며, 그들의 삶의 이야기 속 주인공으로서 극복하려는 잠재적인 고통과 문제를 간접적으로 드러낸다(Del Corso & Rehfuss, 2011).

개인은 직업을 선택함으로써 자아개념을 구체화하고, 일을 통해 자신을 드러낸다. 각 개인은 저마다의 생애주제를 가지고 있고, 자신만의 고유한 생애주제를 활용하여 의미 있는 선택을 하고 직업인으로서의 역할에도 적응해 나간다. 이런 생애주제를 담은 개인의 진로관련 경험을 담은 이야기를 진로이야기(career stories)라고 명명하는데, 내담자의 여러 진로 이야기를 통합하여 생애주제를 찾아 나가는 과정이 바로 진로지도 및 상담의 과정이 된다(김봉환 외, 2013).

구성주의 진로발달이론에서 대표적으로 활용되는 상담전략은 '이야기하기(storytelling)'이며 상담과정에서 내담자의 진로이야기를 이끌어 내는 방법으로 진로유형면접(Career Style Interview; Savickas, 1989; Taber et al., 2011)을 주로 활용한다. 진로유형면접에서 얻은 자료를 통해 상담자는 내담자의 생애주제를 이끌어 낼 수 있고, 이와 함께 직업적 성격과 진로적응도도 파악할 수 있다. 내담자는 진로유형면접의 질문들에 답해 나가면서 자신의 진로이야기를 만들어 나가게 되고, 이 이야기를 통해 진로나 교육에 관련된 당면한 선택을 하면서 더욱 자신의 삶의 의미를 더하게 된다. 즉, 진로이야기하기는 내담자로 하여금 자신에 대해 가지고 있던 생각을 보다 명확하게 알아차리도록 돕는데, 상담자는 내담자가 자신의 이야기를 하면서 발견한 시사점을 이해할 수 있도록 조력해야 한다. 이 과정 중 내담자의 이야기에 드러난 생애진로주제를 호소문제에 연결시키는 노력이 상담자로서의 역할이다.

진로유형면접은 구조화된 면접이며, 상담자가 내담자에게 질문을 함으로써 상담에 대한 내담자의 준비도 및 목표설정, 역할모델, 생애초기 기억 등을 바탕으로 직업이나 진로선택에 영향을 미치게 된 내담자의 생애진로주제를 발견하게 된다.

생애진로주제를 찾기 위한 진로유형면접에 사용하는 질문을 살펴보면 <표 4.1>과 같다.

표 4.1 진로유형면접에서 사용되는 질문

영역	질문	의미
준비도	- ○○씨의 진로를 만들어 나가는 데 있어 저와 만나는 시간을 어떻게 활용할 수 있을까요?	상담의 출발점 제시
역할모델	- 자라면서 가장 존경했던 사람은 누구인가요? - 어떤 사람의 삶을 따라서 살고 싶은가요? - 3명의 역할모델을 얘기해보세요. - 이 사람들의 어떤 면을 특히 존경하나요? - 이 사람들을 각각 얼마나 좋아하나요? - ○○씨는 이 사람들과 어떻게 다른가요?	이상적 자아를 나타냄. 질문의 초점은 누구를 존경했는가가 아니라 어떤 점을 존경했는가 임.
잡지/TV 프로그램	- 정기적으로 구독하는 잡지가 있나요? 그 잡지의 어떤 점이 좋은가요? - 정말 좋아하는 TV프로그램은 무엇인가요? 그 이유는?	개인의 생활양식에 맞는 환경에 대한 선호를 나타냄.
책/영화	- 좋아하는 책이나 영화에 대해 얘기해 주세요.	동일한 문제에 당면해 있는 주인공을 드러내고, 이 주인공이 어떻게 그 문제를 다루어 나가는지를 보여줌.
여가와 취미	- 여가시간을 어떻게 보내고 싶은가요? - 취미는 무엇인가요? 취미생활의 어떤 점이 좋은가요?	자기표현(self-expression)을 다루고 겉으로 드러난 흥미가 무엇인지 나타냄
명언	- 좋아하는 명언이나 좌우명이 있나요? - 기억하고 있는 명언이 있으면 얘기해 주세요.	생애사(life story)의 주제를 제공함.
교과목	- 중학교 때와 고등학교 때 좋아하는 과목이 무엇이었나요? 그 이유는? - 싫어했던 과목은? 그 이유는?	선호하는 직무와 근로환경을 나타냄.
생애초기 기억	- 가장 어릴적 기억은 어떤 것인가요? 3~6세 시기에 ○○씨에게 일어났던 일 중 기억에 남는 일 세 가지를 듣고 싶습니다.	무엇에 몰두하여 노력을 기울이고 있는지를 드러냄.

출처: Taber, Hartung, Briddick, Briddick & Rehfuss(2011), p. 276. 김봉환 외(2013). 재인용.

생애진로주제는 개인의 삶에서 얼마나 중요할까? 사비커스(Savickas, 2006)는 생애진로주제가 내담자에게 '의미와 목적'을 주는 주제 문제라고 이야기한다. 따라서 진로상담자는 생애진로주제의 견지에서 내담자의 정보와 행동에 대한 가설을 세우고, 듣고, 보고, 해석하기 위한 기술을 향상하도록 돕기 위해 생애진로주제의 확인과 분석에 대해 가설을 형성하고, 생애진로주제를 위해 선택된 용어가 내담자의 진로를 선택하는 자원으로서 어떻게 사용되는지를 살피는 것이 중요하다.

다음 <표 4.2>는 미국 대학 입학 학력고사가 사용한『ACT 흥미검사 기술적 매뉴얼』[26](American College Testing, 2009)에 제시된 자료, 아이디어, 사물, 사람의 개념을 제시하며, 이런 개념들이 생애진로주제를 위한 자원으로서 어떻게 사용되는지를 보여준 적용 사례다. 이 자료의 제시 목적은 생애진로주제 분석의 과정에 초점을 두고, 이런 언어들이 진로상담과정에서 내담자와 함께 형성한 심상을 기술하도록 도움을 제공할 수 있다는 것이다. 이를 바탕으로 진로검사에서 많이 활용되고 있는 홀랜드의 직업흥미 검사와 생애진로주제를 위한 용어의 자원으로서 직업성격과 업무환경이 어떤 관계가 있는지 탐색하여 내담자들의 진로탐색 및 선택에 도움을 줄 수 있다.

---

26) ACT 흥미검사 기술적 매뉴얼(American College Testing: ACT Interest Inventory Technical Manual): 자료, 아이디어, 사람, 사물에 대한 가장 최근의 정의/자료(사실, 기록, 파일, 숫자, 사람에 의한 재화·서비스의 소비를 촉진하는 체계적 절차; 구매담당자, 회계사, 항공관제사가 주로 자료를 가지고 일함)·아이디어(단어, 방정식, 음악 등을 통하여 추상, 이론, 지식, 통찰, 무엇인가를 표현하는 새로운 방법들; 과학자, 음악가, 철학자가 주로 아이디어를 가지고 일함)·사물(기계, 기구, 재료, 도구, 물리적 및 생물학적 과정; 벽돌공, 농부, 엔지니어가 주로 사물을 가지고 일함)·사람(일반적으로 인간행동에서 변화를 일으키는 것으로 돕기, 정보제공, 봉사하기, 설득하기, 즐거움, 동기 부여 혹은 연출과 같은 대인관계적인 과정을 포함; 교사, 영업사원, 간호사가 주로 사람들과 함께 일함)

표 4.2   자료, 생각, 사물, 사람을 사용한 생애주제 분석 적용의 예

전형적인 내담자의 말	구성요소 서술	주제 진술
- "나는 진품 삽화를 따라 그리는 것을 좋아합니다." - "옷에 모노그램 도안을 하는 것은 재미있습니다."	자료: 창의적인-디자인 재현, 공예기술, 작곡, 실용예술	- 진품을 복사할 수 있다. - 산출물을 통해 세부사항까지 주의 깊게 집중하는지 확인가 능하다.
- "모든 것을 정리하고 계획하는 것은 중요합니다." - "사람들은 내가 숫자에 익숙하다고 합니다."	자료: 추상적인 - 숫자화된 기술, 상징 및 생각, 정보/자료수집, 자료입력 기술	- 재정적인 데이터를 처리하는 것을 좋아한다. - 컴퓨터 기술에 대해 흥미가 있다. - 예산에 대한 내용들을 계획하는 것을 좋아한다.
- "나는 글 쓰는 것을 좋아합니다." - "나는 나의 아이디어를 종이에 쓸 때 시간 가는 것을 잊습니다."	아이디어: 예술적인-오락적인 흥미, 공연예술(음악, 연극 등), 문학적이고 창의적인 디자인	- 예민한 연기자이며 예술가이다. - 감정을 글쓰기로 표현하는 능력을 갖고 있다. - 일하는 데 독창적인 방식을 갖고 있다.
- "나는 나의 삶을 부신(adrenalgland) 공부에 헌신하고 싶습니다." - "각각의 대답은 다른 질문을 이끌어 냅니다."	아이디어: 연구하는 사회과학, 의학, 자연과학, 응용기술	- 세상을 설명하기 위한 이론을 구상하는 것을 좋아한다. - 끊임없이 생각을 비교하고 대조한다. - 연구와 출판을 위한 능력을 보유하고 있다.
- "활동적이고 땀을 흘릴 때 기분이 좋습니다." - "밖에 있는 것은 나를 들뜨게 합니다."	사물: 신체적인-재창조 기술, 농업/야외활동을 위한 스테미나/힘, 활동지향적	- 일하는 방법을 보여 줄 수 있다. - 힘든 일을 할 수 있는 신체적 기술을 갖고 있다. - 활동에 박차를 가하기 위해 자연에 접촉한다.
- "사람들은 항상 나에게 조언을 구하는 걸로 보입니다." - "나는 젊은이들 주변에 있는 것을 좋아합니다. 그들은 매우 활기가 있습니다."	사람: 지식-설득하기, 수행을 위한 도움, 의사소통 능력, 봉사	- 다른 사람들에게 판매하는 것을 좋아한다. - 다른 사람을 가르치고 싶어 한다. - 다른 사람을 돌보고, 상담해 주는 것을 좋아한다.

- "오피스 매니저로 산다는 것은 도전적인 일입니다." - "나는 다른 사람에게 가치가 있는 전문적 지식을 갖고 있다고 느낍니다."	사람: 관리—수퍼비전, 컨설팅, 멘토로서의 역할, 리더십	- 컨설턴트가 되고 싶어 한다. - 다른 사람들이 내가 이끄는 것을 따라 주기를 바란다. - 보람있는 과제 성취를 위해 다른 사람들에게 지시하는 방법을 알고 있다.

출처: Gysbers, Heppner, Johnston(2014). 김봉환 역(2017). 진로상담의 실제.

03___ 생애진로무지개

수퍼는 직업선택과정을 생애역할의 맥락 속에서 이해하고, 개인은 생애발달 과정에서 삶의 여러 영역 및 관계 속에서 다양한 역할을 경험한다고 하였다. 경력(career, 진로)은 생애 전반에서 각 시기별로 경험하는 역할들을 수행하면서 경험하게 되는 활동들이 모두 통합되어 형성되는 개념이다. 역할에 대해 수퍼는 자녀, 학습자, 시민, 근로자, 배우자, 부모, 여가인, 가사인, 은퇴자 등으로 제시하였다. 각각의 개인은 이와 같은 다양한 역할을 수행해야 하며, 각 역할을 수행할 때마다 다른 맥락과 환경을 경험하게 된다.

수퍼가 주목했던 점은 개인이 특정 시기나 처한 환경에 따라 경험하는 역할의 중요성이 달라진다는 것이다. 또한 같은 시기에도 여러 역할 간에 상대적 중요성의 차이가 있다. 예를 들어, 아동기는 자녀 역할이 더 강조되고, 청소년기는 학습자 역할이 강조되는 것과 같이 생애시기와 활동에 따라 여러 역할 중에서 더 많이 부각되는 역할이 있다. 또한 개인마다 삶의 경험과 역할의 상호작용이 다르기 때문에 같은 학생이더라도 삶의 전체 역할 중에서 학생이라는 비중은 다르게 차지할 수 있다는 것이다.

위에서 제시하고 있는 역할들은 생애진로무지개라는 개념으로 [그림 4.1]과 같이 도식화 된다. 생애진로무지개 모형은 직업적인 자아개념 발달과 실행, 적응과 함께 이론을 구축하는 두 축을 나타내고 있다. 세로축인 시간(time) 측면은 무지개 원 바깥쪽 서클로 성공적인 진로개발 단계와 유아기부터 성인기에 이르기까지 인간의 전 생애에 걸친 진로와 관련된 과업과 이행에 대해 설명하고 있다. 가로 축인 공간(space)의 측면은 무지개 원 안쪽 서클을 나타내는데 이는 생애 공간에서 사회심리적으로 의미 있는 역할들과 이러한 역할들마다 개인이 처한 상황들에 대해 설명한다. 이 모형의 수직과 수평을 이루는 두 축은 개인이 생애 공간 안에서 전 생애주기에 걸친 경력을 도식화함으로써 조합을 이루게 된다(Brown & Lent, 2013).

그림 4.1 생애진로무지개(The Life-Career Rainbow)

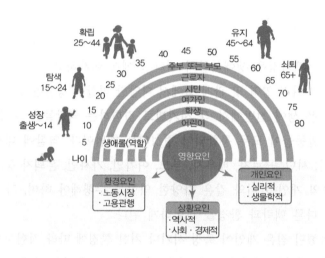

출처: Careers New Zealand(2016). Homepage from www.career.got.nz/ 백지연(2016) 재인용.

생애역할들은 상호작용을 하며 서로의 역할들에 영향을 미치는데, 성공적인 경력개발이란 생애역할들을 선택할 수 있는 능력, 역할의 중요도와 시간을 조절할 수 있는 능력, 다양한 역할들의 조화를 이루어 자아개념과 가치들을 발휘할 수 있는 능력과 깊은 연관이 있다. 생애초기의 역할은 자녀로부터 시작해 학생, 여가인 순으로 경험하게 되며, 성인기에는 근로자, 배우자, 가정인, 시민 등이 중요한 역할을 하게 된다. 특히 직업인으로서의 근로자 역할은 가장 중요한 역할이며 다른 역할에 크게 영향을 주기도 하고 받기도 한다. 수퍼는 한 개인이 다양한 역할들을 적절한 균형을 맞춰 가면서 수행할 때 삶에 대한 만족도

그림 4.2 도식화된 생애공간에서의 여섯 가지 생애역할

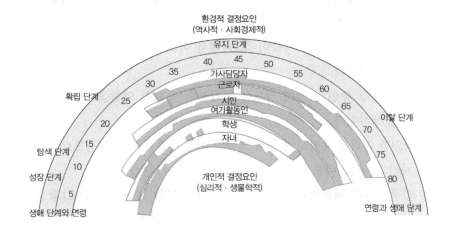

출처: 임은미 외(2017). 진로진학상담기법의 이론과 실제.

나 충족감이 높아진다고 설명한다. 역할 선택, 시간 및 중요도는 생애주기에 걸쳐 변화를 겪게 되는데 어느 하나의 역할이 다소 적은 시간과 중요도를 갖게 되면 상대적으로 다른 역할에 대한 중요도가 높아지게 되기도 한다(백지연, 2016). 진로선택과 경력개발에 있어서 중요한 요인들인 자아개념, 흥미, 가치, 역량, 목표 등의 개인내적 요인들은 진로선택이 이루어지는 외부환경적 요인들로 인하여 영향을 받기도 한다(Amundson et al., 2014).

진로지도 및 진로상담 시 미래를 설계할 수 있는 방법으로 생애진로무지개를 활용할 수 있다. 개인적으로 자신의 삶의 역할에 대해 알아보고 미래를 계획하는 개별 활동으로 활용하는 방법, 개인적인 삶의 역할을 생애진로무지개 그림을 그린 후 소집단 토론활동을 하는 방법, 수업이나 상담 장면 이외에 과제를 통해 다른 사람 즉, 부모, 친척, 롤모델 같은 타인을 상대로 그들이 인식하는 자신의 삶의 역할을 조사하여 발표하고 소감나누기 활동을 할 수 있다.

생애진로무지개 활동 과정은 <표 4.3>을 워크시트로 활용하여 다음과 같이 진행할 수 있다.

1) 자신의 수행역할평가에 대한 활동

① 자신이 수행하는 역할을 모두 기록하고, 그 중에서 중요한 역할이 무엇인지 고려하여 중요도의 순위를 매긴다.

② 지금 수행하고 있는 역할이 삶 속에서 어느 정도 비중을 차지하는지 비율로 표시한다.

③ 현재 수행 중인 역할의 정도를 평가하여 중요한 역할을 잘 수행하고 있는지 생각한다.

④ 확인한 결과를 종합하여 현재 역할의 수행 비중을 파이 그림으로 표시한다.

⑤ 자신의 역할 비중을 만족스럽게 생각하는지 평가한다.

⑥ 만족스러운 배분이라면 현재의 이상적인 역할 비중에 대한 그림을 생략하고 몇 년 후의 이상적인 삶의 모습을 상상하여 이상적인 역할 배분을 그린다.

⑦ 만족스럽지 않다면 현재 삶 속에서 이상적인 모습을 상상하고 그림으로 표현한다. 그리고 이상적인 모습으로 살기 위해 어떤 노력과 어떤 지원이 필요한지 함께 논의 후 노력할 수 있도록 지도한다.

⑧ 긍정적인 생각과 생활로 자신의 삶을 변화시키며 몇 년의 시간이 흐른 뒤의 자신의 모습을 상상해서 이상적인 역할배분에 대해 생각한 후 그림으로 표현한다.

2) 생애진로무지개 활동

① 삶의 역할에 대해 어떻게 생각하는지 이야기를 나눈다. 진로발달이론에서 제안한 여러 삶의 역할에 대해 설명해 준다.

② 생애무지개 그림양식에 각자 자신의 생애 동안의 역할을 색칠한다.

③ 각 무지개 공간에 역할을 적고 각 역할이 어느 시기에 더 많은 비중을 차지하는지, 생애 과정에서 역할 비중의 차이를 표현한다. 추가되는 역할이 있으면 무지개를 더 추가할 수 있도록 한다.

④ 개별지도의 경우, 작성한 생애무지개 그림을 보고 삶의 역할과 역할 간의 갈등이나 불균형, 희망하는 역할 수행정도 등에 대해 이야기를 나눈다.

⑤ 집단활동의 경우, 소집단을 구성해서 각각 작성한 생애무지개 그림을 보고 개인의 삶의 역할, 역할 간의 갈등이나 불균형, 이상적인 역할 배분과 역할 수행에 대해 함께 이야기를 나눈다.

⑥ 과제로 주변에서 사회활동을 하는 30~50대의 사람을 대상으로 생애무지개 그림을 이용해 그 사람의 생애역할에 대해 조사하게 한다. 조사 결과를 다시 발표하거나 집단 토론으로 활용한다.

⑦ 다양한 역할을 수행하면서 예상할 수 있는 어려운 점과 그 이유에 대해 이야기한다.

⑧ 삶의 다양한 역할 속에서 자신의 가치관을 추구하면서 살 수 있는 방법을 찾도록 지도한다.

표 4.3   자신의 수행역할평가 및 생애진로무지개 활동 예

수행하는 역할	역할 순위	역할	역할 비중	역할수행 정도 1-2-3-4-5
학생, 가사, 부모(부모대신), 자녀, 여가, 시민	1	학생	35%	2
	2	가사	30%	4
	3	부모 (부모대신)	15%	3
	4	자녀	10%	2
	5	여가	5%	1
	6	시민	4%	1

현재 자신의 역할 비중	현재의 이상적인 역할 비중	5년 후 이상적인 역할 비중

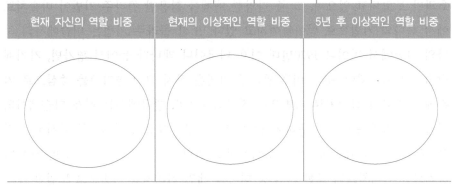

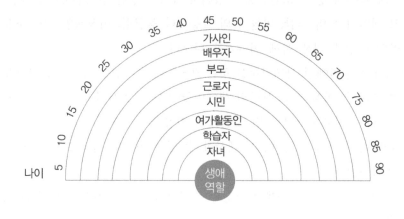

04___진로콜라주

콜라주(Collage)란 원래 'coller'라는 프랑스어에서 유래된 말로 '풀로 붙인다'는 의미가 있다. 콜라주는 잡지나 그림, 달력, 사진, 헝겊, 단추, 실, 낙엽, 골판지, 투명지 등 우리 주변에서 쉽게 구할 수 있는 재료를 이용하여 찢거나 오리고 잘라서 종이 등에 붙여 하나의 작품으로 완성하는 것이다.

실제로 콜라주 기법은 상담이나 심리치료 분야에서 아동이나 청소년 또는 자신의 갈등상황을 말로 표현하기 어려워하는 성인의 경우에 미술매체가 편해지도록 도와주며 치료적인 유용성이 크다. 다양한 영역에서 미술치료에 대한 효과가 보고되고 있으며, 그 중 다양한 매체를 활용한 콜라주 기법이 미술치료에서 하나의 기법으로 받아들여지고 있다. 또한 콜라주 기법은 미술에서의 하나의 기법에서 벗어나 1970년대 이후 미국이나 캐나다 등에서 평가법, 자기계발법으로 이용되어 왔다. 이후 콜라주 기법은 잡지 그림 콜라주를 중심으로 일본에서 하나의 심리치료 기법으로 정착되었으며, 한국에서는 현재 미술에서의 콜라주 기법과 구별하기 위하여 잡지 그림을 중심으로 심리치료를 실시하는 것을 콜라주 미술치료라는 용어로 사용하고 있다(이근매·靑木知著, 2010). 콜라주 미술치료란 심리치료의 표현 기법 중 하나를 개인 심리치료 기법으로 도입한 것으로 내담자의 불안이나 문제점을 작품을 통해 이해하고, 치료해 나가는 것이다.

콜라주 기법은 제작방법에 따라 잡지그림 콜라주, 콜라주 상자법, 원형 콜라주, 엽서 콜라주, 화답 콜라주, 집단화답 콜라주 등이 있다.

표 4.4 콜라주 유형 및 제작방법

유형	제작방법
잡지그림 콜라주	준비한 잡지들 중 마음에 드는 사진이나 그림을 자유롭게 잘라 도화지 위에 붙이도록 하는 방법
콜라주 상자법	콜라주 상자 안에 있는 다양한 사진이나 그림 조각 중 마음에 드는 것을 선택하여 붙이도록 하는 방법
원형 콜라주	도화지에 원을 그려 그대로 주거나 원을 오려서 원 안에 붙이도록 하는 방법
엽서 콜라주	엽서크기의 도화지에 제시된 주제를 표현하는 기법
화답 콜라주	콜라주에 화답을 해주는 방식으로, 작품을 제작하여 서로 선물을 주고받듯이 전달하는 방법
집단화답 콜라주	화답 콜라주를 집단에 적용한 것으로 꿈과 미래상을 설계하는 데 효과적인 기법. 잡지에서 미래 직업상을 찾아 붙이고 상담에 자신이 원하는 미래 직업을 작성 후 사진이 붙어 있는 도화지를 집단에게 돌리고 집단원은 붙어 있는 직업과 관련해 연상되는 사진을 찾아 붙이는 방법

콜라주 기법의 유형에는 내담자가 혼자서 작성하는 개별법, 상담자와 내담자가 각자 콜라주를 제작하여 작품을 완성하는 동시제작법, 내담자와 어머니 등 가족이 동석하여 콜라주를 실시하는 가족콜라주법, 집단 속에서 개인이 각자 콜라주 작품을 완성하는 집단개별법, 집단에서 콜라주를 실시할 때 집단원이 하나의 작품을 작성하는 집단-집단법 등이 있다.

진로상담에서도 상담자와 내담자 간의 능동적이고 역동적인 상담이 원활하게 진행되기 위해 콜라주를 활용한 진로상담을 진행하기도 한다. 콜라주 진로상담의 일반적인 과정은 신뢰관계 및 목표설정 단계를 시작으로 콜라주 실시하기, 선택한 학과 및 직업 세계 탐색하기, 탐색한 결과와 관련하여 노력한 경험

나누기, 진로계획을 위해 지금 해야 할 것 탐색하기, 진로상담 종결 단계로 진행된다. 콜라주 진로상담에서는 자기이해, 직업세계 탐색, 합리적 의사결정, 맥락적 환경 및 욕구 등을 콜라주 기법을 통해 탐색할 수 있도록 한다. 이때 각 대상과 목적에 맞게, 다양한 방법으로 실시할 수 있다. <표 4.5>는 총 16회기로 구성된 콜라주 진로상담 개별 프로그램을 소개한 것이다(이근매 외, 2015).

표 4.5 콜라주 진로상담 개별 프로그램

단계	목표	회기	프로그램	유형 및 제작방법
초기	친밀감 형성 및 욕구 표출	1	내가 마음에 드는 것	잡지그림콜라주
		2	내가 좋아하는 것	〃
		3	내가 원하는 삶	〃
중기	자기이해 및 진로탐색	4	내가 100% 몰입할 수 있는 것	〃
		5	내가 잘하는 것(장점)	화답 콜라주
		6	나의 성격은?	콜라주 상자
		7	내가 원하는 일, 직업	〃
		8	나의 꿈	원형 콜라주
	직업탐색 및 체험활동	9	나의 미래 직업	집단집단법
		10	전문가가 된 나	〃
		11	Dreams come true!	집단개별법
후기	꿈·미래 설계	12	현재의 나, 내가 바라는 나	엽서 콜라주
		13	미래의 하루	잡지그림 콜라주
		14	나의 꿈 실천 과제	콜라주 상자
		15	희망나무 꾸미기	잡지그림 콜라주
		16	작품 감상회 및 소감 나누기	

출처: 이근매(2015). 콜라주 진로상담.

다음에 제시된 콜라주 작품은 교육대학원 학생들의 "나는 누구인가?", 4차 산업혁명 시대의 진로 및 2030년 직업세계, 4차 산업혁명 시대의 나는 무엇을 하고 있을지, 미래에 내가 갖고 싶은 직업 등에 대한 생각을 콜라주로 표현한 것 중 몇 작품을 발췌하여 제시한 것이다.

1) 사례 1

(1) 작품 1: 나는 누구인가?

그림 4.3 나는 누구인가?(고등학교 영어교사, 남)

❖ 작품 설명

1번과 2번 항목은 타임 100에 선정되는 것을 의미한다. 타임지는 1년 중에 정기적으로 올해의 인물 100인을 선정하곤 한다. 타임지가 선정하는 인물은 세계에 영향력을(긍정적/부정적으로) 행사한 사람들로서 북한의 '김정은'도 선정된 경우가 있다. '버락 오바마'나 '도널드 트럼

프', '푸틴' 같이 한 국가를 대표하는 경우가 많지만, 세계적인 언어학자인 '노엄 촘스키'와 같이 한 분야에서 꾸준하고 지대한 공헌을 끼친 사람도 선정이 되는 경우도 많다. 나는 현재 고등학교에서 3학년 영어를 지도하고 있는 중등교사로서, 영어교육 분야에서 최고라는 것을 인정받고 싶은 마음이 크다. 영어교사로서 개인적으로 영어를 잘 구사하는 것도 중요하지만, 학생들이 영어에 많은 관심을 갖고 영어를 적극적으로, 그리고 즐겁게 활용할 수 있도록 만들고 싶다. '노엄 촘스키'처럼 자신의 분야에서 꾸준한 노력으로 인정받는 사람이고 싶다. 비록 이 세상에 평화를 가져오거나, 우리 삶을 편하게 해줄 수 있는 측정 과학 기술을 개발할 수 없을지라도, 내가 지도하고 있는, 아니… 지도했었던, 그리고 앞으로 지도하게 될 수천에서 수만의 학생들이 영어 과목에 있어 흥미를 갖고 자신감 있게 영어를 사용하도록 남은 교직 생활 내내 노력하고자 한다.

3~12번 항목은 '나'를 중심으로 직업/가족/꿈/희망을 묘사하였다. 가장 중앙의 5번 항목은 밝게 웃으며, 자신감 넘치는 교사로서의 '나'이다. 중앙의 5번 항목을 중심으로 주변의 3번 항목부터 12번 항목으로 시계방향으로 작품 설명을 하고자 한다. 먼저 3번 항목은 나의 얼굴 특징을 나름대로 잘 묘사하여 직접 그린 그림이다. 나는 평소에 면도를 하지 않으면 금방 수염이 자라나서 아침에 면도를 해도 저녁에는 수염자국이 진해지는 경향이 있다. 나의 매력 포인트는 립글로스를 바르지 않아도 도드라지는 매끈하고 빠알간 입술이다. 4번 항목은 그냥 영어 교사로서 나를 설명하고자 하였다. 6번 항목은 재테크에 관심이 많은 현재 상황을 의미한다. 노후를 여유 있게 보내고 싶은 마음이 크기 때문이다. 7번과 8번 항목은 나와 와이프를 묘사하고자 하였다. 내 와이프는 사진처럼 정말 매력적이다. 이런 여자를 만난 나는 세상에서 가장 행복한 남자일 것이다. 와이프가 내가 작성하고 있는 걸 옆에서 보고 있기 때문만은 아니다. 남자라면 '차'에 기본적인 관심을 가지고 있을 것이다. 9번 항목은 그렇다. 그래도 새 차를 사고 싶다는 것은 아니다. 다만 멋진 차가 내 주변을 스쳐 지나가면 눈길이 가는 것은 부정할 수 없다. 그저 자기합리화를 할 뿐이다. '젊은 놈이 외제차를 타고 다니네. 틀림없이 저 BM땡/벤땡차는 리스차일 것이다…'라고… 10번 항목은 좋은 교사가 되고 싶은 나의 희망을 의미한다. 지금까지 나는 수년간 영어교사였으나 앞으로 30년은 영어교사 위에 상담가를 더하고 싶다. 학생들이 편안하게 찾아올 수 있는 둥지 같은 교사가 되고 싶다. 11번 항목은 방학 중에나 휴일에 틈틈이 여행을 떠나고픈 나를 반영한다. 여행을 좋아하는 나로서는 아마 은퇴 후에 여행가이드가 되어 있을지도 모르겠다. 12번 항목은 현재의 당면 과제이다. 다이어트라는 과업이야말로 뚱뚱한 인류최대의 적이자, 내 개인적인 원수이며, 심리적으로 봤을 땐 가장 큰 미해결 과제 중의 하나라고 공언할 수 있겠다.

(2) 작품 2: 2030년 직업세계

그림 4.4 2030년 직업세계(고등학교 영어교사, 남)

❖ 작품 설명

작품 안에 부여한 번호대로 설명을 하고자 한다.

1번 항목은 배우/가수/연예인이다. 미래에도 배우/가수/연예인은 있을 것이다. 예쁜 로봇 배우/가수/연예인은 쉽게 만들어내지는 못할 것이다. 단순히 예쁜 로봇은 만들 수 있을지 몰라도 인간의 감정을 풍부하게 전달해야 하는 직업의 역할은 수행이 불가능할지도 모른다.

2번 항목은 간단하다. 2030년에도 대통령은 존재할 것이다. 머나먼 미래에는 슈퍼컴퓨터가 대통령이 될지는 모르겠으나, 2030년은 아닐 것이다.

3번 항목은 인간이 만든 조형물(인공물)과 자연이 만든 조형물이 조화롭게 어울리는 모습이다. 설사 로봇이 만든 조형물이라 할지라도 그것의 배치를 결정하고, 그것을 감사하는 몫은 오로지 인간에게만 제한된 것이다.

4번 항목은 AR(Augmented Reality, 증강현실)을 묘사해보고자 했다. 그냥 비슷해보였다. 실제로는 그냥 가방이다. 그런데 자꾸만 AR이 떠오른다. 미래에도 여행가/여행 관련 종사자는 존재할 것이다. 설마 로봇이 여행을 다니지는 않을 것이다. 새로운 것을 추구하는 것, 호기심은 인간 본연의 것이다. 비록 투어가이드는 로봇으로 대체될지 몰라도 여행을 다니는 사람은 사람이어야 한다. 5번은 여행을 다니는 인간 무리를 나타낸 것이다.

6번 항목은 패션디자이너에 관한 묘사이다. 패션디자이너가 다루는 영역은 로봇이 접근하기 어려운 부분이라고 생각한다. 이 영역만큼은 아직 인간의 능력이 훨씬 앞서는 듯하다.

7번 항목은 IoT(Internet of Things, 사물인터넷)를 나타낸다. 다양한 사물에 무선인터넷 기술이 적용된 사례를 다뤄보고 싶었다. 작품에 묘사된 이 물건은 미래형 스피커인 듯하다.

8번이 이 작품의 핵심이다. 2030년, 지금으로부터 자그마치 13년이 지난 시점이다. 1년 앞도 내다보기 힘든 현대사회에서 13년이라는 것은 예측조차 불가능할 것이라고 본다. 한계의 한계를 추구하며 미지의 영역을 찾아나서는 호기심 넘치는 인간 모험가들 앞에 기다리고 있는 미래는 과연 밝을 것인가?

2030년에 '나'는 여전히 학교에 있을 가능성이 높을 것이다. 유비쿼터스 학습환경과 AI학습매체와 끊임없이 경쟁하는 중등 영어교사로서 말이다. 파파고의 등장과 더불어 지속적으로 개선되는 구글 번역기로 인하여 언어 학습에 대한 필요성이 의심받기 시작하는 현재와는 상이한 양상이 2030년에 펼쳐질 것이 명약관화(明若觀火)하다. 끊임없이 고민해야 할 부분이라고 생각한다. 영어교사로서의 고민과는 별도로 현재 나는 상담심리를 전공하고 있다. 인간의 심리와 내면을 다루는 상담이야말로 4차 산업혁명의 파도 속에서 빛을 발휘할 수 있는 인간만이 해낼 수 있는 역할이라고 생각한다. 과거 세 차례의 산업혁명을 통해 전통적인 인간의 노동력은 지속적으로 기계로 대체되었고, 이 과정 중에 파생되었던 인간성의 매몰과 더불어 그 시대를 살아간 인간의 상처는 전혀 치유되지 못한 채 인간집단의 트라우마로서 거대한 나침반 역할을 수행해야 할 것이다. 미래의 교사는 학교 현장에서 학생들을 위해 기꺼이 나침반이 되어주어야 할 것이며, 상담가로서의 교사의 역량은 더욱 중요해질 것이라고 믿는다.

2) 사례 2

(1) 작품 1: 나는 누구인가?

그림 4.5 나는 누구인가(고등학교 교사, 남)

❖ 작품 설명

콜라주를 통해 지금의 나, 그리고 미래의 나의 모습을 표현해 보았다.

① '요트'는 대표적인 사치재로써 초호화의 삶을 사는 소수의 억만장자만이 소유할 수 있다, 물론 내 삶에서 이러한 호화 유람선을 갖기는 힘들겠지만 마음 한구석에는 이루고 싶은 어려운 소망이라 할 수 있다. 누구나 꿈을 꿀 자유는 있기 때문이다

② '로렉스 시계'는 남성이 자신을 표현할 수 있는 몇 안 되는 아이템 중 하나이다. 여성은 보통 가방이나 구두, 각종 액세서리를 통해 자신의 패션 취향 등을 보여주지만 남자는 시계로 자신을 표현하는 것이다. 난 다른 남자들에 비해 액세서리에 관심이 많다. 다수의 목걸이와 팬던트 등을 갖고 있다. 팔찌도 스타일에 따라 여러 개 있고 반지도 여러 종류를 갖고 있다. 시계는 6개가 있는데 스타일에 따라 다양하게 착용한다. 이러한 모습이 사

치로 보일 수도 있으나 액세서리는 오히려 상황이나 스타일에 따른 내 자신을 표현하는 수단이라고 생각한다. 로렉스 시계는 머지않아 내가 직접 착용할 가능성이 높은 아이템이라 할 수 있다.

③ '벤츠 자동차' 삼각별은 남성들의 로망이다. 특히 벤츠의 거친 엔진소리와 각진 모습은 지극히 야성미와 남성다움을 표현하는 차량이다. 아기자기하게 액세서리를 좋아하는 나! 자동차만큼은 벤츠가 좋은 걸 보면 아마도 내 안에는 거친 남자다움이 있는 것 같다는 생각이 든다. 어쨌든 난 벤츠가 좋다. 요즘에 욜로라는 단어가 유행이다. 어차피 한번뿐인 인생 내가 원하는 자동차를 타는건 당연한 것이 아닐까? 아마도 다음 내 소유의 자동차는 벤츠가 될 가능성이 상당히 높을 것이다.

④ 'Economy' 경제? 사실 난 경제에 관심이 많다. 그리고 재테크도 관심이 많다. 그건 내가 학교에서 경제를 가르치고 있기 때문이고, 또 내가 배운 지식과 원칙에 따라서 투자를 실천해 오고 있기 때문이다. 물론 감정을 배제하고 원칙과 수칙, 시그널에 따른 투자가 이루어져야 하지만, 때때로 인간의 감정은 이성을 훨씬 뛰어 넘어서 작동하기에 나 역시 큰 성공을 보고 있지는 못하다. 하지만 난 경제 현상을 분석하고 숫자에 따른 결과가 명확히 떨어지는 경제학이라는 학문이 좋다.

⑤ '빨간 입술'과 '립스틱', '바나나'는 우리 가족을 소개하는 소재이다. 우리 가족 없이 지금의 나 자신을 소개한다는 건 어찌 생각해보면 불가능한 일 일것이다. 그들은 이미 내 삶에서 가장 중요한 존재이고, 어쩌면 내가 열심히 살아갈 수 있도록 하는 원동력이기 때문이다. 우선 나의 배우자는 입술이 너무 사랑스럽다. 사진의 입술처럼 아주 섹시하지 않을 수도 있지만, 나에게는 훨씬 더 매력적인 입술이다. 두 번째 립스틱은 최근 화장에 지극히 높은 관심을 갖기 시작한 우리 큰 딸을 소개하는 소재이다. 매일 엄마 립스틱을 몰래 바르던 딸에게 어린이용 립스틱을 사주었더니 '아빠 사랑해요'라고 하며 나에게 뽀뽀 세례를 쏟아주던 우리 딸이다. 그리고 바나나를 통해서 우리 아들을 표현하였다. 아직 어려서 치아가 부족한 아들에게 바나나는 최고의 간식 중 하나이다.

⑥ '래퍼'의 모습은 내가 랩을 좋아하고 자주 부르기도 하지만 나를 표현하는 소재는 아니다. 난 이 래퍼의 몸에 새겨진 문신을 해보고 싶어서 이 사진을 선택하였다. 흔히 교사 집단은 보수적이기에 문신을 하는 것은 용납되지 않을 것이다. 하지만 난 문신을 해보고 싶다. 남에게 과시하기 위한 문신이 아닌 내 몸에 사랑하는 사람들의 상징(우리 가족)을 그려 넣어 보고 싶다. 그들과 늘 함께 할 수 있다는 건 내겐 큰 힘이 되어 줄 것이다. 그런 이유로 지금도 가끔 내 몸에 문신이라는 일탈을 꿈꾸어 본다.

⑦ '노인'은 나이에 맞지 않는 멋진 패션에 민감한 모습이다. 아마 내가 할아버지로 불릴 나이에 여느 할아버지처럼 하고 다니는 건 정말 상상하기 싫다. 그때에도 난 나만의 패션으

로 나 자신을 표현하고 싶다. 나이 60에 스냅백을 쓰고 젊은이들과 같은 복장에 청바지를 입고 벤츠에서 흘러나오는 랩을 들으며 학교로 출근하는 나의 모습을 상상해 본다. 이러한 상상마저도 나에게 흥분을 불러 일으킨다

⑧ '세계 각국의 여행지', 여행을 싫어하는 사람은 없을 것이다. 나 역시 여행을 무척이나 좋아한다. 지금도 매년 1~2회 정도는 해외 여행을 즐기고, 국내 여행도 자주 하려고 노력한다. 물론 지금은 아이들이 너무 어려서 과거처럼 많이 즐기지는 않지만, 여행을 준비하는 과정에서 내가 느끼는 설렘은 나에게 매번 새로운 여행에 대한 기대를 높여준다. 내가 사랑하고 좋아하는 사람들과 함께 여행을 하면서 멋진 풍경을 보고 맛있는 음식을 맛보면서 삶의 즐거움은 훨씬 커지는 것 같다. 지금 대학원을 다니는 기간에는 자주 여행을 가지 못하고 있다. 대학원에서의 이 배움의 시간이 끝나면 다시 어디론가 떠나기 위해 설레임을 안고 상상하고 계획하고 있는 나의 모습이 그려진다.

(2) 작품 2: 2030년 직업세계(4차 산업혁명을 준비하며...)

그림 4.6 2030년 직업세계/4차 산업혁명을 준비하며(고등학교 교사, 남)

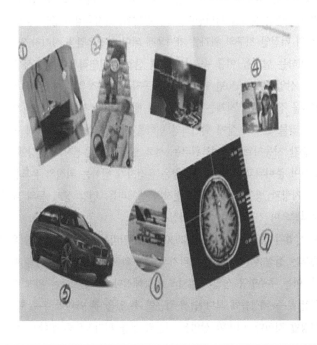

❖ 작품 설명

① 바이오산업에 대한 사진이다. 2030년은 생명공학의 발달로 인해 인간의 수명은 지금보다 훨씬 증가하며, 관련 산업인 바이오산업은 장밋빛 미래가 그려질 것이다.

② 펫시터(애완동물 돌보미)를 나타내는 그림이다. 1인 가구의 증가로 인해 외로움을 느끼는 사람들은 다양한 애완동물을 통해 외로움을 이겨내고자 할 것이고, 이러한 애완동물은 또 하나의 가족 형태로 등장할 것이다. 그만큼 애완동물에 애정을 쏟기 때문에 애완동물 관련 산업은 성장할 것이고, 특히 애완동물을 전문적으로 돌보는 직업군도 등장하게 될 것이다.

③ 도심 속의 캠핑 산업이다. 2030년 이미 우리는 스마트 시티에서 생활을 하고 있을 것이다. IoT와 첨단 IT가 결합된 스마트 시티 속에서 인간의 대부분의 생활은 버튼 하나, 또는 인공 지능에 의해서 이루어지기 때문에 인간 스스로의 노동을 하며 생활하는 것은 거의 사라질 것이다. 이때 과거의 **불편함**(직접 음식을 하고, 텐트를 치며 불편한 잠자리 등)에 대한 **향수**(직접 밥을 하고, 불편함을 느끼지만 가족, 친구, 연인과 함께 만드는 즐거움)를 그리워하기도 할 것이다. 그러나 인간은 오히려 의도적인 불편함을 즐기게 될 것이고 이에 캠핑처럼 인간의 노동에 의한 여가 선용의 기회를 맛보기 위한 산업이 증가할 수 있을 것이다. 이미 우리는 로봇에 의해서 각종 노동으로부터 해방되었지만 말이다.

④ 그린 산업과 관련된 분야를 나타낸다. 지구 온난화, 환경오염의 증가 등은 생태계의 파괴와 우리 삶의 터전인 지구의 위기를 가져오게 되어 환경오염을 시키지 않고 '지속 가능한 개발'을 의미하는 발전을 이룰 수 있는 녹색 산업은 필연적으로 중요시 될 것이다.

⑤ 첨단 자동차 산업이다. 2030년 이미 무인 자동차는 보편적으로 사용되고 있어, 인간이 자동차의 핸들을 잡는 행위 자체는 범법 행위가 될 것이다. 자동차 산업은 여기에만 그치지 않고 IoT와 맞물려 우리 삶에 획기적인 변화를 가져올 것이다. 차량에 목적지를 집으로 설정하는 순간 자동차와 홈 네트워크는 서로 연결되어 운전자의 건강에 맞는 칼로리를 계산한 음식이 준비되고, 주택의 냉난방은 운전자가 원하는 최적의 온도를 맞추게 될 것이다. 또한 차량과 병원은 수시로 운전자의 생체리듬, 건강 상태 등의 데이터를 연계된 병원과 주고받으며 건강관리가 이루어질 것이다.

⑥ 우주 항공 산업의 성장을 의미한다. 2030년 세계화라는 단어는 더 이상 의미가 없다. 세계화의 속도는 점점 더 가파르게 빨라지고, 지구의 공간적 거리는 더욱 빠르게 축소되어질 것이다. 이는 우주항공 산업의 발달로 가능해진다. 이제 지구는 외계 세상과의 교류를 늘리기 위한 우주 혜성들에 보다 쉽게 접근할 수 있을 뿐 아니라 우주 항공 산업이 폭발적으로 성장할 것이다. 이러한 산업은 인간의 삶을 획기적으로 변화케 할 것이다.

⑦ 뇌과학 vs AI(인공지능), 인간의 능력 이상을 발현시킬 뇌의 발달과 이와 관련된 산업분야가 발달할 것이다. 뿐만 아니라, AI의 발달로 경제 생산의 대부분은 로봇체계에 의해 자율화가 이루어질 것이다. 이러한 시스템 속에서 더 이상 인간은 육체적 노동보다는 자신의 삶을 즐기는 새로운 유토피아가 나타날 것이다. 하지만 AI에 따른 우려 상황도 충분히 나타나고 있다. 인공지능을 컨트롤 하지 못하여, 이에 의해 인간이 지배를 받는 (공상 과학 영화처럼) 위기가 도래할 수도 있다. 이러한 연유로 AI와 관련된 보안 시장도 성장할 수 있을 것이다.

• **2030년 내가 생각하는 미래**

작년 초 우리나라는 인공지능 컴퓨터 알파고와 인간을 대표한 이세돌의 바둑 대결로 매우 시끄러웠다. 세계적으로 유명한 IT업체의 노이즈 마케팅의 일원이라고 평가 절하 할 수 있었던 이 대결이 우리 사회에서 큰 이슈가 된 것은 그동안 우리가 쉽게 접근할 수 없었던 인공지능 프로그램을 직접 확인해 볼 수 있었고, 더군다나 그 상대는 우리가 사랑하는 스타 바둑기사 이세돌이었기 때문이다. 그리고 이세돌의 연패는 공상과학 소설이나, 영화 등에서 자주 언급되는 AI에 의해 인간이 지배당하는 그런 위기가 오지 않을까 하는 두려움도 어느 정도 영향을 미쳤을 것이라고 본다. 2030년 우리가 사는 세상은 지금과는 분명 다르게 바뀌어 있을 것이다. 아마 우리의 삶은 지금보다는 분명 더 편한 세상일 것이다. 18세기 후반 산업혁명은 제조업의 발달을 가져왔고 이후 200년 동안 인간은 그 어느 찬란한 문명보다 화려하고 풍요로운 삶을 제공해주었다. 하지만 앞으로 인공지능에 의한 우리의 제조 산업은 지금보다 훨씬 더 역동적이고 빠른 속도로 증가할 것이다. 이제는 교과서에는 배우는 개념의 변화가 나타나게 될 것이다. 생산의 주체는 '기업'이 아닐 수도 있다. 3D 프린터의 발달로 인해 제조 시스템의 주체가 '기업'이 아닌 '가계'에서도 나타날 수 있게 된 것이다. 그리고 3D 프린터는 기업에 의한 재화 생산 기간을 그 어느 때보다 단축시켜 기업의 재화를 생산하는 모습은 획기적으로 달라질 것이다. 이러한 변화는 우리의 직업군에도 큰 변화를 가져올 것임이 확실하다. 지금처럼 인간이 공장에서 재화를 생산하는 데 직접적으로 관여하지는 않을 것이다. 다만 인간에 의해 코딩되어지는 프로그램에 의해서 로봇이 재화를 만들 것이다. 그렇다면 인간은 어떤 직업을 갖게 될 것인가? 이러한 질문에 대한 정확한 대답은 알 수 없다.

내가 생각하는 미래 사회는 다음과 같다. 1970년대 석유 파동 이후 신자유주의가 등장하였고 국가는 작은 정부로서 복지를 점점 축소해 나가고 효율적인 정부를 구축해 가고 있다. 하지만 미래 사회에서 정부는 지금보다 훨씬 더 큰 영향을 미치는 정부가 되리라 생각한다. 기업에 의해 생산된 재화는 노동비가 거의 들어가지 않기 때문에 저렴하게 판매될 것이다. 하지만 그만큼 인간의 노동력이 필요하지 않은 사회에서 가계소득은 매우 부족하게 될 것이다. 결국 기업은 재화를 판매해야 하지만 가계는 소득이 발생하지 않기 때문에 기업의 재고는 증가하게 되고 소비를 늘리기 위해서 정부가 개입을 할 수밖에 없을 것이다. 정부는 기업에게 막대한 세금을 부과하고 이 세금을 바탕으로 지금 일부 국가에서 실험적으로 실시하고 있는 기본소득제가 나타날 가능성이 크다. 정부에서 제공하는 기본소득제를 바탕으로 가계는 기업에서 생산한 값싼 재화를 소비하게 되고, 더 이상 육체적 노동을 제공하지 않아도 인간은 삶을 살아 갈 수 있을 것이다. 하지만 이처럼 비생산적인 삶은 그다지 행복하지 않을 수도 있다. 그렇다면 어떤 이가 보다 윤택한 삶을 살아가게 될 것인가? 그것은 하드웨어 중심이 아닌 소프트웨어가 중심인 산업을 준비한 자만이 가능할 것이다. 지금 우리 사회는 저출산과 세계 경기의 위축, 미국을 중심으로 보호 무역의 증가, 풍부한 자본을 바탕으로 하는 중국의 급격한 성장, 기존 산업의 쇠퇴 등으로 그 어느 때보다 위기를 맞고 있다. 아마 우리나라에서 다시는 과거처럼 값싸고 풍부한 노동력을 바탕으로 하는 경제성장은 어려울 것이다. 그렇다면 어떻게 미래를 준비해야 할 것인가? 내가 생각하는 앞으로 우리가 희망을 가질 수 있는 미래는 강소국으로서의 한국이다. 창조적인 인재를 통한 IT산업의 강국을 만들어야 할 것이다. 이를 위해서는 교육자로서 나의 삶에서도 변화가 나타나야 할 것이다. 과거처럼 텍스트를 무조건 암기하는 학습은 더 이상 무의미하다. 그런 단순한 지식은 이미 우리가 가지고 다니는 스마트 폰을 통해서도 충분히 얻을 수 있기 때문이다. 이제는 학생들의 창의력과 상상력을 극대화 할 수 있는 학습이 필요하다. 그리고 학교에서도 코딩 등과 같은 소프트웨어 작성 능력을 필수적으로 배워 나가야 할 것이다. 학습자의 능력과 흥미를 고려하고 길러줄 수 있는 교육이 이루어져야 할 것이다. 나 역시 그러한 교육자의 모습을 갖춰나가야 하리라 생각한다.

3) 사례 3

(1) 작품 1: 나는 누구일까?

그림 4.7 나는 누구일까?(초등학교 교사, 여)

❖ 작품 설명

'나는 누구일까?'라는 질문을 받고 내가 누구인지를 생각해보니 가장 먼저 떠오르는 것은 우리 부모님의 딸이고, 한 남자의 아내, 아이들의 엄마, 그리고 선생님이라는 말이었다. 하지만 이것들은 '박○○'이라는 사람의 생물학적이고 사회적 역할에 의해 결정되어지는 것일뿐 인간으로서의 '박○○'은 아닌 것 같았다. 내가 어떤 생각을 하고 있는지, 내가 관심있어 하는 분야는 어떤 것인지, 내가 좋아하는 것, 싫어하는 것, 원하는 것은 무엇인지, 미래의 생활에 대해서 어떤 생각을 하고 있는지 등 진정한 '나'의 모습이 궁금했다.

나에 대해 가장 잘 아는 사람은 바로 '나 자신'이겠지만, 스스로에 대해 진지하게 생각해본 적이 언제였는지 생각나지 않을 만큼 일상에 젖어 충실하고 정신없이 살아왔던 시간을 뒤로하고 나를 깊이 생각해볼 의미 있는 시간이 될 것 같았다.

잡지책을 한 장 한 장 넘기면서 나를 찾는다는 게 한계는 있지만 나로 표현하고 싶은 것들은 다음과 같다.

① 나무, 숲, 꽃: 어느 날 출근을 하던 길에 햇살에 비친 나무를 보게 되었다. 계절이 삭막한 겨울에서 벗어난 따뜻한 봄이었는지 연두색 나뭇잎이 내 가슴에 와 닿았다. 그 뒤부터 내가 좋아하는 색은 연두색이 되었고 그러다 보니 나무와 꽃, 숲을 좋아하게 되었고, 교실 환경에도 연두색을 많이 사용하게 되었다.

② 시: 바쁜 학교생활을 하다 보니 책 읽기와는 너무나 멀리 떨어져 있었다. 그런데 책을 읽어야겠다는 생각을 하게 되면서 소설책, 수필집, 교육관련 서적 등을 읽어보려고 노력했지만, 짬짬이 읽을 수밖에 없는 현실 속에서 긴 스토리를 연결해 가며 읽는다는 것은 거의 불가능했다. 이러한 문제점을 깨닫게 되면서 연결 스토리가 없는 시집을 읽기 시작하였다. 시집을 읽으면서 문득 고등학교 시절이 떠올랐다. 고등학교 3학년 시절 교회 친구를 좋아하게 되었는데 그리움을 야자시간에 서로 달랬던 추억이 떠올랐고, 공부는 안하고 시를 쓰고 있는 모습에 담임 선생님이 국어교육과로 날 진로지도하지 않았을까 하는 생각도 해 보게 되었다.

③ 여행: 시간의 여유가 있으면 가족이든, 친구든 여행가는 걸 즐겨했었다. 새로운 문화를 접하고 체험하고 알게 되는 것들이 나에게는 큰 즐거움이었다. 이때부터 아마 내가 학구열을 가지고 있었나 보다. 지금 이렇게 대학원까지 다니는 걸 보면...

④ 술, 고기, 커피: 성인이 되면서부터 마시게 된 술은 내성적인 성격으로 표현이 부족했던 나에게 나를 오픈 마인드로 만들어 줄 수 있는 계기가 되었다. 술을 마시며 친구들을 더 알게 되었고 나를 알리는 좋은 시간이 되었다. 그리고 술과 함께 먹는 삼겹살은 또한 최고!!! 느끼함 뒤에 먹는 군더더기 없는 쌉싸름한 아메리카노 커피도 최고!!

⑤ 소파: 소파는 편안함을 의미한다. 편안하게 소파나 침대에 누워 애청 TV프로그램을 보고 자고 또 자고, 내가 좋아하는 것인데도 지금의 일상에서는 불가능한 일이지만...

⑥ 패션: 대학생 때 점심비를 아껴가며 모은 돈으로 배꼽티에 미니 스커트, 때로는 타이트한 윗옷에 롱치마를 입고 다니면서 나름 사범대 패셔리더라는 말, 사범대학 학생이 아닌 것 같다는 말을 많이 듣고 다녔다. 지금도 여전히 내가 좋아하는 스타일이 정해져 있고 유지하기 위해 노력하고 있다.

나는 누구일까를 생각하며 잡지책을 넘기다보니 중고등학교 시절의 나의 모습까지 떠올랐다. 현재의 나는 과거의 반영이고 현재는 미래에 반영될 것인데 지금의 나를 잘 지키고 가꾸도록 노력해야겠다는 생각을 했다.

(2) 작품 2: 4차 산업혁명 시대 2030년의 나는?

그림 4.8 4차 산업혁명 시대 2030년의 나는?(초등학교 교사, 여)

❖ 작품 설명

4차 산업혁명은 인공지능, 사물 인터넷, 빅데이터, 모바일 등 첨단 정보통신 기술이 경제, 사회 전반에 융합되어 혁신적인 변화가 나타나는 차세대 산업혁명을 말한다. '초연결성(Hyper-Connected)', '초지능화(Hyper-Intelligent)'의 특성을 가지고 있으며, 인공지능(AI), 사물 인터넷(IoT), 클라우드 컴퓨팅, 빅데이터, 모바일 등 지능 정보기술이 기존 산업과 서비스에 융합되거나 3D 프린팅, 로봇공학, 생명공학, 나노기술 등 여러 분야의 신기술과 결합, 인간과 인간, 사물과 사물, 인간과 사물이 상호 연결되어 실세계 모든 제품·서비스를 네트워크로 연결하고 사물을 지능화하는 놀라운 세계로 이끌어 간다고 한다. 하지만 4차 산업혁명의 시대가 도래한 2030년 시대에는 듣보잡(듣도 보도 못한 직업)이 생겨나겠지만 그럼에도 불구하고 '초연결성', '초지능화'를 대체할 수 없는 직업들이 존재하리라 본다. 2030년이면 불과 13년 뒤의 일이다. 과연 4차 산업혁명 시대를 살아갈 내가 가질 또 다른 직업에는 무엇이 있을까? 내가 좋아하고 잘할 수 있는 것들을 바탕으로 생각해 보고자 한다.

① 작가: 사물이 지능화되고 인공지능이 발달한다고는 하지만 사람의 마음을 다루는 일은 사

람이 아니면 결코 할 수가 없는 일이다. 나는 평소에 시를 읽고 쓰기를 좋아하므로 시를 쓰는 작가가 되어 있을 것이다.

② 여행 디렉터: 여행하기를 좋아했던 내가 여행을 하면서 보고 느꼈던 정서 체험 등을 바탕으로 여행지를 추천하고 코스를 계획하는 여행 디렉터가 되어 있을 것이다. 정서와 감정을 다루는 일은 인간의 가슴만이 할 수 있는 일이기 때문이다.

③ 패션 디자이너 및 플로리스트: 의상이나 꽃들의 색의 조화, 크기의 조화, 창의적인 디자인 주변과의 조화로운 매칭, 메이크업 등을 과연 컴퓨터가 할 수 있을까? 복합적인 사고와 창의성을 요구하는 것들은 사람의 지능이 아니고는 결코 할 수 없을 일이다. 평소에 패션과 디자인에 관심이 많았으므로 꾸준하게 이 능력을 개발시켜서 2030년에는 또 다른 나의 직업이 되어 있을 것이다.

4) 사례 4

(1) 작품 1: 나는 누구인가?

그림 4.9 나는 누구인가?(초등학교 수석교사, 여)

❖ 작품 설명

'진로상담' 시간에 '나는 누구인가?'라는 제목으로 잡지책의 그림이나 사진을 이용하여 '콜라주' 기법으로 나를 나타냈다. 처음에는 콜라주 기법이 어떤 것인지 떠올려 보았고, 잡지책의 그림이나 사진을 살펴보았더니, 내가 가지고 있는 잡지책은 '가족'에 관련된 사진들이 많이 있었다. 그래서 내가 평소에 행복한 가정을 추구하였고, 늘 우선으로 생각하였기 때문에 우리 가족과 관련지어 완성하게 되었다.

그림에 대한 설명을 왼쪽 위부터 설명해 보겠다. 삼세대 가족들의 단란한 모습은 내가 바라는 우리 가족의 모습이고, 오른쪽은 삼세대가 손녀의 대학졸업식에 참석하여 사진을 촬영하는 단란한 가족의 모습을 보여준다.

왼쪽 중간의 침대는 안락한 가정을 의미하고, 가정에서 편히 쉼이 사회생활에도 활력을 얻을 수 있다는 것을 상징하고, 그 옆의 밥상은 행복한 가정의 힘을 의미하는 영양소를 고루 갖춘 맛있는 밥상, 왼쪽 맨 아래의 밥상은 때로는 간편하게 식사를 할 수도 있음을 나타내고, 가운데 여러 가지 채소들은 아침에는 간단하게 채소즙으로 영양을 보충한다는 의미이다.

가운데 아래 그림은 가끔 부부가 최고로 멋있게 차려입고 국내나 해외여행을 다녀와 생활의 활력을 얻고, 자녀의 부부도 방학 중에는 멋진 여행을 다니면서 상큼한 과일 쥬스를 마시면서 휴식을 취하여 다음 학기에 활기찬 학교생활을 할 수 있는 에너지를 얻는 것을 의미한다.

오른쪽 위의 사진은 전문가로서 학생 및 학부모를 대상으로 상담을 하고, 또 아래 그림은 전문 교사로서 학생들을 지도하고, 자녀들이 결혼하여 일터에서 자녀 양육 걱정없이 사회생활을 할 수 있도록 손자, 손녀를 돌봐주는 우리 부부를 뜻한다. 아래 그림 또한 훌훌 털어버리고 바캉스를 떠나 힐링하는 모습이다.

이와 같이 삼세대의 가족이 행복하게 생활하고, 적절한 여행으로 힐링하면서 앞으로의 생활을 살아가는 '나'이고 싶다.

• 2030년, 갖고 싶은 직업

'진로상담' 시간에 '2030년 갖고 싶은 직업'이라는 제목으로 상상의 날개를 펴보는 시간을 갖게 되었다. 2030년 나는 어떤 직업을 갖고 있을까?

2023년 8월말에 나는 정년퇴임을 하게 된다. 그러면 '나는 퇴임 후 또 어떤 직업을 갖게 될까?' 생각해 보았다. 먼저, 교사라는 전문분야를 살려 학생 및 일반인, 노인들 대상으로 강의 및 컨설턴트로 활동하고 싶다. 왜냐하면 지금도 이 일이 즐겁고 나에게 맞는 일이라고 생각하고, 이 사람들에게 집단지성 및 회복탄력성 등 각자의 분야에서 지혜롭게 살아갈 수 있는 지혜를 가질 수 있도록 도와주고 싶기 때문이다.

두 번째는 목사가 되고 싶다. 나의 삶에 감사함으로 살아갈 수 있고, 평안을 얻고 싶으며, 세상 사람들의 삶에 지치고, 힘든 영혼들에게 활력을 불어 넣어주고, 살아갈 힘을 주고 싶고 평안한 마음을 갖고 살아갈 수 있도록 힘과 용기를 불어 넣어주고 싶어서이다. 세 번째는 전문상담사로 활동해 보고 싶다. 가정이나 학교에서의 안정된 생활을 하지 못하고, 부모나 교사에게 인정받지 못하고, 또래 집단에서 어울리지 못하는 학생 및 청소년을 대상으로 개인상담 및 집단상담을 하여 세상을 긍정적으로 살아가고 감사하며 살아갈 수 있도록 도와주고 싶다.

네 번째는 학교도서관 및 공공도서관, 사설도서관의 사서교사를 하고 싶다. 도서관에서 일을 하면서 나도 좋은 책을 마음껏 골라 읽고 싶고, 유아 및 유치원생, 초등학생에서 일반인들에게 독서의 재미와 중요성을 깨닫게 하여 여러 사람들이 책 읽는 재미를 알도록 하고 싶다.

2030년에는 위와 같은 일을 하고 싶다. 내가 가지고 있는 재능을 살려 퇴직 후인 2030년에도 건강하고 활기차게 세상 사람들과 함께 감사함으로 살아가는 앞으로의 생활을 살아가는 '나'이고 싶다.

05___커리어로드맵(career road map)

커리어로드맵은 자신의 커리어를 어떻게 만들어 갈 것인가를 미리 그려보도록 하는 것으로 진로선택 이후의 진로문제까지 포함한다. 우리의 뇌는 글보다는 이미지를 더욱 잘 기억한다. 글로 써 놓은 목표도 좋지만, 글과 이미지를 한꺼번에 볼 수 있도록 시각화 하는 작업이 도움이 된다.

자신의 10년, 20년, 30년 이후의 삶, 갖고 싶은 것, 가고 싶은 곳, 되고 싶은 모습, 하고 싶은 일에 대한 목록을 작성한 후 목록을 가장 잘 나타내는 그림을 마인드맵처럼 그린다.

진로탐색과 의사결정, 직업기술 연마, 일자리 찾기 기법들, 일자리 유지 기술 등에 자신이 종사하고 싶은 직업, 맡고 싶은 업무, 되고 싶은 지위, 자기계발을 위해 어떤 노력을 기울일지에 대해 세부적인 내용 등을 구체적으로 기록한 커리어로드맵은 자신이 지금 어떤 상태인지를 이미지로 파악하는 데 도움을 줄

뿐만 아니라 각 단계에 따라 적합한 기법들을 적용하는 청사진으로 작용하여 자신의 커리어를 만들어가는 데 노력과 시간을 절약해 준다.

다음 그림들은 다양한 커리어로드맵에 대한 실제 사례를 보여주고 있다([그림 4.10]부터 [그림 4.17]까지).

그림 4.10 커리어로드맵 예 1

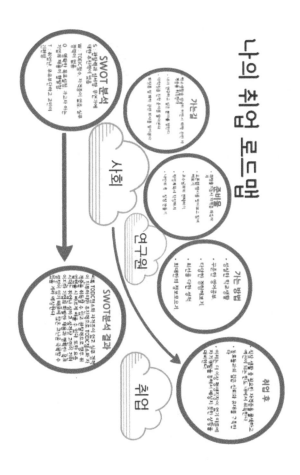

출처: https://prezi.com/mdbypttva3x6/presentation/

그림 4.11 커리어로드맵 예 2

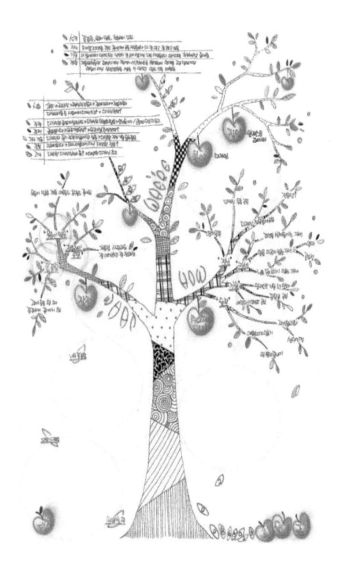

출처: http://bizwriting.kr/220824054824

그림 4.12 커리어로드맵 예 3

출처: https://prezi.com/0u_yqqsqbxyd/presentation/

그림 4.13 커리어로드맵 예 4

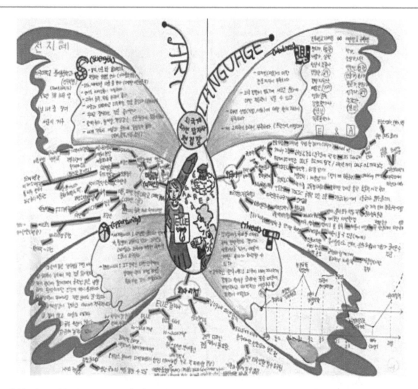

출처: http://www.ajou.ac.kr/kr/ajou/news.jsp?mode=view&article_no=3359&board_wrapper=%2F
kr%2Fajou%2Fnews.jsp&pager.offset=1332&board_no=17

그림 4.14 커리어로드맵 예 5

출처: https://www.google.co.kr/search?q=%EC%BB%A4%EB

그림 4.15 커리어로드맵 예 6

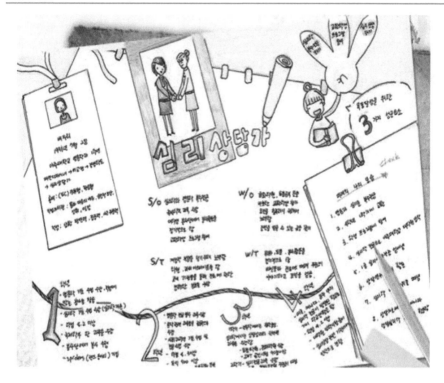

출처: https://www.google.co.kr/search?q=%EC%BB%A4%EB

그림 4.16 커리어로드맵 예 7

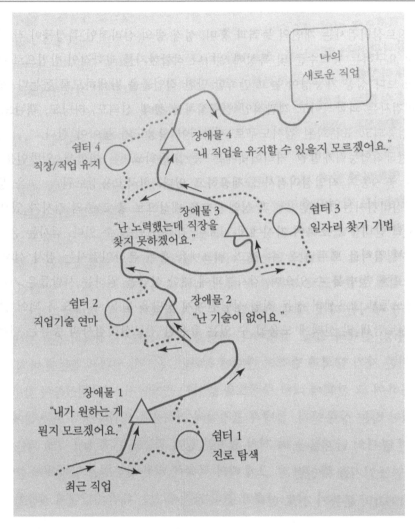

나의
새로운 직업

쉼터 4
직장/직업 유지

장애물 4
"내 직업을 유지할 수 있을지 모르겠어요."

장애물 3
"난 노력했는데 직장을
찾지 못하겠어요."

쉼터 3
일자리 찾기 기법

쉼터 2
직업기술 연마

장애물 2
"난 기술이 없어요."

장애물 1
"내가 원하는 게
뭔지 모르겠어요."

쉼터 1
진로 탐색

최근 직업

출처: Westwood et al.(1994), 김봉환 외(2013) 재인용.

3

06___진로심리검사

진로심리검사는 개인의 능력과 흥미, 성격 등의 심리적인 특성들이 각 직업에서 요구하는 능력수준 및 특성에 얼마나 적합한지를 과학적인 방법으로 측정하여 보다 성공 가능성이 높고 만족할 만한 직업들을 탐색하도록 돕는다. 좋은 심리검사는 과학적이고 객관적인 연구절차를 통해 신뢰도, 타당도, 객관도 등이 검증되고 표준화된 검사도구로 제작되어 활용도가 높아야 한다.

한국직업능력개발원 커리어넷에는 중·고등학교(5종) 대학생·일반인용(4종)으로 총 9종의 직업심리검사를 제공하고 있다. 한국고용정보원(워크넷)을 통한 직업심리검사는 청소년(10종)과 성인(13종)을 대상으로 총 23종의 검사가 있으며. 검사의 안내를 참조하여 자신에게 필요한 검사를 받을 수 있다. 검사는 온라인과 지필검사로 모두 받을 수 있고, 워크넷을 통한 온라인검사는 검사 실시 후 결과표를 받아 볼 수 있으며, 검사결과에 대한 상담을 원하는 사람들은 가까운 고용노동부 고용센터 전문 직업 상담원에게 상담을 받을 수 있도록 되어 있다.

진로탐색 및 선택에 도움될 수 있는 유용한 진로심리검사의 종류는 다음과 같다(커리어넷 http://www.careernet.re.kr, 워크넷 http://www.work.go.kr 검사).

표 4.6	한국직업능력개발원 커리어넷 진로심리검사	
심리검사명	내용	대상
직업적성검사	직업과 관련된 특정 능력을 어느 정도로 갖추고 있는지 알아 볼 수 있음	중·고등학생
직업흥미검사(H)	직업과 관련하여 어떤 흥미가 있는지 알아볼 수 있음(141문항)	중·고등학생
직업흥미검사(K)	직업과 관련하여 어떤 흥미가 있는지 알아볼 수 있음(96문항)	중·고등학생
직업가치관검사	직업과 관련한 다양한 가치 중 어떤 가치를 주요하게 만족시키고 싶은지 알 수 있음	중·고등학생
진로성숙도검사	진로를 계획하고 준비하는 데 필요한 태도나 능력을 얼마나 갖추고 있는지 알아 볼 수 있음	중·고등학생
진로개발준비도검사	진로목표 달성을 위해 필요한 사항들에 대한 준비 정도	대학생·일반
이공계전공 적합도검사	대학의 이공계 내 세부전공별 적합도	대학생·일반
주요능력효능감 검사	직업과 관련된 특정 능력에 대해 스스로의 자신감이 어느 정도인지 알아볼 수 있는 검사	대학생·일반
직업가치관검사	직업과 관련한 다양한 가치 중에서 어떤 가치를 주요하게 만족시키고 싶은지 알아볼 수 있음	대학생·일반

표 4.7	한국고용정보원 워크넷 진로심리검사	
심리검사명	내용	대상
성인용 직업적성검사	자신의 능력과 적성을 토대로 적합한 직업 선택에 도움	만18세 이상
직업선호도검사 S형	좋아하는 활동, 관심있는 직업, 선호하는 분야 탐색하여 직업흥미 유형 제공. 개인의 흥미유형 및 적합한 직업탐색	만18세 이상
직업선호도검사 L형	직업선호도, 성격요인검사, 생활사검사를 통합한 검사. 개인의 흥미유형 및 성격, 생활사 특성을 측정하여 적합한 직업 안내	만18세 이상
구직준비도검사	구직자들이 구직활동 준비가 되어 있는지 알아보고 적합한 취업지원서비스 제공. 구직활동과 관련한 특성 측정하여 실직자에게 구직활동에 유용한 정보제공	성인구직자 (고등학교 졸업예정자 포함)
창업적성검사	창업소질이 있는지 파악하여 적합한 업종 제공. 창업적성과 적합한 업종 추천	만18세 이상 직장 창업 희망자
직업전환검사	직업전환을 희망하는 사람에게 적합한 직업 추천	만18세 이상 직장 경험이 있는 성인 구직자(신규구직자 제외)
직업가치관검사	자신이 중요하게 생각하는 직업가치관 탐색하여 적합한 직업분야 추천	만18세 이상
영업직무 기본 역량검사	영업직 분야 직무 능력을 인성과 적성 요인 파악하여 자신의 업무 적합도를 알아봄	만18세 이상(영업직 진출을 희망하는 성인 구직자)
IT직무 기본 역량검사	IT 직무 관련 능력을 인성과 적성요인 파악하여 자신의 업무 적합도를 알아봄	만18세 이상 성인 (IT분야 진출을 희망하는 성인 구직자)
준고령자 직업 선호도검사	준·고령자들의 자신에 대한 이해를 높이고, 심리적 특성 파악하여 직업선택과 관련된 의사결정 도움	만18세 이상

대학생진로 준비도검사	대학생 및 취업을 준비하는 대졸 청년층 구직자들의 진로발달수준과 취업준비행동 수준에 대한 객관적인 정보를 바탕으로 효과적인 진로 및 취업선택지원	대학생 및 취업을 준비하는 청년층 구직자
이주민 취업 준비도검사	국내 거주 이주민이 고용가능성을 평가하여 한국에서의 구직에 도움	만18세 이상
중장년 직업 역량검사	중장년 근로자의 후기 경력개발에 있어 중요한 역할을 하는 직업역량 진단 및 의사결정	만18세 이상

CHAPTER 11

진로·직업탐색 및 취업실무준비

01____직업카드

직업카드를 활용한 진로탐색 활동은 내담자의 흥미, 기술, 욕구, 가치, 능력, 선입견, 직업선호도 등을 카드를 활용하여 분류하거나 우선순위를 매기는 반구조화된 탐색활동이다(Gysbers et., 1998). 직업카드를 활용한 집단 진로지도나 개인상담의 경우, 학생들 또는 개인 내담자로 하여금 직업세계에 대한 이해를 높이고 직업선택의 폭을 넓힐 수 있는 기회를 제공한다. 학생 개인이 관심을 보이는 직업분류나 직업유형에 속한 직업들을 폭넓게 탐색함으로서 직업세계에 대한 이해를 높이고 직업선택의 폭을 확장시킬 수 있다. 또한 카드를 활용한 활동을 통해 학생들에게 진로 및 직업정보를 찾는 방법을 제시한다. 상담자들은 그들에게 직업정보나 직업심리검사, 기타 진로와 관련된 정보를 찾는 방법을 알려줌으로써 스스로 진로탐색활동을 수행할 수 있도록 도울 수 있다(김봉환·최명운, 2002)

직업카드 분류법은 직업명과 해당 직업에 관련된 여러 정보가 함께 제시된 일정한 개수의 직업카드를 활용하여 좋아하는 직업과 싫어하는 직업군으로 나누고, 이를 다시 그 이유별로 분류하는 활동을 통해 참가자의 직업흥미의 특징과 그 이유를 탐색해 보는 질적 진로평가의 한 방법이다(Gysbers, Heppner, & Johnson, 1998).

카드분류는 상담전문가의 아이디어에 따라 다양하게 활용될 수 있는데, 여기서는 직업카드 분류에 대해 소개한다. 상담전문가는 직업명이 적혀 있는 카드를 제시하고 각 카드를 좋아하는 것, 무관심한 것, 싫어하는 것으로 구분해 세 가지 카테고리 안에 넣도록 안내한다. 구체적인 지시사항은 다음과 같다. "여기 카드가 한 세트 놓여 있어요. 각각의 카드에는 직업 이름이 적혀 있는데, 이 직업들 중에는 흥미가 있는 것도 있고, 없는 것도 있고, 잘 모르는 것도 있습니다. 카드를 보면서 여기에 있는 세 바구니에 넣는데, 바구니 하나에 ○○가 했으면 하고 바라는 것을 넣고, 또 하나에 싫어하거나 하지 않을 것 같은 직업을 넣고, 나머지 하나에는 해야 할지, 말아야 할지 확신이 서지 않거나, 잘 모르는 직업이 적힌 카드를 넣으면 됩니다. 카드를 모두 분류하고 나면 왜 그 카드를 세 개의 바구니에 다르게 넣었는지 이야기를 나눌 거예요. 시간이 제한된 것은 아니지만 가능한 ○○에게 먼저 떠오르는 생각대로 넣는 것이 한 가지 방법이에요."

진로지도 및 상담에 활용할 수 있는 카드로는 한국고용정보원에서 발행한 60장의 청소년용 카드, 개인 연구자들이 개발한 초등용, 청년용, 대학생, 성인용 직업카드, 진로가치카드가 시판되고 있다. 상담자들은 자신이 훈련받은 직업카드나 다른 적합한 직업카드를 활용해서 개인상담 및 집단상담에 활용할 수 있다. 직업카드에는 모두 활용방법이 제시되어 있다. 또한 한국고용정보원 워크넷에는 '카드로 보는 직업정보'를 새롭게 게시하여 클릭 한번으로 직업에 대한 다양한 정보를 접할 수 있으며, 커리어넷에서는 주니어용 직업사전을 홈페이지에 게시하여 도움을 주므로 사이트를 참고하여 직업카드를 직접 만들어 활용할 수도 있다.

그림 4.17 청소년/초등학생용 직업카드

출처: http://www.hakjisa.co.kr/subpage.html?page=book_book_info&bidx=3083

그림 4.18 카드로 보는 직업정보

카드로 보는 직업정보

🔲 > 직업정보공개 > 카드로 보는 직업정보

빅데이터분석가
데이터를 통해 세상을 보는 이들, 'ᄇᆞ데이터분석가'
2017-08-07   830

홀로그램전문가
이제 나도, 3D 영상의 마술사 '홀로그램전문가'
2017-06-26   1950

반려동물행동상담원
장난꾸러기 동물들은 나에게 맡겨라 반려동물행동상담원
2017-06-19   2827

영유아안전장치설치원
소중한 아이들에게 장치 없는 세상 '영유아안전장...
2017-06-07   1964

주변환경정리전문가
바쁜 사람들의 삶의 질서를 정돈한다, 주변환경정리전문가
2017-05-26   2736

도시재생전문가
도시에 마을에 새로운 생명을 불어넣은, 도시재생전문가
2017-04-11   3758

연구실안전전문가+화학물질···
안전 파수꾼 연구실안전전문가 화학물질안전관리사
2017-02-03   2940

정신건강상담전문가
'마음의 친구' 정신건강상담전문가
2017-02-08   6170

정밀농업기술자
이제는 농업도 과학이다! 농업이 첨단과학...
2016-11-23   5827

3D프린팅운영전문가
똑똑한 일꾼 3D프린터!
2016-07-12   5664

개인미디어콘텐츠창작자
즐기고 표현하고, 소통하며 돈 벌다! 개인미디어콘...
2016-07-12   2676

인공지능전문가
사람을 닮은 똑똑한 지능을 창조하는 인공지능전문가
2016-07-12   2767

출처: http://www.work.go.kr/consltJobCarpa/srch/cardNews/cardNewsList.do?pageIndex=3

02___진로 및 직업정보

직업을 결정할 때 자기 자신에 대한 이해가 충분히 되어 있더라도 직업에 대한 구체적인 정보가 없다면 적합한 진로선택이 어렵다. 지식정보화시대에 살고 있는 우리는 클릭 한 번으로 수많은 정보를 획득할 수 있는 혜택을 누리고 있지만, 정보의 홍수 속에서 신뢰할 만한 정보를 골라내는 것 또한 쉬운 일은 아니다. 어떤 정보를 얼마만큼 많이 알고 있는지, 그 정보가 얼마나 정확한지에 따라 선택이 달라질 수 있고 급변하는 채용시장과 취업전쟁에서 뒤처지지 않고 살아남기 위해 노력해야 한다.

직업정보는 미래 사회 전망, 노동력에 관한 것, 직업구조와 직업군, 취업경향, 노동에 관한 제반 규정, 직업의 분류와 직종, 직업에 필요한 자격요건, 준비과정, 취업정보, 취업처에 대한 자세한 내용을 포함하여 이용자가 이해하고 적응하도록 도움을 주는 데 목적이 있다. 직업정보는 각종 조사와 전문가 인터뷰, 관련 통계 데이터 분석을 통해 검증과 자문을 구하는 절차를 거쳐 탄생하며, 다양한 경로를 통해 수집된다. 부모, 교수, 선배, 동료, 주변 사람, 인터넷, 신문, 저서, 매스미디어 등을 통해 정보수집이 가능하지만 수시로 변하는 직업세계 속에서 최신의 정보를 확보해야 한다.

표 4.8 진로정보관련 인터넷 사이트

인터넷 사이트(URL)	내용
워크넷 www.work.go.kr	한국 고용정보원이 운영하는 취업 포털사이트로 직업심리검사, 진로정보, 채용정보, 고용정보 등 진로 결정과 취업에 관한 상세정보가 제공
청소년 워크넷 www.youth.work.go.kr	한국 고용정보원이 운영하는 청소년을 위한 진로 및 직업 정보사이트, 초, 중, 고, 대학생, 청년층의 진로 설계를 위한 직업 심리 검사, 직업정보, 학과정보, 취업 가이드 등을 제공
HRD-Net www.hrd.go.kr	진로정보훈련 정보망으로 훈련 직종별, 지역별, 기간별, 직업 훈련을 검색할 수 있음

커리어넷 www.careernet.re.kr	한국 직업능력개발원이 운영하는 사이트로 초등학생부터 성인, 교사 등 대상별 진로 및 직업 정보를 제공하고 있으며 온라인 진로 상담도 실시
한국직업정보시스템 www.know.work.go.kr	대학의 학과, 직업에 대한 상세정보와 일자리 전망 제공. 자신의 능력과 흥미에 맞는 직업 검색 가능하며 워크넷과 통합 운영중. 우리나라 대표 직업 625가지가 하는 일, 직업을 갖기 위한 업무수행능력 제공
큐넷(Q-Net) www.q-net.or.kr	한국산업인력공단의 자격정보 시스템으로 국가(기술)자격, 공인민간자격에 대한 정보와 수험정보를 볼 수 있음
교육방송 www.ebs.co.kr	직업 및 교육 관련 방송을 다시 보기 가능
진학진로정보센터 www.jinhak.or.kr	서울특별시 교육연구정보원에서 운영하는 사이트로 진로 정보 및 진학 정보를 검색할 수 있음.
한국가이던스 www.guidance.co.kr	한국가이던스 홈페이지로 진로, 직업 정보 및 온라인 심리검사 제공
국가직무능력표준 www.ncs.go.kr	산업현장에서 직무를 수행하기 위해 요구되는 능력(지식, 기술, 태도)을 국가가 체계화 한 것으로 직무능력중심 채용 정보제공
히든챔피온 www.hdchamp.career.co.kr	대중에게는 잘 알려져 있지 않지만 각 분야의 세계시장을 지배하고 있는 우량기업에 대한 채용 정보 제공
영삼성 www.youngsamsung.com	삼성그룹에서 운영하는 청년층 대상 사이트로 상세 업무를 소개한 직업체험 24시, 재직자 대상 동영상 인터뷰 등을 제공
유스드림 www.youthdream.go.kr	국가청소년위원회에서 운영하는 사이트로 각 직업에 종사한 경험이 있는 청소년 진로안내 전문가들에게 직업 관련 상담을 받을 수 있음

한국고용정보원 www.keis.or.kr	고용관련 정책, 고용서비스, 직업정보, 인적자원개발 및 관리, 인력수급 전망 등 다양한 주제영역에 대한 연구논문들을 e-book과 pdf 파일 형태로 제공
교육과학기술부 www.mest.go.kr	고등학교의 종류, 특징, 입학전형 방법 등을 설명한 고등학교 입학전형 가이드북 제공. 대학입시정보, 전국대학 모집단위별 입학정원등 진로관련 사이트 주소도 함께 제공. 학생, 학부모, 교원 등으로 분류하여 자료제공
대학교 홈페이지	각 대학의 홈페이지 메인화면에서 입학안내 메뉴 클릭시 입학처로 연결. 수시, 정시, 특별전형 모집요강 등 제공

그림 4.19 진로교육 관련사이트 1

진로교육 관련사이트

그림 4.20 진로교육 관련사이트 2

03___미래의 유망직업

인터넷과 정보기술의 발달로 인간의 삶과 환경은 빠르게 변하고 있으며, 인공지능 로봇의 등장으로 기존 직업의 소멸과 새로운 직업의 생성 속도는 빨라지고 있다. 과연 영원한 직업이 있을까? 현대 사회에서 인기 있는 직업이 미래에도 인기가 있을까? 4차 산업혁명시대 미래형 직업을 찾아보기 위해서는 미래 직업의 종류에 대해 예상해봐야 하며, 앞으로 없어질 직업의 종류, 새로 생겨날 직업의 종류 등에 대해 예측해 보아야 한다. 스마트폰이 등장하면서 사라진 직업과 생성된 직업은 어떤 것들일까?, 자동차 내연기관이 사라지고 수소차, 전기차, 자율주행차, 드론이 상용화 되면 어떤 직업이 사라지고 생길까? 인공지능의 대중화, 남북통일이 되면, 인간의 평균수명이 100세를 넘게 되면 산업은 어떻게 될까? 옥스퍼드 마틴스쿨 칼 베네딕트 프레이 교수와 마이클 오스본 교수가 2015년에 발표한 「고용의 미래」라는 보고서는 자동화의 기술 발전으로 20년 이내 현재 직업의 47%가 사라질 가능성이 크다고 예측한다.

미국의 구인·구직 정보업체 '커리어케스트'는 미국 노동 통계국의 고용전망 자료를 토대로 '10대 몰락 직종'을 발표했는데 2012~2022년 사이 모든 직종 가운데 고용하락률이 가장 높은 직종을 이메일과 소셜네트워크의 발달요인이 원인이 된 우체부라고 예측했다. 보스턴 컨설팅 그룹의 리치세서 회장은 산업사회에서는 공장 노동자가, 지식사회에는 지식 노동자가 주역이었으나, 인공지능의 등장으로 미래에는 인사이트 노동자(Insight Worker)가 주역이 될 것이라고 하였다. 인사이트 노동자란 사회적 가치를 알아보고, 문제 해결 방법을 찾아내고, 사람들의 합의를 도출해내고, 사람들에게 영감을 불어넣는 교감능력을 갖춘 사람을 말한다. 산업사회에서는 자신의 기억 속에서 문제 해결 방법을 찾아내는 수렴적 사고를 지닌 사람이 주역으로 활동해 왔다면, 앞으로 사회에서는 자신의 지식과 연관되지 않는 분야를 넘나들며 문제 해결 방법을 찾아내는 발산적 사고를 지닌 창의적 인재가 주역이 될 것이라는 이야기다. 좌뇌 중심의 수직적 사고(수렴적 사고), 우뇌 중심의 수평적 사고(발산적 사고)를 함께 할 수 있는 인재를 필요로 할 것이다. 따라서 미래 사회에서는 인문학과 자연과학의 공통점을 이해하고 양쪽을 융합하는 역량을 지닌 인재가 각광을 받게 될 것이라고 한다.

한국고용정보원(2016)에서는 인공지능기술에 대한 관심이 높아지면서 일자리 대체 가능성에 대해 기술 수준을 가장 잘 알고 있는 전문가의 관점으로 인공지능이 가져올 일자리 변화에 대해 알아 보았다. 사회적 영향력이 높은 직업인 동시에 청소년들의 선호도가 높은 직업으로 의사, 법조인, 교사, 공무원, 예술가에게 어떠한 변화를 가져올 것인지를 기술 전문가가 바라보는 직업 변화와 현재 그 직업에 종사하는 직업인의 답변을 비교하여 대체 가능한 영역과 대체 불가능한 영역을 도출한 결과와 인공지능에 따른 역할의 변화를 살펴보면 <표 4.9>와 같다.

데이터를 기반으로 한 의사 업무의 경우 기술 전문가와 현직 의사 모두 인공지능이 인간보다 뛰어날 것이라고 보았다. 환자의 진단이나 치료법에 대한 정보제공, 수술 성공 확률 등 데이터를 기반으로 한 일에서는 인공지능과의 협업이 불가피하다는 것이다. 실제로 미국 스탠퍼드대학 'AI 100' 연구진이 발표한 '인공지능과 2030년의 삶' 보고서에 의하면 인공지능이 가장 많이 활용될 수 있는 영역으로 의료 분야를 꼽았으며, 2016년부터 IBM의 AI 의사 '왓슨 포온콜로지(Watson for oncology)'가 국내 병원에 들어와 암진단 등에 활용되고 있다. 정신과 상담 등 관계 중심 진료나 감성 기반의 의료서비스, 중요한 책임이 따르는 일은 대체가 어려울 것으로 보았으나, AI 의사를 위한 보험시스템의 도입으로 책임 문제를 해결할 수 있을 것이라고 보는 기술 전문가도 있었으며, AI 의사의 등장으로 의사의 역할이 축소된다는 우려도 있었으나 의사의 영역이 확대되어 건강관리를 위한 새로운 직종이 등장할 가능성을 제기하는 기술 전문가도 있었다. AI 의사가 보편화될 경우 보험시스템으로 의사의 책임 부분을 해결할 것이며, 인간 의사와의 경쟁과 공생을 예측하기도 했다.

법조인의 경우 보조적 사무업무를 비롯하여 판례 분석, 증거수집, 판결문 초안 작성 등에 인공지능기술이 인간을 대체 가능할 것으로 보았다. 의사와 마찬가지로 데이터를 기반으로 한 작업에서는 인간보다 인공지능이 더 뛰어난 능력을 보일 것이라는 의견이었다. 실제로 2015년 9월부터는 스탠퍼드대학생 조슈아 브라더가 개발한 AI 변호사가 사람들의 항의서 작성을 도와 주차위반 딱지 취소 업무를 하고 있으며, 2016년 5월에는 AI 변호사 로스(ROSS)가 대형 로펌에 정식 고용되어 파산 관련 판례 수집 및 분석 업무를 담당하고 있다. 대체 불가능한 영역으로는 판례가 없는 특이 케이스 업무와 법률 해석 및 여러 선택지 중 하나를 선택하는 최종 판단 영역을 꼽았다. 의사와 마찬가지로 종합적 판단과 책임이 포함되는 일은 여전히 인간의 영역으로 남아 있되, 데이터를 기반으로 한 업무는 인공지능이 대신할 수 있다는 의견이었다. 법조인의 역할 변화에 대해서는 풍부한 증거 수집으로 인해 판단 근거가 확장될 것이며, 일처리 능력 향상으로 기존의 법조인 수가 줄어들 가능성과, 보다 정확한 판결을 위한 새로운 직업이 등장할 것이라는 예측이 있었다. 데이터 수집을 넘어서는 보다 강한 인공지능이 등장할 시 인간의 의지와는 상관없이 역할이 대체될 것이라는 의견도 존재했다.

교사의 경우 기술 전문가와 현직 교사 모두 지식전달 영역에 있어서는 인공지능이 사람의 역할을 대체할 수 있다고 보았다. 데이터를 활용하여 지식을 제공하는 부분에서는 인간보다 인공지능이 더 뛰어날 것으로 보았으며, 진학지도 및 감정적 실수를 저지르지 않아야 하는 객관적 상담 영역에서도 인공지능의 능력을 높이 평가했다. 반면 편견이 없다는 것이 객관적 교육을 가능하게 하지만 도덕, 인성교육에 있어서는 대체가 불가능하다고 보는 의견도 있었다. 교사의 일이 학습지도만은 아니기 때문에 학생의 복지, 인간관계 조정 등 종합적 판단이 필요한 영역에서는 사람의 역할이 중요하다는 것이다. 학생의 특성을 고려한 일대일 맞춤형 교육과 교사의 책임이 큰 영역도 인간의 역할이 클 것으로 보았다. 인공지능이 교육영역에 영향을 미칠 경우 지식을 전달하는 교사의 역할은 학생의 인성이나 생활지도를 하는 역할로 변화할 것으로 예측했다. 교사가 학생 개개인에 맞는 조언자 역할을 하며 학습을 위한 수업시간보다 쉬는 시간이 중요해진다는 것이다. 한편 인공지능이 판단에 도움을 주어 여과장치 역할을 할 수 있을 것이라는 의견과 인간 교사와 AI 교사가 장단점을 보완하는 관계가 될 수 있을 것이라는 의견도 있었다.

표 4.9 인공지능으로 인한 의사 · 판사 · 교사 · 공무원 · 예술가
일자리 대체 가능성과 역할의 변화

직종	답변자	대체 가능한 영역	대체 불가능한 영역	역할의 변화
의사	인공지능기술전문가	- 진단과 관련된 일 - 빅데이터 활용 업무	- 정신과 상담 등 관계 중심 진료	- 의사의 영역 확대 - 건강관리를 위한 새로운 직종 등장 - 스마트 헬스 케어 활용도 증가 - 의사 자격증에 대한 인식 약화 - AI 의사를 위한 보험 시스템 - AI 의사와 인간 의사의 경쟁 및 공생
	현직의사	- 새로운 수술방법이나 치료법에 대한 정보 제공 - 데이터에 근거한 수술 성공률 제공	- 감성 기반의 의료 서비스 - 성공확률로만 판단할 수 없는 수술 결정 여부 - 중요한 책임이 뒤따르는 일	
판사	인공지능기술전문가	- 기존 판례 분석 및 추천 - 논리 방향 체크 - 증거 수집	- 최종 판단 - 재산이 많이 걸려 있거나 특이한 케이스 업무 - 객관적 사실관계보다 논박으로 이루어지는 케이스	- 인공지능기술로 법적 판단근거 확장 - 자료 수집이 빨라져 사람의 일처리 능력 향상으로 기존의 법조인의 숫자는 줄어드는 대신, 정확한 판결을 위한 검증, 감증, 감시를 위한 새로운 직업 등장 - 인간과 동일한 능력을 지닌 판사 로봇이 등장한다면 인간의 의지와는 상관없이 대체될 것
	현직판사	- 사무직원들이 보조하는 송달, 속기 업무 - 선례가 있는 사건의 경우 공소장, 소장, 판결문 초안 작성	- 증거 조사 후 사실 확정 - 법률 해석 - 여러 선택지 중 하나를 선택하는 일 - 판례가 없는 사건 처리	
교사	인공지능기술전문가	- 지식제공 전달	- 인성 발달, 도덕, 규범교육 - 일대일 맞춤형 교육	- 지식 전달은 인공지능이 담당, 교사는 학생의 생활지도 - 학생 개개인에 맞는 조언자 역할 - 수업시간보다 쉬는 시간이 중요해짐
	현직교사	- 지식제공 전달 - 입시 관련 데이터 제공 및 진학 지도	- 학생복지, 인간관계, 상담 등 종합적 판단이 필요한 영역	

		- 감정적 실수를 저지르지 않아야 하는 객관적 상담 영역	- 선택에 책임을 져야 하는 영역	- 혼자 판단 내리기 힘든 상황에서 AI 교사가 조력자, 혹은 여과장치 역할 - 서로의 능력을 파악하여 장단점 보완
공무원	인공지능기술전문가	- 단순 행정 처리 - 사무직	- 이해관계 조정 - 정책개발 등 창의적 영역	
	현직공무원	- 민원관리 및 답변 - 반복적 업무 - 정책 만들기에 있어 사례 수집, 통계 영역 - 예산 처리 - 창의적 영역을 제외한 대부분의 업무	- 기존에 없는 새로운 정책 창조 - 데이터가 부족한 영역	- 정책이 국민들에게 잘 적용되고 있는지 판단하고 소통하는 현장 업무 수행
예술가	인공지능기술전문가	- 기존의 작품을 활용한 작품 창작 - 표절 여부 검토 - 수학적 비례가 중요한 예술(화음 등)	- 새로운 작품 창조 - 작품을 둘러싼 부가적 가치 - 발레 같은 신체예술 영역	- 새로운 툴과 소프트웨어를 활용한 장르 개발 - 인간 AI 공동 작품 창작 - 로봇과 친숙한 세대를 위한 로봇, 휴머노이드 스타 등장 - 인간의 불완전한 특징이 로봇과 대비되는 개성, 혹은 매력이 되어 이를 선호하는 사람들을 기반으로 예술 활동 지속
	현직예술가	- 기획·마케팅 등 판매와 관련된 부분 - 상업적 성공 여부 판단 - 창의력(객관적 판단 불가)	- 감성적 영역 - 자의식에 기반한 활동	

출처: 한국고용정보원(2016). 2030 미래직업세계연구(Ⅱ) 재구성.

공무원의 경우 창의적 영역을 제외한 대부분의 영역에서 인공지능기술이 인간을 대체할 수 있을 것으로 보았다. 민원관리 및 답변, 사례 수집, 통계, 예산 처리 등 반복적이고 단순한 행정 처리에 있어 충분히 대체 가능하다는 것이다. 대체 불가능한 영역은 이해관계 조정, 정책개발 등 창의적 영역으로 보았다. 한국행정연구원의 <인사비전 2045>에 따르면, 인공지능과 빅데이터가 행정업무에 활용돼 일부 공무원 업무를 대체할 것이며, 이에 따라 기계가 대체할 수 없는 감수성, 사색능력 등 인간 본연의 능력과 공직자로서의 소명을 정책과 행정서비스에 담아낼 수 있는 인재가 미래에 필요할 것이라고 발표했다. 공무원의 역할은 정보를 처리하는 영역에서 벗어나 정책의 기능을 판단하거나 현장의 의견을 반영, 소통하는 업무를 중심으로 변화할 것으로 전망했다. 공무의 단순 영역은 인공지능이 담당하되 보다 복잡하고 종합적인 영역은 인간의 역할이 될 것이라는 예측이었다.

예술의 영역에서도 기존의 작품을 기반으로 한 작품 창작에 대해서는 인공지능이 대체 가능할 것으로 보았다. 창의력이라는 것이 객관적 판단이 불가능하기 때문에 인간의 해석이 개입하는 예술의 영역에서 인공지능도 충분히 창의적으로 보일 수 있다는 것이다. 화음 구성 등 수학적 비례가 중요한 예술에서도 인공지능이 인간의 능력을 대체할 것으로 보았으며, 표절 여부 검토나 상업적 성공 여부 판단 등 창작을 둘러싼 부가적 영역에서도 인공지능이 활용될 수 있다고 전망했다. 인공지능이 작품을 만들어내는 것은 가능하지만 작품을 둘러싼 부가적 가치 창출은 대체 불가능하다고 보았다. 대량생산이 가능하기 때문에 인간 특유의 고유성은 담아낼 수 없다는 것이다. 새로운 작풍 창조나 발레 같은 신체예술 영역도 대체가 불가능한 영역이다.

인공지능은 창작활동을 확장시키는 도구로 활용되어 예술의 영역이 보다 확대될 것으로 보았다. 과학과 예술의 밀접한 관련성이 새로운 장르 개발과 다양한 창작활동으로 이어질 수 있다는 것이다. 단순한 도구적 활용을 넘어 인간과 AI가 공동 창작자로 활동할 수 있으며 로봇과 친숙한 세대를 위한 휴머노이드 스타가 등장할 수 있다고도 보았다. 인간 예술가는 인공지능과 대조되는 불완전함을 개성으로 하여 예술 활동을 지속할 수 있다는 예측도 있었다.

미래 세대를 위한 교육방향은 변화하는 미래 사회를 준비하는 과정에서 교육 변화는 반드시 필요하다는 의견이 대다수를 차지했으며, 주요 키워드는 문제 정의 능력 배양, 소프트웨어 교육, 동기부여, 재교육 등이었다.

이와 같은 인공지능의 미래 사회의 추세에 비추어 볼 때, 일자리가 증가하여 성장하게 되는 직업영역들을 살펴보면, 고령화로 인한 노인 서비스 관련직, 노인 질환 전문가, 노인 교육 프로그램 전문가, 노인 지원 기구 제작자나, 탄소 에너지 대신 풍력, 태양열 에너지, 바이오매스 등 대체 에너지를 개발하는 전문 인력과 기술자, 에너지 감시 전문가, 에코 컨설턴트, IT, 로봇기술, 생명공학, 나노기술 등 첨단 분야의 연구개발 관련 직업, 보안이나 정보 검색 관련 프로그램 전문가, 여가나 문화 관련 직업, 레저 스포츠 강사, 스포츠 용품 디자이너, 교육이나 학습관련 직업, 성인을 위한 교육프로그램 개발 전문가 등이 될 것이다(한국고용정보원, 2016).

그림 4.21 미래를 함께할 새로운 직업

미래 청소년이 도전하면 좋은직업

상품·공간스토리텔러	3D프린팅운영전문가 ⊞	미디어콘텐츠창작자	정신건강상담전문가
정신건강상담전문가	정신건강상담전문가	홀로그램전문가	행위중독예방전문요원
약물중독예방전문요원	자살예방전문요원	인공지능전문가	빅데이터전문가
정밀농업기술자	감성인식기술전문가 ▶		소셜미디어전문가

인문사회계열 출신이 진출하면 좋은 직업

기술문서작성가 ⊞	크루즈승무원 ⊞	의료관광경영컨설턴트	개인간(P2P)대출전문가
상품·공간스토리텔러	직무능력평가사	대체투자전문가 ⊞	진로체험코디네이터
신사업아이디어컨설턴트 ▶	사이버평판관리자	기업컨시어지	빅데이터전문가
지속가능경영전문가	소셜미디어전문가	협동조합코디네이터	

이공계 출신이 진출하면 좋은 직업

기술문서작성가 ⊞	해양설비(플랜트)기본설계사	3D프린팅운영전문가 ⊞	레저선박시설(마리나)전문가 ⊞
의약품인허가전문가 ⊞	방재전문가 ⊞	기업재난관리자 ⊞	사이버평판관리자
과학커뮤니케이터	BIM(빌딩정보모델링)디자이너	감성인식기술전문가 ▶	빅데이터전문가
도시재생전문가	정밀농업기술자	화학물질안전관리사	인공지능전문가
녹색건축전문가	연구기획평가사		온실가스관리컨설턴트
연구실안전전문가	연구장비전문가		

3050 여성에게 적합한 직업

의료관광경영컨설턴트	정신대화사	생활코치 ▶	애완동물행동상담원 ▶
주변환경정리전문가	이혼상담사 ▶	매매주택연출가	영유아안전장치설치원 ▶
병원아동생활전문가	가정에코컨설턴트	과학커뮤니케이터	임신출산육아전문가 ▶
산림치유지도사 ▶			

전문성과 경력을 활용해 도전하면 좋은 직업

3D프린팅운영전문가 ⊞	주택임대관리사	기업재난관리자 ⊞	신사업아이디어컨설턴트 ▶
주변환경정리전문가	이혼상담사 ▶	노년플래너	도시재생전문가
문화여가사	주거복지사	민간조사원	전직지원전문가
산림치유지도사 ▶			

새로운 아이디어를 더해 창업이 가능한 직업

3D프린팅운영전문가 ⊞	정신대화사	생활코치 ▶	그린장례지도사
신사업아이디어컨설턴트 ▶	애완동물행동상담원 ▶	주변환경정리전문가	이혼상담사 ▶
매매주택연출가	영유아안전장치설치원 ▶	기업프로파일러	노년플래너 ▶

출처: http://www.work.go.kr/consltJobCarpa/srch/newJob/newJobList.do?viewTp=TXT

04___NCS(국가직무능력표준) 기반 서류전형준비

정부가 공공기관, 대기업 채용 과정에 NCS(국가직무능력표준)를 도입하겠다고 발표하면서 취업 준비생들의 고민이 커지고 있다. 학점, 학력, 외국어 시험성적 등 전형적인 스펙이 아닌, 실질적인 직무능력을 위주로 채용하다는 취지의 NCS는 필기시험에 국한되지 않고 이력서, 자기소개서, 면접 등 채용과정 모두에 적용되기 때문에 NCS 기반 능력중심 채용의 이해를 기반으로 취업전략을 세워야한다. 따라서 NCS에 대한 이해가 분석을 통해 자신만의 능력을 보여줄 수 있다면 자신이 원하는 직업과 회사에 한 걸음 더 다가갈 수 있을 것이다. 즉, 어떤 지원자가 자신의 능력을 서류전형에 최대한으로 표현하여 면접에 선발되느냐에 대한 경쟁이 1차적 관문이 될 수밖에 없다.

취업경쟁에서 승리자가 되려면 NCS가 제시하고 있는 내용을 기반으로 직업기초능력을 자기소개서에 아낌없이 보여줄 수 있어야 한다. 이는 문제의식, 학습, 준비, 노력, 경험을 통해 자신만의 차별화된 스토리로 어필할 수 있는 무기를 만들어야 함을 강조하고 있다(오성환, 2016). 입사지원서와 자기소개서 작성에 필요한 구체적인 준비 내용과 작성방법에 대해 NCS 기반 서류전형 중심으로 살펴보고자 한다. <표 4.10>은 NCS 기반 서류전형 내용 및 절차를 제시해 놓은 것이다.

표 4.10 NCS 기반 서류전형

NCS 기반 입사지원서	NCS 기반 직무능력소개서	NCS 기반 자기소개서
· 인적사항 - 지원자 식별 및 관리를 위한 최소정보 · 교육사항 - NCS 교육훈련 사항 · 자격사항 - NCS 관련 자격사항 · 경력 및 경험 관련 - NCS 관련 경력과 경험 관련사항	· 경험기술서 - 입사지원서에 기술한 직무 관련 경험내용을 상세히 기술 - 본인이 수행한 활동 내용, 조직이나 활동에서의 역할, 활동 결과에 대해 작성 · 경력기술서 - 입사지원서에 기술한 직무 관련 경력 내용을 상세히 기술 - 본인 수행직무와 관련된 활동, 경험, 수행 내용 및 역할, 구체적 행동, 주요 성과에 대해 작성	· 자기소개서 도출 - 지원동기(조직/직무) - 조직적합성 (핵심가치/인재상) - 직무적합성(직무역량) ※ 자기소개서를 직무와 관련한 내용으로 질문 형식 작성 가능

출처: 한국산업인력공단(2015). 「NCS 기반 능력중심 채용 설명회 자료」. p. 32.

1) NCS 기반 입사지원서

모든 채용단계의 첫걸음인 입사지원서는 공공기관, 대기업이 지원자에 대해 가장 먼저 확인하는 공식 문서이다. 따라서 입사지원서를 통해 자신의 역량과 경력을 어필하여야 한다. 기존 채용의 입사지원서와 다르게 NCS 기반 입사지원서는 개인의 인적사항을 파악하기 위한 것이 아닌, 해당 직무의 수행 가능성이 높은 지원자를 선별하기 위한 문서 역할을 수행한다. 입사지원서는 채용후 직무수행 가능성에 대해 예측해 볼 수 있는 지원자 개인의 구체적인 과거경력, 경험, 성과, 자격조건 등이 포함되어 있다. 지원자는 입사지원서를 작성하기 전에 채용 직무별로 조직이 제시한 직무기술서(또는 채용공고문)를 반드시 확인하여야 한다. 지원하고자 하는 직무가 지원자가 기대했던 직무와 일치하는지를 점검하는 것은 필수이며, 직무기술서에 기반하여 공공기관, 대기업의 입장에서 해당 직무의 수행능력을 가늠해 볼 수 있도록 작성하는 것이 중요하다.

NCS 기반 입사지원서는 그 목적에 따라 다음과 같은 항목으로 구성되어 있다. NCS 활용패키지 내 직무기술서를 기반으로 직무와 관련이 없는 개인신상 중심의 정보는 배제하고, 지원직무와 관련된 정보를 중점적으로 평가할 수 있도록 구성되어 있다.

① 인적사항
  · 선입견을 줄 수 있는 정보 기입을 최소화하고 채용에 필요한 인적사항만을 기입한다.
  · 지원자를 식별하고 관리하기 위한 최소한의 정보로 구성된다.
  · **필수채용정보**(성명, 주소, 성별, 생년월일, 연락처, 지원분야 등)만 작성한다.
  · 나이도 범주로 기재함으로써 연령 불이익을 제거한다.
  · 선입견을 주는 정보(신체사항, 가족관계, 부모직업, 출생지역, 출신학교 등)는 기재하지 않는다.
  · 인적사항은 입사지원서 평가에는 반영되지 않는다.

② 교육사항
  · 직무수행에 필요한 지식, 기술, 태도를 갖추고 있는가를 평가하는 항목이다.
  · 지원직무와 관련된 학교교육과 직업교육을 의미한다.
  · 직무에 대한 지원자의 관심과 노력을 판단하는 척도로 활용된다.
  · 희망직무와 관련된 학교과목 이수, 직무관련 외부교육기관 이수, 관련 세미나, 워크숍 등의 참여 사례를 작성한다.

③ 자격사항
  · NCS 세분류별로 제시되어 있는 자격현황을 참고하여 지원자가 지원직무를 수행하는 데 필요한 스킬을 가지고 있는지를 판단하게 한다.
  · NCS에서 제시된 지원직무와 관련된 자격만을 명시한다.
  · 국가공인, 기술, 전문, 민간자격을 선택하여 작성한다.
  · 직무관련 수상 내역도 기재한다.

④ 경력사항 및 직무관련 활동

· 직무능력과 직업기초능력에 초점을 맞춘 이력을 작성한다.

· 조직에 소속되어 일정한 임금을 받으면서 일했던 내용을 작성한다.

· 직무능력소개서에 구체적으로 작성하도록 하며, 면접시 참고자료로 활용된다.

· 지원직무와 관련된 인턴, 아르바이트, 연수경험을 제시한다.

· 임금을 받지 않고 했던 직무관련 활동 내용을 작성한다.

· 학과 공부 외 조직활동(동아리, 학생회, 대외활동 등)의 경험을 소개한다.

⑤ 자기소개

· 자기소개 문항 내용은 '실제 그 직무를 지원자가 할 수 있다'는 것을 증명할 수 있도록 구성되어 있다.

· 일 경험이나 자신의 지식 및 능력을 증명할 수 있는 내용으로 작성한다.

⑥ 스펙정보

· 스펙정보가 소멸되어서 학벌과 전공에 의한 명목적 차별을 받지 않는다.

· 스펙의 상징인 학교, 전공, 학점기재 항목이 삭제된다.

· 외국어 점수를 기재하지 않는다.

표 4.11　　NCS 기반 입사지원서와 기존 지원서의 차이

NCS 기반 입사지원서	기존 입사지원서 및 이력서
해당 직무수행에 꼭 필요한 정보를 제시하도록 구성	직무와 관련없는 개인신상, 학점, 자격, 어학연수, 수상경력 등을 나열·구성

　　NCS 기반 입사지원서는 서류전형, 면접전형에서 지원자의 선별에 활용된다. 인적사항이나 자격사항 등에서 조직이 정한 최소요건을 충족하지 못한 지원자를 선별하거나 가산점을 부여받을 수 있는 항목을 체크하여 지원자의 직무수행능력을 평가한다. 또한 면접현장에서 질문이 토대로 활용되기 때문에 지원서 작성 시 질문에 답변할 경우를 대비하여 작성하는 것도 중요하다. 현재 채용

시장은 NCS 기반 능력중심 채용으로 전환된 과도기이기 때문에 입사지원서를 서류평가보다 면접전형에 활용하는 사례가 더 많다고 한다. 그러나 앞으로는 평가방법이 정교화 될 것이고 서류평가에 적용되는 공공기관 및 대기업들도 더욱 늘어날 것으로 전망된다.

2) 직무능력소개서

NCS 기반 전형과정에서는 자기소개서 외에 경력기술서와 경험기술서가 있다. 자기소개서가 지원자 개인의 사고력을 보여주는 통찰형 진술이라면, 경력기술서와 경험기술서는 지원자가 개인의 경험을 진술하는 서류라고 볼 수 있다. 여기서 '경력'이란 행동을 통해 돈을 벌었던 활동이고, '경험'은 돈이 남는 것이 아니라 행위에 대한 기억만 남아 있는 활동이다. 경력기술서와 경험기술서는 지원자 개인의 지나온 객관적 이력에 대한 서술형 이력서인데, NCS 기반 전형에서는 지원자의 경력과 경험을 바탕으로 개인의 직무능력은 지원자 개인의 일반적인 능력이 아닌 직무와 관계된 능력이며, 경력과 경험은 개인의 정체성을 형성하는 모든 차원의 일반적인 활동이 아니라, 직무와 직접적으로 관련된 지식, 능력을 형성하게 했던 특별한 활동을 의미한다(이시한, 2015).

직무능력소개서는 경력 및 경험사항에 대해 당시 맡았던 역할, 주요 수행업무, 성과에 대해 상세하게 기술하도록 요구한다. 지원자가 작성한 내용은 입사지원서의 경력 및 경험 항목에서 작성한 내용에 대한 진위 여부 판단 및 면접시 이해자료로 활용된다.

① 경험기술서
  · 일정한 대가를 받지 않고 일을 했던 경험을 기술한다.
  · 입사지원서에 기술한 직무관련 기타 활동에 대해 상세히 기술한다.
  · 구체적으로 본인이 수행한 활동내용, 소속 조직이나 활동에서의 역할, 활동결과에 대해 작성한다.
  · 글자수는 공공기관, 대기업의 사정에 따라 자유롭게 제한한다.
② 경력기술서
  · 일정한 대가를 받고 일을 했던 경력을 기술한다.

・입사지원서에 기술한 경력사항에 대해 상세히 기술한다.

・직무영역, 활동, 경험, 수행내용, 지원자의 역할 및 구체적 활동, 주요성
과에 대해 상세하게 작성한다.

3) 자기소개서

스펙을 초월하는 자기소개서는 취업의 첫 관문에서 가장 먼저 도전할 수 있
는 기회이기도 하면서 취업준비생에게 가장 많은 좌절을 안겨주기도 한다. 기
업은 자기소개서를 통해 지원자의 대인관계, 적응력, 성격, 인생관, 성장배경과
장래성 등을 가늠한다. 따라서 자기소개서는 반드시 작성하는 지원자의 입장이
아닌 지원하는 기관이나 기업의 입장에서 작성되어야 한다. 자신의 능력을 바
탕으로 자신이 기관이나 기업에 긴요한 인재임을 설득하려는 목적의 글이라는
것을 염두에 두고 작성해야 한다. 자신만의 열정으로 자신의 가능성과 능력을
최적화된 이미지로 기술하고, 인사담당자의 관심을 끌어내야 한다.

입사지원서와 자기소개서는 일반적으로 지원회사에서 제시한 양식에 따라
작성한다. 경우에 따라서는 자유양식으로 이력서를 작성하게 되는 경우도 있
다. 입사지원서는 주어진 양식대로 작성할 경우 자신이 보유한 지식, 스킬과 경
험에 대해서는 기재가 가능하지만 그렇지 못한 부분은 공란으로 비워두어야 한
다. 그러나 자기소개서는 자신이 가진 장점과 자신이 드러내고 싶은 부분에 집
중해서 작성할 수 있다. 얼마나 자신의 현재 상태를 잘 표현해 내는가 하는 것
이 좋은 자기소개서를 작성하는 핵심이 될 수 있다.

입사지원서는 계량화된 객관적 자료 등에 근거하여 지원자 개인을 개괄적
으로 이해할 수 있는 자료인 반면, 자기소개서는 비계량화된 능력, 가능성 등과
같은 무형의 구체적 정보가 담기는 서류이다. 자신의 성장배경, 성품, 포부, 장
래계획, 가치관 등 이외에도 문장력과 논리적인 사고력 등 다방면에서 지원자
를 평가할 수 있는 자료가 된다. 자기소개서는 글을 잘 쓰는 것 이외에도 자신
의 경험을 바탕으로 자신이 가진 능력을 표현하는 것이다.

공공기관 및 대기업에서 자기소개를 중요시하는 이유는 자신의 생각, 의견,
경험 등을 글로 표현하는 과정 및 글로 표현하여 상대방을 설득하는 과정, 자신

만의 영역에 대해 글로 표현해 나가는 과정을 통해 지원자의 의사소통 역량을 평가해 볼 수 있는 잣대이기 때문이다.

　인사담당자들은 자기소개서를 통해 지원자가 어떠한 성격인지, 전공은 무엇이며, 어느 정도의 실력을 배양했는지, 전공 이외의 관심사항은 무엇인지, 업무에 쉽게 적응하며 이해력이 빠른지, 비전을 가지고 있는지, 조직에 융화될 수 있는 사람인지, 사물을 긍정적으로 바라보는지, 소신과 주관이 있는지, 자신의 장점과 단점을 인정하고 있는지, 어떤 직무를 희망하고 잘 할 수 있는지 등에 대해 체크한다. 인사담당자들이 자기소개서 문장에서 살펴보는 평가항목들은 사고력, 창의력, 개성, 꾸밈이나 거짓의 여부, 표현력, 이해력 등이다.

　NCS 기반 자기소개서는 기존의 자기소개서와 다르게 지원자의 지원동기(조직·직무) 및 조직적합성(핵심가치·인재상), 직업기초능력을 평가하기 위한 질문으로 구성되어 있다. 지원자가 작성한 자기소개서는 평정기준 개발을 통한 평가와 더불어 면접현장에서 지원자에 대한 이해자료로 활용된다. NCS 기반 자기소개서의 평가 및 활용은 다음과 같다.

　① 문항개발

　자기소개서를 기본으로 평가요소를 지원동기(조직·직무) 및 조직적합성(핵심가치·인재상), 직업기초능력을 고려하여 도출하고 다양한 질문방식, 평가요소와 관련된 질문, 대부분의 지원자가 응답할 수 있는 질문, 평가 가능한 질문 문항 등을 개발한다.

　② 평가기준

　자기소개서 평가의 타당성 향상을 위해 각 질문별로 평가지표를 개발하고 평가의 일관성을 향상시키기 위해 적합한 평점기준도 정한다.

　③ 평가방안

　자기소개서를 평가할 때 평가자 간에 신뢰도를 향상시키기 위해 철저한 평가자의 훈련 및 오리엔테이션을 실시하고, 평가자 간 중복 평정 및 불일치하는 평정결과에 대한 조정을 한다.

　④ 면접에서의 활용

　자기소개서는 역량면접 단계에서 지원자가 작성한 사실과 내용을 중심으로 추가질문에 활용하기도 하고, 최종면접 단계에서 지원자의 지원동기 및 조직 적합성에 대한 추가질문으로 활용하기도 한다.

좋은 자기소개서를 작성하기 위해서는 식상하고 틀에 박힌 표현 대신 적극적이고 도전적인 표현을 사용해야 하고, 사회경험과 경력사항에 대해 작성할 때는 자신의 경험에 근거한 에피소드 위주의 진솔한 내용을 쓸 수 있도록 신중해야 한다. 다음은 취업사이트 설문조사 결과에 의한 기업채용담당자 10명 중 8명 이상이 자기소개서의 특정 문장에 호감 또는 비호감 인상을 가진 내용과 서류전형 합격 여부에 가장 큰 영향을 미치는 자기소개서 항목을 제시한 내용이다(천성문 외, 2017).

표 4.12 자기소개서 항목

서류전형 합격 여부에 가장 큰 영향을 주는 자기소개서 항목	참고사항
사회 경험 및 경력사항(59.6%) 입사동기 및 포부(14.9%) 성장과정(7.3%) 생활신조(6.4%) 성격의 장단점(5.0%) 학창시절(2.6%) 감명 깊게 읽은 책(2.4%)	· 취업담당자가 듣고 싶은 이야기 기재. · 회사에 기여할 바를 구체적으로 기술. · 기업이 선택하고 싶게. · 기업에서 원하는 인재상에 대한 핵심가치 분석 필요.
호감형 문장	**참고사항**
'~했지만 ~을 통해 극복했습니다.' '책임감을 갖고 있기 때문에' '항상 웃음을 잃지 않고 긍정적으로' '(이 회사 직무)에 지원하기 위해 ~준비를 했습니다.' '몇년 후 ~분야에서 전문가가 되고 싶습니다.'	호감형 문장으로는 과거의 어려움 극복 및 어려움을 극복할 수 있었던 힘, 현재 자신의 직업과 직무를 위한 준비도, 미래비전 제시 등이 적절함.
비호감형 문장	**참고사항**
1. '엄격하신 아버지와 자상한 어머니 사이에서 태어나~' 2. '학창시절 결석 한 번 없이 성실하게 생활하였으며' 3. '귀사라는 단어가 반복되는 문장'	1, 2 개성이 드러나지 않음 3, 4 의미 없이 반복됨

4. '저는, 나는'으로 시작되는 문장 반복	
5. '솔직히 말씀드리면'	5 신뢰성이 떨어짐
6. '뽑아만 주시다면 무슨 일이든 하겠습니다.'	6 능력과 특성 전달의 한계
7. '귀사를 통해 발전하도록 하겠습니다.'	7 회사 성장을 바라는 입장 에서는 달갑지 않음

출처: 천성문 외(2017). 대학생을 위한 진로코칭. 재구성.

○ 자기소개서 항목: 지원자의 특성, 경험에 대한 자기평가, 지원동기, 학업
  계획, 진로계획, 봉사활동과 특별활동에 대한 자기평가, 독서활동에 대
  한 자기평가 등을 기재한다.

○ 자기소개서 작성요령
- 자기소개서는 자신의 홍보물이다.
- 자신의 설명서나 자서전이 아님을 명심하라.
- 제목을 잘 지어라.
- 글을 너무 늘리면 지루해진다.
- 자신 있게 강조하고 싶은 내용을 적어라.
- 처음 세 줄에 목숨을 걸어라. "안녕하십니까? 저는 몇 살의 어디 사는 ☆
  ☆☆입니다."와 같은 표현은 식상하다.
- 자신만의 개성이 돋보이는 경험과 생각을 작성하라. 누구나 경험하는 사
  건보다는 아찔한 경험이나 도덕성을 발휘한 순간, 자신을 반성하며 단점
  을 고치게 해준 터닝포인트 등을 작성하는 것이 좋다.
- 표현 하나하나에 주의하라. 지나치게 자신을 낮추는 표현이나 유행어는 금물!
- 시간적인 여유를 두고 작성하라.
- 기본적인 내용은 필수적으로 포함시켜라.
- 객관적인 서술과 나를 나타낼 수 있도록 작성하라.
- 간결하고 핵심적인 표현, 적극적인 동사를 사용하라.

○ 자기소개서 제목 붙이기

- 자신을 표현하는 단어나 문구로 광고카피처럼 시작한다.
- 직무 분야의 핵심적 가치와 부합된 내용이면 더욱 좋다.
- 자신의 사람됨과 인간적 지향성을 강하게 드러낸다.

    예) 여행통신원 지원자: "가슴으로 세상을 보겠습니다."

    Catch me if you can!

    꼭 '스타벅스커피 코리아'에서 일해야 하는 5가지 이유!

    친구와 소통하는 도전자! You again?

○ 자기소개서 작성 시 필요한 내용들을 가상인터뷰를 통해 연습해 보는 것
  도 좋다.

• 자기소개서 가상 인터뷰 형식 "나에게 나를 묻는다!"

대학졸업을 앞둔 대학교 4학년, 나에게 정말 중요한 시기라는 생각이 든다. 학교
성적, 진로, 건강 등 모든 것들을 내가 스스로 챙기고 해결해야 하는 시점인데도
불구하고 아직은 미숙하고 분명한 노선도 없지만 나의 과거를 돌아보고 현재를
바라본다면 미래에 대한 비전과 해야 할 일들이 정리될 것 같다. 이러한 생각에
현재까지의 나의 학교생활과 일상생활을 정리하는 시간을 갖게 되었다.

나를 멋있게 해주는 '나만의 강점'은?
나를 노력하게 만드는 '나의 약점'은?
나를 표현할 수 있는 '3개의 단어'는?
학생으로서 내 인생의 '터닝포인트'는?
내가 꼭 도전해보고 싶은 '전문분야'는?
원하는 분야의 전문가가 되기 위해서 꼭 필요한 '능력' 혹은 '조건'은?
만약 내가 원하는 전문가가 된다면 '꼭 해보고 싶은 일'은?
나의 '롤 모델'은 누구이며, 그 이유는?
새로운 시작을 준비하는 '나에게 하고 싶은 한마디'는?

○ 자기소개서 문장과 인사 담당자의 평가항목

· 자기소개서 문장의 평가항목

- 사고력이 있는가?

- 창의력이 있는가?

- 개성이 있는가?

- 꾸밈이나 거짓은 없는가?

- 표현력이 있는가?

- 이해력이 빠른가?

· 인사 담당자의 평가항목

- 어떠한 성격의 소유자인가?

- 전공은 무엇이며, 얼마만큼의 실력을 배양했는가?

- 전공 이외의 관심 사항은 무엇인가?

- 업무에 쉽게 적응하며 이해력이 빠른가?

- 비전을 가지고 있는가?

- 조직에 융화될 수 있는 사람인가?

- 사물을 긍정적으로 바라보는가?

- 소신과 주관이 있는가?

- 자신의 강점과 단점을 인정하고 있는가?

- 어떤 직무를 희망하고 잘 할 수 있는가?

○ 대기업 채용 담당자가 말하는 불합격 이유(조선경제, 2015.10.9일자)

- 회사 이름 잘못 표기는 탈락 0순위

- 베끼거나 비슷한 표현은 탈락 1순위

- 과대 포장과 거짓말은 탈락 지름길

- 회사와 업무에 대한 사전 지식은 기본

- 다른 스펙 안 봐도 학점은 중요

- 면접 대기실부터 면접 시작 자세로 임해야

- 면접 지각 금물, 용모는 단정하게
- 자기 경험을 구체적이고 솔직하게 표현해야
- 지원 회사에 대한 관심과 애정 보여야
- 불합격 땐 복기하며 약점 보완 필요

차별화된 자기소개서 작성을 위해 자신이 취업하고자 하는 기관이나 기업과 업종에 대해 평소 꾸준한 관심을 갖고 정보와 자료를 준비해 두어야 한다. 깊은 사고를 요구하는, 즉 '희생을 각오했던 경험에 대해 작성하라'는 문항에 대비하여 자기소개서를 작성하기 위해서는 철학서, 역사서 등 인문학적 소양을 기르는 것도 필요하다.

NCS가 취업전반에 도입되면서 자기소개서 유형도 세분화·다양화되고 있다. 윤종혁 외(2017)는 공기업 자기소개서의 유형을 기존 자기소개서, 스펙초월 전형 자기소개서, 직업기초능력형 자기소개서로 제시하고 있다. 기존 자기소개서형은 가장 많이 볼 수 있는 자기소개서 형태로, 기존 자기소개서(인적 사항, 성장배경, 지원동기, 조직적합성 등)와 비슷한 항목으로 구성되어 있는 자기소개서(지원동기, 조직적합성, 입사후포부 등)이다. 조금 다른 것이 있다면 성장배경 항목이 사라지고 입사 후 포부는 역량과 관련하여 구체적으로 작성할 것을 요구하고 있다. 또한 직무분야에 대한 노력, 자신만의 역량 등이 추가된 것이 NCS를 기반으로 하는 자기소개서 특징이다. 스펙초월 전형 자기소개서는 미션을 수행하면서 자신을 표현하고 다수의 평가를 통해 도출된 역량을 바탕으로 기존 스펙 중심의 서류심사를 대체하고 인적성 시험까지 포괄할 수 있는 새로운 채용방식이다. 이 전형은 학교와 학점도 포함되지 않는 최소한의 개인정보만을 홈페이지에 입력하고 클릭 한번으로 지원이 가능하다. 직업기초능력형 자기소개서는 정부가 스펙을 벗어나 능력중심사회를 지향하기 위해 산업현장에서 요구되는 지식, 기술, 소양 등의 내용을 국가가 산업부문별·수준별로 체계화한 것으로, 산업현장의 직무를 성공적으로 수행하기 위해 필요한 능력(지식, 기술, 태도)을 국가적 차원에서 표준화한 것을 의미한다. NCS를 기반으로 한 직업기초능력형 자기소개서는 최근 등장한 형태들 중 가장 새로운 항목이다.

표 4.13   공기업 자기소개서 유형별 예시 항목

NCS홈페이지 자기소개서 항목

- 최근 5년 동안 귀하가 성취한 일 중에서 가장 자랑할 만한 것은 무엇입니까? 그것을 성취하기 위해 어떤 일을 했습니까?
- 예상치 못했던 문제로 인해 계획대로 일이 진행되지 않았을 때, 책임감을 지고 끝까지 임무를 수행하여 성공적으로 마무리 했던 경험이 있으면 서술해 주십시오.
- 현재 자신의 위치에 오기 위해 수행해 온 노력과 지원한 직무분야에서 성공하기 위한 노력 및 계획을 기술해 주십시오.
- 약속과 원칙을 지켜 신뢰를 형성·유지했던 경험에 대해 기술해 주십시오.

스펙초월 자기소개서 항목/마사회, 사립학교교직원연금공단

- 인성미션/ 자료글을 읽고 '마지막 전언', 즉 인생을 담아 표현한 묘비명을 이해합니다. 묘비명을 미리 써보는 것은 현재를 더욱 치열하게 살아가는 이들의 습관이기도 합니다. 자신의 묘비명에 무엇을 새기겠습니까? 그 이유와 그 계기를 설명해 보세요.(2000자)
- 창의미션/ 경마의 경쟁상품은 경륜, 경정 등입니다. 여기에 로또, 카지노 등이 더해지면 경마의 경쟁력은 장담할 수 없습니다. 배팅상품 측면에서는 로또보다 열세이며, 스포츠로서의 박진감 측면에서 경륜과 경정에 힘겨운 운세에 있습니다. 경마 상품의 스포츠적인 흥미와 관심, 박진감을 높일 수 있는 방안을 제안해 보세요.(2000자)
- 인성미션/ 1990년대 중반 하버드대에 입학한 한국 학생비율은 전체 학생 1천 600명 중에 6%나 되었으며, 미국수학능력시험(SAT)성적이나 내신 성적도 매우 우수하였습니다. 그러나 같은 해 낙제한 학생 중에서 한국 학생 비율은 10명 중 9명이나 될 정도로 가장 높았습니다. 그 이유에 대해 백악관 정책차관보를 지낸 김영우 박사는 '인생의 장기적 목표'가 없기 때문이라고 설명하였습니다. 자신의 인생을 관통하는 '장기적 목표는 무엇이고, 장기적 목표를 이루기 위한 과정에서 이 회사의 입사는 중·단기적으로 어떤 의미를 가지고 있는지 기술하세요.(2000자)

안전보건공단의 직업기초능력형 자기소개서 항목

- 공단의 인사담당자로서 공단 직원의 역량을 개발하기 위한 방안과 제한된 인적자원을 효율적으로 운영하기 위한 방안에 대해 기술해 주십시오.(문제해결능력, 조직이해능력, 직무수행능력 평가)
- 귀하는 공단의 홍보담당자입니다. 공단의 사업을 국민들에게 널리 홍보하기 위해 본인만의 효과적인 방법(매체, 방식 등)과 그 이유를 기술해 주십시오.(문제해결능력, 정보능력, 조직이해능력, 직무수행능력 평가)

- 지원 분야의 업무 중 본인이 희망하는 직무의 성공적인 직무수행을 위해 어떠한 노력과 준비를 하였는지 본인의 경험과 지원 분야의 직무설명 자료를 참고하여 기술해 주십시오.(자기개발능력, 직무수행능력 평가)
- 지원 분야의 업무 중 본인이 희망하는 직무와 관련하여 우리 공단 입사 후 본인의 역할과 업무수행 계획을 기술해 주십시오.(조직이해능력, 직무수행능력 평가)
- 공공기관의 부패와 비리, 방만경영을 예방하고 이를 해소하기 위한 방안을 본인의 경험과 가치관을 통해 기술해 주십시오.(직업윤리, 직무수행능력 평가)

출처: 윤종혁 외(2017). NCS 자소서. 재구성.

CHAPTER 12

진로의사결정과 소통 역량강화

01___합리적 의사결정 방법

우리의 삶은 사소한 일에서부터 직업을 선택하거나, 배우자를 선택하는 등 중요한 일에 이르기까지 끊임없이 의사결정을 해야 하는 상황에 직면하게 된다. 의사결정이란 대안들 중에서 가능성 있는 대안을 선택, 결정하는 행위이다. 진로의사결정은 개인이 정보를 조직하고 여러 대안을 신중하게 검토하여 진로 선택을 위한 행동 과정에 전념하는 심리적인 과정이다(Harren, 1979). 의사결정자가 직업을 선택할 때 따르는 과정과 행동방식을 진로결정 방식 또는 진로결정 전략이라고 하며(Buck & Daniels, 1985), 의사결정 유형은 개인이 어떤 결정을 내릴 때 선호하는 접근방식이라고 할 수 있다(장선철, 2015). 딩클레이지(Dinklage, 1968)는 의사결정에서의 개인차 연구를 최초로 시도하여, 계획, 고민하는 결정자, 미루는 결정자, 충동적인 결정자, 직관적, 운명적, 의존적 특성 등 8가지 의사결정

행동에 대한 특성을 분류하였다. 하렌은 딩클레이지가 분류한 의사결정유형을 재분류하여, 개인이 의사결정을 할 때 합리적인 전략 또는 정의적인 전략을 사용하는 정도와 자신의 결정에 대한 책임을 지는 정도에 기초하여, 의사결정자의 특징에 따라 합리적 유형, 직관적 유형, 의존적 유형으로 분류하여 제시하였다(고향자, 1992).

합리적 유형은 의사결정과정에서 논리적이고 체계적으로 자신과 상황에 대하여 정확한 정보를 수집하고, 신중하게 의사결정을 한다. 의사결정에 대한 준비는 예측되는 상황에 대한 정보를 수집함으로써 이루어진다. 따라서 의사결정의 효율성은 상황에 대한 정보수집과 현실적인 자기평가의 정도에 달려 있다. 이 유형의 장점으로는 의사결정이 신중하며, 잘못하거나 실패할 확률이 상대적으로 낮다. 자신이 결정한 결과에 스스로 책임을 지며, 미래의 의사결정 필요성을 예견하고 자신이 기대되는 상황에 대한 정보수집 및 준비를 위해 노력하기 때문에 진로결정자의 심리적 독립과 성장에 도움이 된다. 단점으로는 의사결정에 시간이 많이 소요되며, 경우에 따라서는 지나치게 신중을 기하다가 기회를 놓치기도 하며, 돌발 상황에서는 적용할 수가 없는 경우가 있다.

직관적 유형은 의사결정과정에서 자신의 감정에 주의를 기울이고 정서적 자각을 사용한 의사결정을 하며 비교적 신속한 의사결정과 자신의 결정에 대한 책임을 지지만 미래를 별로 고려하지 않고 정보탐색 행동이나 대안들에 대한 논리적 평가과정도 거의 갖지 않는다. 의사결정을 하는데 상상이나 현재의 감정을 사용하며, 순발력을 토대로 의사결정을 한다. 의사결정을 즉흥적인 느낌과 감정적으로 결정을 한다. 장점으로는 빠른 의사결정과 선택에 대한 책임을 지며, 돌발 상황에 유리하나, 단점으로는 잘못하거나 실패할 확률이 상대적으로 높아, 일관성을 요구하거나 장기적인 일에는 부적합하다.

의존적 유형은 타인의 영향을 많이 받고 수동적이고, 순종적인 의사결정을 하며 사회적 안정에 대한 욕구가 높은 유형으로, 합리적 유형 및 직관적 유형과는 달리 의존적 유형은 의사결정에 대한 책임을 거부하고 그 책임을 외부로 투사하는 특성이 있다. 사회적 인정에 대한 요구 또한 높지만 자신감이 부족한 사람들이 많이 사용한다. 장점으로는 의존자가 유능한 사람일 경우 성공가능성이 높으며, 사소한 일에 대한 의사결정에 적합하다. 단점은 의사결정을 내려야 할 때 불안을 느끼며, 남 눈치를 보기 때문에 소신 있게 일을 처리하지 못한다. 실패 시 남 탓하기 쉽고, 자신의 인생에 중요한 영향을 미치는 일에는 부족하여, 수동적인 삶이 되므로 성취의 기쁨을 느끼지 못한다.

하렌은 의사결정유형검사(ACDM: Assessment of Career Decision Making)를 1984년에 개발하여 30문항으로 구성하였으며 검사 문항은 다음과 같다.

---

1. 나는 중요한 의사결정을 할 때 한 단계 한 단계 체계적으로 한다.
2. 나는 내 자신의 욕구에 따라 매우 독특하게 의사결정을 한다.
3. 나는 얻을 수 있는 모든 정보를 수집하지 않고는 중요한 의사결정을 거의 하지 않는다.
4. 나는 의사결정을 할 때 내 친구들이 나의 결정을 어떻게 생각할 것인가를 매우 중요시한다.
5. 나는 의사결정을 할 때, 의사결정과 관련된 결과까지 고려한다.
6. 나는 다른 사람의 도움 없이는 중요한 의사결정을 하기 힘들다.
7. 나는 어려운 문제에 부딪히면 재빨리 결정을 내린다.
8. 나는 의사결정을 할 때, 내 자신의 즉각적인 느낌이나 감정에 따른다.
9. 나는 내가 하고 싶은 것보다 다른 사람이 어떻게 생각하느냐에 영향을 받아 의사결정을 할 때가 많다.
10. 나는 어떤 의사결정을 할 때, 시간을 갖고 주의 깊게 생각해본다.
11. 나는 문제의 본질에 대해 찰나적으로 떠오르는 생각에 의해 결정을 한다.
12. 나는 친한 친구에게 먼저 이야기하지 않고는 의사결정을 거의 하지 않는다.
13. 나는 중대한 의사결정 문제가 예상될 때, 그것을 계획하고 생각할 시간을 충분히 갖는다.
14. 나는 의사결정을 못한 채 뒤로 미루는 경우가 많다.
15. 나는 의사결정을 하기 전에 올바른 사실을 알고 있나 확인하기 위해 관련된 정보들을 다시 살펴본다.
16. 나는 의사결정에 관해 실제로 생각하지는 않지만 갑자기 생각이 떠오르면서 무엇을 해야 할지를 알게 된다.
17. 나는 어떤 중요한 일을 하기 전에 신중하게 계획을 세운다.
18. 나는 의사결정 시 다른 사람의 많은 격려와 지지를 필요로 한다.

---

19. 나는 의사결정을 할 때 마음이 끌리는 쪽으로 결정을 한다.

20. 나는 나의 인기를 떨어뜨릴 의사결정은 별로 하고 싶지 않다.

21. 나는 의사결정을 할 때 예감 또는 육감을 중요시한다.

22. 나는 조급하게 결정을 내리지 않는데, 그 이유는 올바른 의사결정임을 확신하고 싶기 때문이다.

23. 나는 어떤 의사결정이 감정적으로 나에게 만족스러우면 나는 그 결정을 올바른 것으로 본다.

24. 나는 올바른 의사결정을 할 수 있는 능력에 자신이 없기 때문에 주로 다른 사람의 의견에 따른다.

25. 나는 종종 내가 내린 각각의 의사결정을 일정한 목표를 향한 진보의 단계들로 본다.

26. 나는 내가 내리는 의사결정을 친구들이 지지해 주지 않으면 그 결정에 대해 확신을 갖지 못한다.

27. 나는 의사결정을 하기 전에, 그 결정을 함으로써 생기는 결과에 대해 가능한 한 많이 알고 싶다.

28. 나는 '이것이다'라는 느낌에 의해 결정을 내릴 때가 종종 있다.

29. 나는 대개의 경우 주위 사람들이 바라는 방향으로 의사결정을 한다.

30. 나는 여러 가지 정보를 수집하거나 검토하는 과정을 갖기보다는 나에게 떠오르는 생각대로 결정을 내리는 경우가 자주 있다.

☞ 채점방법: 다음 각 유형별 문항에 '그렇다'에 응답한 수가 많을수록 그 유형의 경향이 높은 것임

- 합리적 유형: 1, 3, 5, 10, 13, 15, 17, 22, 25, 27
- 직관적 유형: 2, 7, 8, 11, 16, 19, 21, 23, 28, 30
- 의존적 유형: 4, 6, 9, 12, 14, 18, 20, 24, 26, 29

출처: 고향자(1992). 한국 대학생의 의사결정 유형과 진로결정수준의 분석 및 진로결정 상담의 효과. 숙명여자대학교 박사학위논문.

합리적 의사결정을 위한 의사결정의 단계를 살펴보면 다음과 같다(김봉환 외, 2013).

① 1단계: 문제 상황을 명확히 하는 단계

자신이 진정으로 원하고, 실행 가능한 목표인지 문제 상황을 분명하게 이해한 후 목표를 명료화 시키는 것이 중요하다.

② 2단계: 대안을 탐색해 보는 단계

문제해결이 가능한 다양한 방안 및 대안을 모색한다. 비슷한 상황에서 대처했던 과거경험이나 같은 상황에서 다른 사람들이 대처하는 방법 등에 대한 검토를 한다.

③ 3단계: 기준을 확인하는 단계

탐색한 대안들 중에서 어떤 것을 선택하고 결정하는 데 필요한 기준을 정한다. 충족시켜야 할 목표, 충분한 시간, 인적·물적 자원의 필요 정도를 충족시키는 평가기준을 확인한다.

④ 4단계: 대안을 평가하고 결정을 내리는 단계

앞 단계에서 설정한 평가 선택 기준에 따라 각각의 대안을 평가하여 선택된 대안이 자신이 원하는 결과를 가능하게 해주는가를 평가하고 판단한다. 대안의 적절성, 가능성, 위험성을 판단하고 결정하며 불만족스러운 결과가 나타나면 2단계로 돌아가 새로운 대안을 찾도록 안내한다.

⑤ 5단계: 계획을 수립하고 실행하는 단계

자신이 선택한 대안을 실천할 수 있도록 계획을 수립하고 실천하는 단계이다. 이 과정에는 새로운 정보를 수집하기도 하며 실천과정에서 기존의 계획을 재검토 및 수정, 계획변경이 필요할 수도 있다.

02___의사소통의 방법

직업생활에서 의사소통은 조직의 생산성을 높이고 사기를 진작시키며, 정보를 전달하고 설득하는 목적을 가지고 있다. 조직에서의 의사소통 능력은 직장생활에서 문서를 읽거나 상대방의 말을 듣고 의미를 파악하여 자신의 의사를 정확하게 표현하는 것을 말한다. NCS 기준에서 제시하고 있는 직업기초 능력 중 의사소통 능력의 하위능력에는 문서이해 능력, 문서작성 능력, 경청 능력, 의사표현 능력, 기초외국어 능력이 포함되어 있다.

문서이해 능력은 직업현장에서 자신의 업무와 관련된 인쇄물이나 기호화된 정보 등 필요한 문서를 확인하여 문서를 읽고 내용을 이해하며 요점을 파악하는 능력이다. 직업생활을 하면서 접하게 되는 문서들은 공문서, 기획서, 보고서, 설명서, 보도자료, 자기소개서, 비즈니스 레터(이메일) 등이다.

문서작성 능력은 직업생활에서 목적과 상황에 적합한 아이디어와 정보를 전달할 수 있는 문서를 작성하는 능력이다. 문서는 각 회사나 기관별로 고유 양식이 있는 경우 그 양식에 따라 작성한다. 만약 고유 양식이 없는 경우라면 많이 사용되는 양식을 활용해 작성할 수 있다. 공문서는 회사 외부로 전달되는 글인 만큼 누가, 언제, 어디서, 무엇을, 어떻게(왜)가 드러나도록 작성해야 한다. 설명서는 상품이나 제품에 대해 설명하는 글이므로 정확하게 작성하며, 명령문보다는 평서문으로, 동일한 문장보다는 다양하게 표현하는 것이 바람직하다. 기획서는 무엇을 위한 기획서인지 핵심 메시지가 정확히 정리되었는지 확인하고, 기획서는 상대가 채택하게끔 설득력을 갖춰, 상대가 요구하는 것이 무엇인지 고려하여 작성한다. 보고서는 보통 업무 진행과정에서 쓰는 경우가 대부분이므로, 무엇을 도출하고자 했는지 핵심내용을 구체적으로 제시한다. 업무상 상사에게 제출하는 문서이기에 질문 받을 것에 대비하여야 하며, 개인의 능력을 평가하는 자료가 될 수 있으므로 제출하기 전에 최종 점검을 해야 한다.

경청 능력은 다른 사람의 말을 주의 깊게 들으며 공감하는 능력이다. 경청을 잘 하기 위해서는 먼저 눈과 마음으로 들어야 한다. 일반적으로 의사소통의 80%는 비언어적이기 때문에 표정과 몸짓이 말속에 숨어 있는 참 의미를 전달하게 되므로 대화할 때 상대방을 바라보아야 한다. 상대방에게 공감하는 자세를 보여주고 상대방의 감정을 읽어주어야 한다. 또한 주변 사람들의 이야기를 듣기 위해서는 사람들과 시간을 함께 보내고 그들의 이야기를 들어야 한다. 상대방의 이야기를 적극적으로 경청하기 위해서는 비판적 태도를 버리고, 상대방이 말하고 있는 의미 전체를 이해하며, 단어 이외의 표현에도 신경을 쓰고, 상대방이 말하고 있는 것에 반응하되 흥분하지 않는 것을 의미한다.

의사표현 능력은 말하는 사람이 자신의 생각과 감정을 듣는 사람에게 음성이나 신체언어로 표현하는 능력이다. 의사표현 능력은 의사소통의 중요한 수단으로 직장인들에게 개인이나 조직 간에 원만한 관계를 유지하고 업무 성과를 높이기 위해 요구되는 필수능력이다.

기초외국어 능력은 직장생활에서 외국어로 된 간단한 자료를 이해하거나 간단한 수준으로 외국어를 구사하고 이해하는 능력을 의미한다. 기초외국어 능력은 외국인들과 유창한 의사소통을 뜻하는 것은 아니다. 외국어로 된 간단한 자료를 이해하거나 외국인과의 전화응대와 간단한 대화 등 외국인의 의사표현을 이해하고, 자신의 의사를 기초외국어로 표현할 수 있는 능력을 말한다.

의사표현 능력 증진을 위해 다음의 '교양 있고 세련되게 부탁하고, 거절하기, 칭찬하기, 상대방에게 충고와 비평을 하는 방법, 지혜롭게 충고와 비평하기, 왜곡된 생각 정정하기' 연습활동을 통해 자신의 의사소통능력을 향상시킬 수 있도록 노력하는 것이 필요하다.

○ 교양 있고 세련되게 부탁하기

누군가에게 원하는 것을 부탁하려면 즉흥적으로 말하기 전에 부탁할 때 어떤 말을 할 것인지 준비해야 한다. 미리 분명하고 세련된 말로 적어보고 거울 앞에서 연습해 보자. 그리고 상대방과 대화하는 시간을 정하고 실제로 주장하고 표현하고 싶은 말을 나누는 것이다.

☞ 아래 부탁하고 싶은 말을 미리 적어 보세요.

상황	연습	비고
누구에게		사람 이름, 여러 명일 경우 개인별로 따로 작성
내가 원하는 것은		구체적인 것을 정확하게 요구, 추상적 단어는 피함, 행동적 언어로 요구
언제		원하는 것을 기대하는 최종 시간, 발생 빈도

어디서		원하는 장소나 특별한 장소
관련된 사람		동료 앞에서 자신을 무안주지 말라고 부탁할 때 동료 이름

○ 부탁하기 요령 및 유의사항

- '나-전달법'의 형태로 전달하도록 하며, 끝의 어구를 다음과 같은 질문형태로 요청하는 것이 세련된 기술이다.

  "... 하고 싶은데, 함께 ...해 보실 수 있을까요?(How about...?)"

  "... 해 주시겠습니까?(Could you...? Would you please...?)"

  "... 해도 좋을까요?(May I...?)"

- 요청은 분명하고 직접적이고 무비판적인 형태로 말할 수 있을 때까지 연습-연습-연습을 거듭한다. 그런 후에 시도하라.

- 상대방과 대화하기 편한 시간과 장소를 정하라.

- 상대방이 할 수 있는 한두 가지의 구체적인 행동을 요청을 함으로써, 부담감이나 저항을 피하라.

- 비난하거나 공격하는 방식을 지양하라.

- 신체언어를 사용하라. 시선을 부드럽게, 앉거나 설 때는 반듯하게, 팔다리를 꼬지 말고 정돈된 자세 유지는 기본, 불만스럽거나 변명적인 어투가 아닌, 분명하고 확실한 어조로 말하라.

- 원하는 것을 말함으로써 얻을 수 있는 긍정적인 결과와 부정적인 결과에 대해 먼저 상기해보라.

- 만약 당신의 요청이 거절되면 그에 대한 대안을 가지고 있어야 한다. 타인으로부터 부탁을 거절당하면 그 거절을 받아들일 준비가 되어 있어야 한다.

- 상대방의 대답에 당신의 감사, 수용, 실망 등의 태도를 표현한다.

- 상대방이 당신이 요청을 거절한다고 해서 그 상황과 일만을 거절하는 것이지, 당신 자체를 거부하는 것은 아니라는 것을 명심하라.

- '미안하다'고 '죄송하다'는 말은 꼭 그렇게 느낄 때 진심으로 이야기하라.

- 상대방이 당신의 부탁을 거절했음에도 불구하고 당신의 생각을 이야기하고 싶을 때는 먼저 상대방이 한 말을 '앵무새 노릇하기'로 따라하면서 동의를 표명하고, 이어 당신의 요구사항을 말하고 그 이유를 간단하게 덧붙이는 것이 좋다.

- 상대방의 침묵도 존중하고, 필요할 때 침묵하라.

○ 거절하는 요령 및 유의사항
- 상대방의 자존심을 상하게 하지 않는 방법으로 거절하기란 쉬운 일이 아니라는 것을 생각하라. 완곡하고 배려적이되 간결한 말로 거절하는 것이 중요하다.
- 자신의 의견을 확실히 밝힌다. 상대방의 요청을 들어줄 것인지 거절할 것인지 밝히기 어려울 때는 생각할 시간을 가지도록 한다. 그리고 나서 솔직하려고 노력한다.
- 일단 자신의 의견을 밝혔어도 당신의 마음은 바꿀 수 있는 권리가 있다.
- 대답은 간단히, 그리고 변명하지 않는다.
- '미안하다'는 말은 꼭 그렇게 느낄 때만 사용하며 지나치게 사과하지 않도록 한다.
- 대안을 제시할 수 있도록 한다. "다음에 만날까요?", "저는 불가능한데 다른 분을 소개시켜 드릴까요?" 등
- 거절했음에도 불구하고 상대방이 계속해서 부탁하면 담담하고 단호하고, 간결하게 거절하면 된다. "제가 불가능하다고 말씀드렸는데 계속 부탁을 하시니, 마음이 너무 불편합니다. 안됩니다."

○ 칭찬하는 요령과 칭찬받는 요령
- 진심으로 칭찬하라.
- 듣고 싶어 하는 말이 무엇일까를 생각해보고 상대방의 장점과 개성을 발견하여 칭찬하라.
- 상대방이 당신에게 미친 영향력이 있다면 감사함을 표하고 자문을 구하는 것도 칭찬이 된다.
  "너랑 같은 조원이 되어서 마음이 편하고 기분이 너무 좋구나, 이번에는 어떻게 그룹과제를 해볼까?"
- 즉시 구체적으로 칭찬하라. "넌 참 예쁘구나."보다는 "오늘 헤어스타일과 메이크업이 정말 잘 어울리는구나"가 더 구체적이다.
- 간결하게 하라.
- 기분 좋은 신체언어로 칭찬하라. 다정한 사람을 대하듯이 미소와 시선을 맞추면서 칭찬하라.
- 결과보다는 과정에 대하여 칭찬하라.
- 가끔씩 여러 사람 앞에서 공개적으로 칭찬하라. 그것이 인정받는 첩경이다.
- 대상의 나이, 지위, 성격에 따라 칭찬하는 방식을 달리한다.
- 칭찬을 받을 때는 감사로 수용한다.
- 상호 간에 칭찬을 주고받는 관계가 중요하다.

○ 상대방의 충고나 비평을 받아들이는 요령

- 인정하라. 비평자의 말에 간단히 동의하는 것을 의미한다. 그 목적은 비난을 즉시 멈추게 하는 데 있다.
- 비평이 타당하다면 그 사람에게 감사하라.
- 필요한 경우에는 상대방에게 설명을 하라.
- 지혜롭게 비난을 인정하게 되면, 비난을 오히려 구체적인 대안을 모색하는 수단으로 이용할 수 있다.
- 비평을 인정하되, 당신의 감정을 포현하는 것이 좋다.
  "당신 말은 일리가 있습니다. 그런데 여러 사람 앞에서 평을 듣는다는 것이 나로서는 무척 당황스럽습니다. 이왕이면 제게 조용히 이야기 해준다면 기분이 더 좋을 것 같습니다."
- 상대방의 비난 중 어느 한 부분만을 인정하고 부분적으로 동의할 수도 있다.
  "당신이 말한 ...중 ...은 맞아요."
  A: "네 책상은 엉망이야. 이런 데서 어떻게 서류를 찾니?"
  B: "그래. 네 말이 맞아. 내가 책상정리를 잘 못하는 건 사실이야. 내 서류철을 잘 정리해서 잘 찾으려면 어떻게 해야 하니? 도와줄 수 있겠니?"
- "당신 말이 옳을 수 있어."라고 가능성에 동의할 수도 있다.
- 비평을 하는 사람이 구체적으로 자신에게 무엇을 원하는지 탐색적인 질문을 할 수도 있다.

출처: 홍경자(2006). 자기주장과 멋진 대화. 학지사.

○ 지혜롭게 충고와 비평하기

우리는 누군가에게 좀 더 좋아지기를 바라는 마음에서 충고하거나 비평하는 경우가 가끔 있다. 그러나 상대방은 상대방을 생각해서 하는 나의 충고와 비평을 자신에 대한 비난으로 받아들이고 오해하는 경우가 많다. 누군가에게 충고한다는 것은 그만큼 어려운 일이다.

☞ 아래에 제시된 요령에 따라 연습해 보세요.

요령	예	연습	비고
충고와 비평을 하고자 할 때는 미리 그 장면을 머릿속에 그려보고 비평할 사항에 대하여 글로 써본다.	상상 속에서 연습하기		
상대방에게 미리 예고를 한다.	"약속을 잘 지키는 것에 대해 저녁에 잠깐 이야기 해보자"		
야단치거나 질책 하지 말고 건설적 으로 비평한다.	"넌 항상, 매번, 자주 늦더라" 대신 "조금만 더 노력해야 되겠구나"		
행동에 대해 이야기 하되 인간 됨됨이를 평가하지 않는다. Be-Message 대신 Do-Message 사용하기	"이 게으름뱅이야" 보다는 "많이 늦었구나"		- 항상, 언제나 → 여러 번, 자주 - 형편없어→ 조금 더 노력 해야 되겠구나 - Be-Message: 인간성 평가 - Do-Message: 행동 평가
여러 사람 앞에서 비평하기 보다는 단 둘이 있을 때 비평하는 것이 좋다.			
나-전달법(I-Message) 을 사용한다.	"룸메이트로 함께 살면서 방청 소도 하지 않고 입던 옷을 쌓아 두고 정리하지 않을 때마다 나 는 무척 짜증날 때가 많더구나, 앞으로 우리가 정한 당번일에는 방청소를 하고 네가 입었던 옷 을 매일 정리해 주던지, 만약 바쁘면 주말에라도 20~30분이라 도 청소하도록 하자. 너가 청소 할 때 나는 간식을 준비할게!		*나 전달법 (I-Message) 요령 - 상황에 대한 사실 진술하기 - 감정표현하기 - 구체적으로 말하기 - 보상을 언급 하기

출처: 손승남 외(2017). 인성교육.

○ 왜곡된 생각 정정하기

사람들이 타인과 의사소통 상황에서 갈등이 생기는 다양한 이유 중 하나가 일상생활에서 겪는 구체적인 사건들 때문이 아니라 그 사건을 합리적이지 못한 방식으로 지각하고 받아들이기 때문이다(Ellis, 1989). 예를 들어, 친구와 약속을 했는데 친구가 약속을 어긴 경우, 친구가 약속을 어긴 일로 화가 나는 사람은 친구가 약속 시간을 어겼다는 사실보다 '약속 시간을 어기는 일이란 절대 있을 수 없어!'라는 생각을 가지고 있기 때문에 화가 날 수 있다. 사람들은 이와 같은 비합리적 신념을 스스로 계속 되뇌고 확인함으로써 느끼지 않아도 될 불쾌한 감정을 만들어 내어 자신을 괴롭히는 경우가 종종 있다. 이러한 비합리적인 신념으로 인한 왜곡된 생각을 극복하려면 친구가 약속시간을 어겼을 경우 '무슨 급한 일이 생겼나 보구나!'와 같이 생각하는 관점을 바꿔야 한다. 세상을 비틀어지고 울퉁불퉁한 렌즈로 바라볼 경우 세상은 왜곡되어 보일 수밖에 없는 것처럼 우리의 생각도 마찬가지이다.

내가 자주 하는 생각은 어떤 것일까? 혹시 내가 자주 하는 생각에 어떤 패턴이 있지는 않을까? 적지 않은 사람들이 발표를 하다가 실패할 경우 지나치게 민감한 경향이 있다. '실수하는 것은 끔찍스러운 일이야', '반드시 발표는 잘해야 해', '내가 발표할 때 사람들은 반드시 나에게 호의적으로 대해야 해' 등이다. 이러한 비합리적 사고는 우울증, 불안감, 걱정, 염려를 낳게 되어 불행과 갈등의 원인이 될 수 있다. 이러한 비합리적 사고는 자기 자신과 다른 사람들, 자기 주위 세상에 대해 정확하고 바람직하게 생각하지 않는 것이다. 갈등상황에서 벗어나기 위해서는 비합리적 사고를 합리적인 사고로 변화시켜야 한다. 합리적인 사고는 자기 자신과 다른 사람들, 자기 주위 세상에 대해 적절하고, 정확하고 바람직하게 생각하는 것이다. 예를 들어 '실수하는 것은 인간적인 것이야', '사람은 실수할 수도 있어', '나의 발표가 마음에 든 사람도 있을 것이고, 그렇지 않은 사람도 있을 수 있어'와 같은 것들이다.

위에서 제시한 생각의 오류에서 벗어나려면 당위적인 진술, 즉 '절대로', '반드시'와 같은 자신감을 저해하는 왜곡, 일반화 비합리적인 신념들인 왜곡된 생각들을 정정하는 것이다. 예를 들어, "너는 남의 말을 전혀 듣지 않구나."에서

"너는 남의 말을 잘 듣지 않을 때가 있어."로, "너는 언제나 말만 앞세우고 하지는 않아."에서 "이번에 네가 한 말을 지키지 못한 것 같아."로, "난 평생 사람들 앞에서 절대 발표하지 못할 거야."에서 "나는 사람들 앞에서 발표하려면 좀 두려운 생각이 들어."로 정정하는 것이다.

다음은 일반적으로 사람들에게 자주 나타나는 왜곡된 생각을 정리해 본 것이다. 왜곡된 생각이란 비합리적이고 비논리적인 상태로 말하는 것이다.

확대와 축소("30문제 중 3개나 틀렸네."), **긍정적인 것의 평가절하**("어쩌다 잘한 걸 가지고 뭘⋯⋯."), **파멸적 사고**("오늘 발표 때 틀림없이 망칠거야."), **개인화**("내가 그때 그 자리에 갔어야 했는데⋯⋯ 다 내 책임이야."), **과잉책임**("재수를 한 것은 내 인생 최악의 실패였어."), **자기 중심적 사고**("내가 뚱뚱하니 사람들이 모두 날 우습게 여길 거야."), **선택적 추상화**("하나를 보면 열을 알아."), **낙인찍기**("영어를 잘하는 걸 보니 유학파인가봐."), **이분법적 사고**("한 과목 실패하면 모두 다 실패한 거야."), **과잉일반화**("오늘 버스를 놓치다니 오늘 일진이 안 좋아.") 등이 있다.

자신이 어떤 생각을 자주하는지 살펴보고 자신에게 해당하는 것이 있다면 생각을 정정하는 노력이 필요하다.

잘삶과 진로선택

CHAPTER 13

잘삶의 의미와 요소

01___잘삶의 의미

아이들이 원하는 진로를 선택하려면 무엇이 필요할까? 부모와 교사는 급변하는 미래 세계를 대비해 아이들을 어떻게 준비시켜야 할까? 자신의 적성에 맞는 일(직업)을 위해 어떤 학과에 진학해야 할까? 또한, 미래에 어떤 일이나 직업을 가져야 행복하게 살 수 있을까? 이러한 물음에 적절한 답을 구하는 것은 진로교육의 출발점일 것이다. 그렇다면 진로교육이나 진로선택의 목적은 무엇인가? 이 질문은 진로교육에서 가장 먼저 다루어져야 한다. 왜냐하면, 교육의 목적은 교육방법과 교육내용을 결정하는 데 영향을 주며, 이들은 서로 논리적 연관성을 갖기 때문이다.

진로교육을 어떻게, 무슨 내용으로 하느냐를 따져 보려면 먼저 진로교육의 목적이 무엇인가를 밝히는 것이 중요하다. 예를 들어 테니스 게임을 생각해보자. 만약 숙련된 테니스 선수가 초보자에게 테니스를 가르쳐주는 게임을 할 때와 클럽의 명예가 걸린 시합을 할 때는 그 경기 내용과 방법이 다르다. 초보자를 가르치는 게임은 이기는 것이 아니다. 이 경우 초보자가 더 발전할 수 있도록 게임의 내용과 방법을 선택해야 할 것이다. 클럽의 명예가 걸린 시합이라면 초보자의 경우와 다르게 게임에서 이기는 것을 전제로 가르쳐야 한다. 게임의 규칙 안에서 그는 어떤 방법을 사용해서라도 반드시 이기려고 할 것이다. 이 때의 경기 내용과 방법은 초보자와의 경기보다 더 치열할 것이다.

진로교육의 내용이나 방법은 목적에 의해 결정된다. 자기 삶의 목적이나 자신이 추구하려는 성취목표에 따라 진로선택은 달라진다. 이 장에서는 진로교육의 목적을 '잘삶'에 두고 있으며, 잘삶이 왜 진로교육의 목적이 되어야 하는지를 이야기하고자 한다. 왜냐하면 자신의 진로를 선택할 때 그 선택의 밑바닥에는 일반적으로 자신의 잘삶이 놓여 있기 때문이다. 따라서 잘삶을 위한 진로교육이 무엇인지를 알기 위해 잘삶이란 무엇인지, 잘삶과 일(work)은 어떤 연관성이 있는지를 살펴보는 것은 중요하다.

잘삶(well-being)이란 '잘 살아감'을 줄인 말이며, 어원적으로 잘 지내고, 잘 하는 상태(the condition of faring or doing well)를 의미한다(Sumner, 1996: 1). 잘 산다는 말은 일상적인 표현이지만 철학적인 의미로는 '삶의 문제'이며, 다른 사람들과의 관계인 '윤리적 문제'의 의미도 포함하고 있기 때문에 윤리학적 이론을 통해 체계적으로 논의되고 있다. 윤리학 이론에서 잘삶은 객관주의적, 주관주의적 관점으로 구분되고, 여기에 문화 의존적 관점을 더해 세 가지 관점에서 잘삶이 무엇인지를 설명하고 있다.

첫째, 객관주의적 관점은 잘삶이 객관적인 선(good)의 성취에 있다고 보는 입장으로, '자신과는 관련 없는 것'을 의미한다.

둘째, 주관주의적 관점은 잘삶을 주체와 관련된 시각에서 설명한다. 이 관점은 주체가 쾌락을 느끼는 마음의 상태를 잘삶이라고 보는 입장, 주체의 바람이나 욕구의 충족을 잘삶으로 보는 입장으로 나뉜다.

셋째, 문화 의존적 관점은 삶에 가치 있는 무언가가 전적으로 우리들의 문화 속에 널려 퍼져 있고, 이것들을 충족시킬 때 인간의 잘삶이 가능하다고 본다. 이러한 세 관점은 잘삶이 무엇인지를 규정하는 데 도움이 되며, 진로교육이나 진로선택에서 무엇을 중요하게 생각하고 지도해야 하는지를 알게 한다.

02___잘삶의 세 가지 관점

1) 객관주의적 관점

객관주의는 인간의 삶과 관련된 객관적인 필요가 충족되고 객관적 선(좋은 것)이 성취됨으로써 '잘삶'이 가능하다는 관점이다. 인간의 기본적 필요가 제공되어야 잘삶이 가능하다고 여기며, 인간이 자신의 기능을 완벽하게 수행하는 탁월성, 즉 덕(arete)을 발휘하는 삶을 살 때 잘삶이 실현된다는 입장이다.

(1) 필요와 잘삶

생물학적인 종으로서의 인간은 생명을 유지하기 위해서 필요한 것이 있으며, 인간으로서의 기능을 수행하거나 사회적 역할을 수행하는 데 요구되는 필요가 있다. 다시 말하면, 인간의 의/식/주 문제와 관련된 '기본적 필요', 인간으로서 제대로 살기 위해 지적인 기능과 타인과의 관계에서 요구되는 도덕적 기능도 필요하다.

다른 측면에서 필요는 개인의 삶의 목적이나 목표를 결정하는데 중요한 기준이 되는 기본적 필요(basic needs)와 수단적 필요(instrumental needs)로 구분할 수 있다. 기본적 필요는 인간이기 때문에 누구나 가져야 되는 것으로 생존에 필요한 공기, 물, 영양, 보온 등과 생존에는 위협을 주지 않지만 우리 삶에서 보편적으로 필요한 자유, 합리성, 인지적 안목, 도덕 등과 같이 누구에게나 보편적으로 필요한 것을 의미한다. 수단적 필요는 어떤 목표를 달성하기 위해서 우리에게 필요한 것이다. 가령, 테니스 게임을 위해서는 라켓과 볼이 필요한데 라켓과 볼이 목적이 아니라 수단에 속한다.

수단적 필요는 욕구의 충족과 밀접하게 관련되어 있다. 어떤 목표를 달성하고자 하는 욕구나 욕망을 충족하기 위한 수단으로서 필요한 것이 곧 수단적 필요이다. 테니스 경기를 즐기고 싶은 욕구는 라켓과 볼이라는 수단이 필수적으로 요구된다. 결국, 잘삶에 있어서 필요는 결핍이나 부족에서 나오기 때문에 결핍이나 부족이 해소될 수 있는 것들이 갖춰져야 잘삶이 가능하다는 것이다.

(2) 삶의 목적으로서 잘삶

인간의 삶의 목적이 바로 잘삶(행복)이라는 아리스토텔레스의 목적론은 잘삶을 설명하는 데 많은 영향력을 주고 있다. 아리스토텔레스는『니코마코스의 윤리학』에서 이렇게 말하고 있다. "우리는 무엇을 위해서 사는 것일까? 이러한 물음에 사람들마다 여러 가지 답을 이야기할 수 있다. 하지만 다양한 대답들은 모두 한 가지 목적을 향하고 있다. 아마도 무엇인가 좋은 것, 즉 선(善)을 목적으로 한다(아리스토텔레스, 2009)."

우리 모두는 '좋은 것'을 목적으로 한다. 물론 사람들마다 활동의 목적은 다르다. 운동경기 자체를 즐길 수도 있고, 이겨야 한다는 결과를 목적으로 하기도 한다. 목적이 다르더라도 여러 활동 가운데 우선되는 활동의 목적이 있다. 우선되는 활동의 목적은 다른 종속적인 활동의 목적보다 중요하다. 예를 들어 말의 고삐나 말에 쓰이는 도구의 제작기술은 말을 잘 타는 기술에 종속되며, 말을 잘 타는 기술이나 모든 군사행동의 목적은 승리에 종속된다. 따라서 우리가 모든 일이나 직업의 목적으로 삼는 것이나, 무슨 일에 종사하든지 그것 때문에 선택하는 무엇인가가 있다. 바로 그것을 아리스토텔레스는 '좋은 것'이라고 여긴다.

그렇다면 그 모든 좋은 것 가운데 가장 좋은 것은 무엇인가? 이 물음에 대해 사람들의 대답은 똑같을 것이라고 아리스토텔레스는 말한다. 즉, 잘 사는 것(행복)이다. 아리스토텔레스는 잘삶을 궁극적이고 유일한 선(좋은 것)이며, 그 자체로서 추구할 가치가 있는 목적이라고 보고 있다. 그에게 인생의 궁극적 목적은 자신의 잘삶(행복)이라는 목적을 실현하는 삶을 사는 것이다.

잘삶은 어떻게 가능한가에 대해 아리스토텔레스는 인간에게 고유한 일과 기능이 무엇인지를 살펴야 한다고 말한다. 살면서 자신에게 고유한 일, 자신에게 어울리는 일을 아주 탁월하게 수행할 때 인간은 가장 잘 사는 것이며, 그런 잘삶은 살면서 완전한 덕(arete)을 성취함으로써 이루어진다. 따라서 잘삶은 '덕(arete)과 일치하는 영혼의 활동'이다. 덕은 원래 기능의 탁월성(excellence)을 나타내는 말이다. 인간의 잘삶은 인간이 지닌 모종의 기능을 탁월하게 수행하는 것과 관련되어 있다. 아리스토텔레스는 잘삶에 대해 '어떤 것이 나의 고유한 기능을 향상시킬 경우, 어떤 것이 나의 고유한 탁월성'을 표현하는 경우에만 그것이 나의 고유한 기능과 나의 잘삶을 증진시킨다는 기능, 탁월성' 등 객관주의적으로 잘삶을 제시하고 있다.

그렇지만 객관주의는 잘삶을 설명하는데 몇 가지 한계가 있다. 객관주의는 '탈 주체적'이다. 인간의 잘삶은 자신인 주체와 떼어놓고 생각할 수 없다. 또한, 객관주의는 잘삶을 실현하기 위한 전제조건이나 요건을 파악하려는 경향이 강하다. 이러한 한계 때문에 주체적 관점이 강조되는 주관주의적 관점에 대한 탐색이 요구된다.

2) 주관주의적 관점

(1) 쾌락과 잘삶

쾌락주의의 시조인 고대그리스 철학자 에피쿠로스는 고통과 혼란으로부터 해방된 평온한 삶을 추구했다. 에피쿠로스에게 잘삶은 고통을 최소화하고 쾌락을 극대화하는 것이다. 따라서 행복은 쾌락과 고통의 있고/없음으로 나타난다.

쾌락과 고통은 인간의 내부에서 파악할 수 있는 경험이다. 그런데 무엇을 경험하는 일을 쾌락으로 보는가 아니면 고통으로 보는가는 그 사람의 '마음의 상태'와 관계가 있다. 마음의 상태는 잘삶의 핵심을 차지한다. 예를 들어 김연아 선수가 차가운 빙판 위에서 넘어지는 고통을 단지 육체적 고통으로만 받아들였다면 지금의 성과를 이루지 못했을 것이다. 도전하고 성취하고자 하는 그녀의 마음 상태가 고통을 참아내게 하고 지금의 성공에 도달할 수 있게 하였다.

마음의 상태라는 개념은 쾌락주의적 전통에서 가장 두드러진 주제이다. 섬너(Sumner)는 쾌락이나 고통과 관련된 마음의 상태를 두 가지로 설명한다. 그는 이를 감각모델과 태도모델로 나누어 정리하고 있다(Sumner, 1996). 감각모델(sensation model)은 쾌락과 고통이라는 감정의 내적인 성질을 강조하는 것이다. 빙판에서 넘어지면 감각적으로 고통스런 것이 사실이다. 내적인 감각모델에서는 쾌락과 고통을 감각이나 느낌을 통해 설명한다. 감각 혹은 느낌을 쾌락이나 고통과 관련된 유일하게 실재하는 심리적 실체로 간주한다. 이 입장은 쾌락과 고통에 대한 감각만을 근본적으로 실재하는 실체로 간주하기 때문에 쾌락과 고통의 본질을 그것과 다르게 분석하는 모든 입장들이 배제된다. 다시 말하자면, 감각을 통해서만 쾌락과 고통이 설명된다. 하지만 감각모델은 주체가 느끼는 감각을 중시하기 때문에 주체는 항상 보다 더 쾌락적인 느낌을 추구해야 한다는 한계를 갖는다. 어떤 느낌을 많이 가질수록 긍정적, 부정적 특성이 있는 것은 아니다.

태도모델(attitude model)은 감정의 외적인 관계를 강조하고 있다. 외적인 태도모델은 감각모델과 달리 우리가 쾌락을 발견하고 동의할 수 있는 경험의 다양성이 쾌락의 원천 혹은 원인뿐만 아니라, 쾌락을 느끼는 방식도 다르다는 것을 인정하게 해준다. 이러한 입장은 존 스튜어트 밀(J. S. Mill)이 쾌락의 질적 차이를 주장하는 데서 엿볼 수 있다. '배고픈 소크라테스가 배부른 돼지보다 낫다'는 말에서처럼, 밀은 쾌락의 질을 결정하는 것이 개인들의 현명한 판단, 즉 쾌락에 대한 개인들의 '태도'임을 강조하고 있다.

그러나 태도모델은 자신의 삶에서 추구해야 할 선을 스스로 결정하는 주체의 권위를 간과하고 있다. 인간이 스스로 능동적으로 쾌락을 추구하고 고통을 회피한다기보다는 수동적으로 그것들에 반응한다고 보는 것이다. 온라인 게임을 하려고 학교에 결석하거나 스마트폰 중독에 빠진 아이들은 외부 경험에 대한 잘못된 태도를 보여준다. 결국 잘삶에서 감정의 외적인 관계를 강조한 태도모델은 잘삶을 주체와 제대로 관련시키지 못하고 있다.

한편, 잘삶은 쾌락의 많음과 고통의 부재인가? 쾌락주의의 한계는 우선 고통은 신체적 증상인 감각의 차원에서 제한되어 있다. 고통을 좀 더 넓은 차원에서 아픔으로 본다면, 사회적인 실망과 좌절 등도 포함될 수 있다. 또한, 육체적 쾌락이 반드시 좋다는 것과 연결되는 것은 아니다. 마약, 규칙 어기기, 온라인 게임 중독, 노상방뇨 등은 좋게 느껴질 수 있지만, 이러한 쾌락을 모두 환영하거나 즐길 필요는 없다. 오히려 너무 지나칠 경우 불행해진다.

쾌락(pleasure)과 즐거움(enjoyment)을 구분해서 생각해 볼 수 있다. 엄밀한 의미에서 쾌락은 우리가 즐거워하고 있는 많은 것들 중의 하나에 속한다. 이 경우에 쾌락이 다른 것들과 구별되는 특징은 단지 특별한 종류의 느낌으로서의 즐거움에 해당한다. 즐거움은 우리 삶의 객관적 상태까지도 포함할 수 있기 때문에 우리에게 유용한 즐거움의 원천은 주관적인 느낌, 즉 쾌락 이상의 것들을 포함하는 것으로 볼 수 있다. 이렇게 쾌락과 즐거움을 구분하면, 잘삶에서 중요한 것은 쾌락이 아니라 즐거움임을 알 수 있다. 즐거움은 모든 외재적 관계와는 별도로 그 자체로서 우리의 삶을 좋게 만든다.

(2) 욕구와 잘삶

욕구이론은 자신의 욕구를 충족하는 것을 잘삶이라고 한다. 여기서 주체의 선택, 자율성이 무엇보다 강조된다. 쾌락주의는 주체의 능동성을 다루지 못하고, 쾌락과 고통이라는 하나의 범주로 잘삶을 파악하고 있다. 하지만, 잘삶이란 욕구나 자신이 좋아하는 것의 충족에 있다고 볼 수 있다. 나(주체)의 욕구가 충족됨으로써 일의 상태나 조건이 나를 더욱 잘 되게 만들고, 내가 바라는 것을 얻는 데 성공하게 만들고, 자신은 잘 살게 되는 것이다.

욕구는 우리가 지금 실제로 지니고 있는 것이다. 실제적으로 어떤 욕구를 갖는다는 것은 우리의 선택에 의해 어떤 원하는 것이 실제로 드러났을 때를 말한다. 즉, 실제로 드러난 욕구가 충족되었을 때 우리는 이를 잘삶이라고 말할 수 있다. 실제적 욕구(actual desires)가 충족되었을 때를 잘삶으로 보는 입장은 그 개념을 이해하기 쉽게 해준다. 이 입장은 간결하고 설득력이 있는데, 특히 경제학자들은 개인이 시장에서 어떤 선택을 하는가를 살펴보면 그 사람의 잘삶을 측정할 수 있다고 한다. 시장에서 개인은 다양한 욕구를 표출한다. 맛있는 음식을 먹고 싶거나, 마음에 드는 옷을 발견했을 때 사고 싶은 욕구는 그 음식을 먹거나 옷을 구입했을 때 즉, 욕구를 충족시켰을 때 자신은 행복할 것이다. 다시 말하면 드러난 욕구가 충족될 때 잘삶이 가능하다는 것이다.

그러나 드러난 욕구가 충족될 때 사람들은 꼭 잘 사는 것인가? 소비문화와 밀접한 상품을 구입하는 것으로 잘삶을 설명하기에 부족하다. 우정, 정직, 성실 등과 같은 시장 외적인 가치들도 인간의 삶에서 중요하기 때문이다. 또한 자신이 정말로 좋아하는 것을 선택할 수 있는가? 자신의 욕구는 자신이 좋아하는 것이라는 믿을 만한 지표가 될 수 있는가? 자신의 실제적 선택과 관련된 충분한 자료들은 자신의 선호를 나타내는 것인가? 꼭 그렇다고 말하기 어렵다.

사람들은 현재 실제로 원하는 욕구 혹은 선호가 충족되었을 때 우리는 잘산다고 말한다. 이런 점 때문에 표출된 선호 혹은 실제적 욕구를 통해 잘삶을 설명하려는 입장은 그만큼 설득력이 있다. 하지만 표출된 선호의 충족만이 잘 삶을 보장하기 어렵다는 점을 쉽게 짐작할 수 있다. 예를 들어 반드시 금연을 해야 하는 환자가 자신의 흡연욕구를 충족한다면 불행질 것이며, 오히려 잘삶을 훼손하는 결과를 가져올 것이다.

이렇게 보면 실제적 욕구는 다음 세 가지 한계가 있다. 첫째, 충분한 정보가 결핍된 욕구일 때 잘삶에 방해가 된다. 잘못된 건강 상식이나 치료법으로 인해 올바른 치료시기를 놓칠 수 있다. 둘째, 논리적 오류를 갖는 욕구도 있다. 우리가 특정 목표를 달성하기 위한 수단을 강구하는 실천적 추론의 과정에서 혼란, 부적절성, 논리적 결점이 있을 수 있다. 건강이라는 목표를 두었지만 밤새 일에 매달리는 경우가 있다. 논리적 오류는 우리가 어떤 대상에 대해 충분하고 정확한 개념을 갖고 있지 못하기 때문에 종종 발생한다. 셋째, 실제적 욕구는 욕구의 구조에 대한 통찰과 정교하고 명쾌한 개념이 결여되어 있을 수 있다. 정보를 잘 갖춘다고 해서 모든 것이 잘되는 것은 아니다. 우리가 갖는 욕구에는 일련의 구조가 있다는 점을 명확히 파악할 수 있어야 한다. 따라서 욕구의 충족을 잘삶으로 이해할 때, 그 욕구는 실제적 욕구라기보다는 합리적, 성찰된, 혹은 '검증된 욕구'여야 한다.

검증된(informed) 욕구라는 아이디어는 실제적 욕구의 한계를 보완해 준다. 검증된 욕구는 욕구 대상에 대한 객관적이고 경험적인 정보에 근거를 두며, 논리적 오류가 없는 욕구를 말한다. 검증된 욕구가 실제적 욕구와 다른 점은 욕구의 구조를 잘 파악한다는 점이다. 욕구는 여러 차원으로 구성되어 있다. 매우 지엽적인 욕구도 있고, 상위 욕구, 총체적인 욕구도 있다. 예를 들어 지금 자고 싶은 것은 지엽적인 욕구일 것이고, 잠을 참고 공부하는 것은 상위수준의 욕구일 수 있고, 대학입시에 성공하기 위해 잠을 참는 것은 총체적인 욕구일 수 있다. 따라서 잘살기 위해서는 욕구의 구조를 충분히 파악하고 이해하는 것이 검증된 욕구이론에서 중요하다. 검증된 욕구란 그 대상의 본질에 대한 이해를 통해 형성된 것이고, 그 검증된 욕구에는 그 욕구가 성취되는데 필요한 모든 것이 포함된다고 볼 수 있다. 이렇게 보면 실제적 욕구보다 검증된 욕구의 충족이 잘삶을 더욱 증진시킨다고 볼 수 있다(White, 1990).

검증된 욕구의 특징은 욕구와 가치의 관련성을 들 수 있다. 검증된 욕구의 충족은 모종의 가치가 개입되기 때문에 가치를 발견하는 것은 중요하다. 우리 자신이 어떤 것을 가치 있게 생각한다는 것은 그것에 대한 욕구가 생겼음을 전제로 한다. 욕구와 가치의 관련성을 살펴보면 욕구를 통해 자신에게 도움이 되는 가치에 대한 충분한 설명이 가능해진다. 자신에게 도움이 되는 가치는 타인이나 사회의 이익보다 자신의 이익과 관련된 가치이기 때문에 주체의 욕구와 밀접하게 관련되어 있다. 이렇게 보면 검증된 욕구는 자신에게 도움이 되는 가치가 주체의 이익과 관련된 가치이며, 주체의 욕구와 밀접한 관련이 있기 때문에 주체의 욕구에 대한 유익한 정보를 제공해 준다.

정리하면, 욕구충족의 관점은 쾌락적 관점과 마찬가지로 폭넓은 지지를 받고 있다. 그것은 우리 시대의 소비 문화적 경향과 부합되기 때문이다. 지금처럼 풍요한 사회에 살고 있는 사람들은 그런 기준에 따라서 자기 삶의 성공 여부를 판단한다. 만약 그들이 부유하다면 더 큰 아파트에서 살고, 외식을 즐기고, 친구를 위해 요리하고, 고급 TV를 구입하고, 아프리카로 여행할 수 있다. 그런데 사람들은 자신에게 좋지 않은 것도 원할 수 있다. 원하는 것을 충족시키는 것이 자신의 삶을 더 좋게 만들기보다는 오히려 더 나쁘게 만들 수 있다. 중독으로 인해 자신의 건강과 삶 전체가 위협 받고 있는 술꾼이나 흡연자가 분명히 있으며, 과소비와 사치로 재산을 탕진하기도 한다.

(3) 문화 의존적 관점

잘삶의 의미를 객관주의적 관점과 주관주의적 관점에서 살펴보았다. 잘삶에 대한 객관적인 측면이 있다는 점은 분명하지만, 일반적으로 인간의 잘삶은 주관적인 측면에서 이해되는 경향이 강하다. 왜냐하면, 인간의 잘삶을 자신의 쾌락이나 욕구로 설명하는 것은 더 설득력이 있기 때문이다. 특히 욕구이론은 자신의 욕구를 통해 잘삶의 주체 관련성을 부각시키고 있다. 영국의 교육철학자인 화이트(White, 1990)는 초기에 욕구 충족적 관점에서 잘삶이란 무엇인지를 설명하였다. 그는 잘삶이 이성과 지식을 추구하는 삶보다 욕구를 검증하고 충족시키는 삶이 중요하다고 주장하였다. 이러한 주장은 '객관주의적 잘삶관'에 기반한 기존의 전통적 교육관에서 벗어나 아동이나 개인의 욕구가 충족되는

'주관주의적 잘삶관'에 기반한 교육이 요구됨을 말하는 것이다.

하지만 최근에 들어 화이트는 '욕구충족적 잘삶관'의 한계를 인식하고 그의 『잘삶의 탐색(White, 2011)』이라는 저서에서 '문화 의존적 관점'의 잘삶관을 옹호하게 된다. 예를 들면 테니스 게임을 하는 것은 즐거운 일이다. 테니스 게임을 즐기는 것은 '개인의 잘삶'에 기여할 것이지만, 테니스 게임 자체의 가치는 게임을 즐기는 개인의 욕구로부터 독립된 것이다. 개인이 테니스 게임을 참여하던 그렇지 않던 간에 테니스라는 스포츠는 그 자체로 가치 있는 것이다. 그런데 더 일반적으로 볼 때 테니스 게임의 가치는 인간의 욕구로부터 독립적인 것이 아니다. 테니스 게임이 어떻게 생겨났는지를 본다면, 그것은 특정문화에 의존하는 것이다. 16세기 이전에는 테니스가 없었다. 테니스는 귀족문화에서 탄생했고, 귀족문화는 오늘날 사라지고 없어도 테니스 게임을 누구나 즐기는 것은 여전히 가치 있는 활동에 속한다.

잘삶에 대한 문화 의존적 관점은 욕구충족에 관한 비판적 논의를 전개하며, 검증된 욕구를 충족했다고 해서 그것이 반드시 의미 있는 삶을 보장하지 못할 수 있다는 점에서 나왔다. 또한 객관적으로 자신에게 유리할 것이 없다는 점을 알면서도 무의미한 욕구를 충족할 수 있다는 문제점을 지적한다. 왜냐하면 욕구충족의 관점은 소비사회에 적합할 수 있기 때문이다. 우리 사회에서 개인의 잘삶은 자신이 원하는 물건을 얻는 데 있고, 자신의 소비욕구를 대부분 충족시키는 사람은 그렇지 못한 사람에 비해서 훨씬 더 잘 산다고 여겨지고 있다. 그렇다면 잘삶이 지금 사회의 문화에 의존하고 있다면, 그 문화 중에서 소비문화에 의존해 있다면, 아이들은 잘삶을 무엇이라고 규정할까? 어쩌면 경제적 풍요에 의한 욕구의 충족을 잘삶이라고 여길 것이며, 자신의 진로선택을 결정하는 데 영향을 줄 것이다. 아이들은 삶을 가치 있게 만드는 것이 무엇인가를 매 순간 쌓아간다. 자신의 삶에서 가치 있는 것이 무엇인가에 관한 문제는 전적으로 개인에게 달려 있다는 견해가 우리들의 문화 속에 널리 퍼져 있다. 그러나 단지 욕구 충족의 관점에서 본다면 그들의 잘삶을 설명하는 데 충분하다. 그들은 자신의 진로나 인생을 자신의 욕구를 충족하는 쪽으로 나갈 것이다. 우리는 이런 태도를 어디까지 받아들일 것인가? 인생에서 가장 원하는 것을 얻는 데 성공하는 것만이 인생의 전부라는 믿음을 아이들은 어느 정도로 가져야 하는가? 이런 태도에 대해 부모와 교사의 가르침이나 안내가 필요하다.

한편, 우리 모두는 소비문화 속에서 살고 있다. 소비문화는 사람들이 위와 같은 성찰을 다양하게 방해한다. 꼭 필요하다거나, 아름답다거나, 남들도 가지고 있기 때문에 당신도 가져야 한다고 우리를 부추긴다. 또한 소비문화는 금전적 이익만 추구하면서 사람들로 하여금 자신의 욕구를 충족시켜 줄 재화와 용역을 선택하는 데 자유시간을 소모하도록 만들고 있으며, 그것이 자신의 진로를 결정하는 나침반이라고 믿게 만든다. 만약 욕구 충족은 늘 만족스런 삶에 이르는 길이 될 것인가에 대해 스스로 묻기 시작하고, 아이들이 욕구 충족과 잘삶, 그리고 자신의 진로를 고민한다면, 소비문화에 의존하는 잘삶에서 벗어날 수 있을 것이다.

03____잘삶의 구성요소

화이트는 문화 의존적 관점에서 잘삶이란 '가치 있는 관계와 활동에 전심으로, 또 성공적으로 종사하는 일로 가득한 삶'이라고 정의한다(White, 2011). 그는 잘삶을 구성하는 요소들을 두 개의 층으로 나누어 설명한다. 잘삶의 한 층은 '기본적 필요의 충족'이고, 또 다른 층은 '가치 있는 것에 대한 추구'이다. 먼저 기본적 필요는 인간이 생존하거나 정상적으로 기능을 발휘하는 데 필수적인 것이다. 또한, 화이트는 "우리의 관심은 인간의 최저 생존이 아니다"(White, 2013)라고 말하며, 우리 사회에서 잘삶이 생물학적 요소를 넘는 기본적 필요가 있다고 지적한다.

기본적 필요에 속하는 것을 좀 더 구체적으로 살펴보면, 물질적/신체적 요건, 실천적 요건/사회적 요건, 운명적 요건(운) 등이 있다. 물질적/신체적 조건은 음식, 물, 주거, 의복, 수입, 운동, 건강 등이며, 실천적 필요는 실제 생활을 위해서 실천적 지능과 판단력 함양을 의미한다. 이때 교육은 삶을 살아가는 데 필요한 실천적 자질들, 예를 들어 수단-목적 관계에 관한 유연한 사고 능력, 가치 갈등에 관한 적절한 판단력, 그리고 정서 및 육체적 욕구에 관한 자제력이

해당된다.

사회적 필요는 평화, 자유, 생태학적 위기 극복 등이 있으며, 이를 위해서는 현실문제에 대한 지적 관심과 사회적 행동이 교육적으로 중요하다. 운명적 요건(運)은 인간의 한계를 벗어나는 예상치 못한 사고나 자연적 재해와 같은 것들을 최소화하기 위해 예방적 차원의 교육과 지원, 그리고 사후 대처에 대한 지원들의 필요이다. 이는 국가나 사회적 차원에서 충족해야 할 필요에 해당한다. 그렇다면 기본적 필요들이 모두 충족된 삶을 잘삶이라고 말할 수 있는가?

잘삶이란 기본적 필요의 충족뿐만 아니라 '가치 있는 추구가 가능한 삶'이어야 한다. 해변에서 모래알을 세는 사람을 가정해보자. 그의 유일한 즐거움은 모래알 수를 세는 것이다. 모래알을 세는 이유는 그것이 재미있고 자신이 좋아하는 일이기 때문이다. 그는 운동, 책읽기, 친구 만나기보다 모래알을 셀 때가 가장 행복하기 때문에 이 일에만 열중하게 되었다고 말한다. 모래알을 세는 것은 그에게 최선의 이익이 될 이유는 충분하다. 물론 실제로 그런 사람이 있을지는 모르겠지만, 그는 충분히 자신의 욕구를 검증해서 선택한 것이다. 하지만 그에게 모래알을 세는 것이 꼭 '좋은 것'이 되는 것은 아닐 수 있다.

상식적으로 생각해보면 모래알을 세는 일은 별로 가치가 없다. 해변의 모래알을 모두 세는 것은 불가능할 수 있으며 그것보다 더 가치 있는 일이 많기 때문이다. 모래알을 세는 사람은 자신이 원하는 바를 성취하는 데 성공할 수도 있겠지만, 그런 욕구는 납득이 가지 않는다. 모래알 수를 세는 삶은 잘삶이 아니라 '의미 없는 삶'에 해당한다. 해안가에서 손자와 모래놀이를 하면서 보내는 할아버지의 오후 시간이나 해안가에 쓰레기를 줍는 봉사활동은 모래알을 세는 것보다 가치 있어 보인다.

한편, 가치 있는 활동에 참여하는 것만으로 잘삶에 보탬이 되는 것은 아니다. 가치 있는 활동은 성공적이어야 한다. 자동차 정비기술이 없으면서 이웃을 돕겠다고 고장난 자동차를 분해하는 것은 이웃을 돕는다는 점에서는 가치 있지만 꼭 성공적인 활동이라고 말하기 어렵다. 따라서 가치 있는 활동은 그 활동이 성공적일 때 잘삶은 더 가능해진다.

다른 측면에서 현대 자유 민주주의사회에서는 가치 있는 활동 그 자체가 성공적이라고 해서 잘삶에 충분한 것은 아니다. 자유 민주주의사회는 개인의 자율성이 중시된다. 따라서 활동에 자유롭게 참여할 수 있어야 한다. 다른 사람과 자유롭게 인간관계를 맺고, 우리의 진로와 일, 직업 이외의 활동을 스스로 선택하고, 종교나 정치에 대한 우리의 입장을 스스로 결정할 수 있어야 한다. 우리 사회에서 거의 모든 사람들에게 개인의 자율성은 잘삶의 필수 불가결한 것임은 분명하다. 잘삶은 기본적 필요가 충족됨과 동시에 가치 있는 것의 추구가 가능한 삶이다. 또한 잘삶은 가치 있는 활동을 성공적으로 온 마음을 쏟을 때 가능하다. 다음에서는 문화 의존적 잘삶관을 바탕으로 잘삶의 구성요소인 가치 있는 활동, 성공, 전심 등을 좀 더 살펴보자.

1) 가치 있는 활동

가치 있는 활동은 주관적인가, 아니면 객관적인가? 여기에 대한 대답은 가치 있는 활동이 어떻게 생겨나는가를 보면 짐작할 수 있다. 가치의 생성은 사회적 실천에 '의존'한다. 가치는 문화 결정적이 아닌 문화 의존적이며, 역사적으로 나타난 특정 문화의 산물이다. 따라서 잘삶을 구성하는 가치 있는 활동은 대체로 어떤 문화 속에서 만들어지며, 가치는 개인의 외부에 이미 존재하는 객관적인 것이라고 말할 수 있다. 예를 들어 테니스를 즐기는 활동은 테니스라는 스포츠가 갖는 가치에 의존하는 것으로 개인이 만들어 낸 것은 아니다.

가치 있는 활동들은 문화 속에는 생성되고 동시에 가치가 없거나 새로운 활동이라고 간주되는 것들이 사라지거나 나타나기도 한다. 이 때문에 잘삶에 대한 혼란도 일어나며 어떤 것이 정말 가치 있는 활동인가에 대해 명확히 구분하기는 어렵다. 화이트에 따르면 잘삶을 구성하는 가치 있는 활동들이 어떤 것인가를 확실하게 말해줄 수 있는 전문가 집단도 존재할 수 없다고 한다. 특수한 활동에 한정할 경우에는 전문적인 식견을 갖춘 사람들을 찾아볼 수 있겠으나, 개인의 잘삶을 구성하는 가치 있는 활동들이 어떤 것인가에 대한 일반적인 해답을 분명하게 제시해줄 권위자를 찾기가 어렵다는 것이다. 결국, 모든 사람들이 각자의 삶 속에서 실천적 지혜를 통해 스스로 판단 내릴 수밖에 없다. 그렇다면 진로교육에서 부모와 교사에게 주는 시사점은 무엇인가? 부모나 교사는 아이들에게 가치 있는 활동을 종사하도록 강요할 수 있는가? 가치 있는 활동이 문화 의존적이라면 지금 그들이 예상하는 활동과 아이들이 미래에 만나게 될 활동의 가치는 동일하지 않을 수 있다.

또한 잘삶을 구성하는 활동은 내재적으로 가치 있는 것이다. 내재적 가치는 우리를 풍요롭게 만드는 여러 도덕적 가치를 포괄하고 있다. 인간의 잘삶에 기여할 수 있는 것은 가치 없는 활동이 아니라 가치 있는 활동으로 사소하거나, 하찮은, 쓸모없는, 부도덕한 일에 사로잡힌 삶은 아니다. 모래알을 세는 것이나 남의 물건을 훔치는 것은 가치 있는 활동이라고 할 수 없다.

지금 아이들에게 가장 가치 있는 활동은 대부분 지적 혹은 학문적 활동이다. 그러나 '활동'을 지적 혹은 학문적 활동에 한정하지 않고 더 폭넓게 설명할 수 있다. 친구와 대화, 봉사활동, 여행, 운동, 취미생활, 동아리 활동 등 아이들은 다양한 활동을 하면서 살고 있다. 이렇게 다양한 활동 중에서 스스로 의미를 부여할 때 삶은 풍요로워질 것이며, 이러한 활동에 성공적으로 참여하는 과정을 경험한다면 아이들은 자신의 진로를 스스로 결정할 가능성이 높다.

2) 성공

성공이란 개인이 참여하는 활동 및 관계가 요구하는 기준들에 적절하게 충족됨을 가리킨다. 이웃의 자동차를 고쳐주는 활동은 성공했을 때 더 좋은 것이다. 그러나 인생에서 실패하지 않고 성공한 사람이 된다는 뜻이 아니다. 성공은 훨씬 더 일상적인 것이다. 게임에서 이기기, 친구들과 즐거운 여행을 다녀온 것, 재미있는 책을 끝까지 읽은 것 등은 우리의 삶에서 중요하다. 또한 성공은 인간이 아닌 동물에게도 적용될 수 있다. 고양이가 적절하게 낮잠을 잘 수 있는 것도 성공적으로 잘 사는 것이다.

일상적인 의미에서 관계와 활동이 성공적일수록 잘삶에 가까워진다. 가령, 축구경기에서 성공은 공정한 규칙에 따라 상대편보다 더 많은 골을 넣고 이기는 것이다. 당연히 성공은 실패와 병행한다. 성공은 늘 이기는 것, 언제나 승자가 되는 것을 의미하지 않는다. 만일 실패의 여지를 모두 차단해 버린다면 성공해야 할 활동이나 관계는 단순해지고, 그만큼 잘삶에서 멀어질 것이다. 따라서 성패 여부는 개인의 능력이나 선택에 의해 달라질 수 있다. 축구공을 잘 다룰 수 없거나 동료들과 소통하지 못하는 축구선수는 성공하기 어렵다. 또한 자신이 어느 수준의 만족을 바라고 어떤 관계나 활동을 선택할 때 성패도 달라진다. 스스로 만족할 수 있는 수준에서 모종의 활동에 종사하거나 관계를 맺게 된다면 성공의 기회는 더 많아질 수 있다.

어떤 교육이건 부모나 교사는 성공에 관한 생각이 들어있다. 가정이나 학교는 온갖 종류의 가치 있는 활동과 관계로 아이들을 입문시킨다. 아이들은 소설 읽기, 프로젝트, 동아리 활동, 문제풀이, 진로상담 등 여러 활동에 참여하고 관계를 맺는다. 이런 종류의 교육에서 핵심은 성공이다. 특히 그들은 진로교육에서 학생들이 현실세계로 나가 소득이나 직업 면에서 '잘 되는' 길로 들어서기 위해 학교에서 '잘 하기'를 바란다. 또한 욕구 충족을 잘삶의 핵심으로 간주하는 교육도 개인이 원하는 바를 얻는 데 성공하는 것으로 잘삶을 평가할 수 있다.

3) 전심

전심(專心)은 온 마음을 쏟는 것, 마음을 오로지 한 일에만 쓰는 것을 의미한다. 자신이 추구하는 활동과 관계에서 요구되는 목표를 향해 자신의 행위를 이끌어가는 것으로 자신을 바치는 것이다. 이 같은 전심은 추구하려는 활동과 연관된 특별한 태도, 헌신, 순수한 동기 등을 통해서 나타난다.

잘삶을 위해 전심이 중요한 이유는 전심으로 몰두하는 활동이나 관계에서 즐거움을 경험할 수 있기 때문이다. 전심을 쏟는 과정에서 고통이나 어려움이 없는 것은 아니다. 힘들지 않고 쉽게 해결될 수 있는 일에 전심으로 몰두하는 것은 어색한 일이다. 3,000개의 퍼즐을 여러 날 동안 완성했을 때의 즐거움은 100개의 퍼즐을 완성했을 때와 다르다. 또한, 어려움과 고통이 수반되는 활동이나 관계이기 때문에 오히려 인간은 전심으로 몰두하게 되고 더 큰 기쁨과 즐거움을 얻을 수 있다. 다시 말하면 쾌락적 감각/감정을 개별적으로 혹은 수동적으로 느끼는 것보다는, 추구하는 활동/관계에 적극 참여하고, 어려움과 고통을 이겨내면서 그 안에서 감각적 쾌락을 느끼는 것이 잘삶을 위해 더 중요하다. 축구 경기를 구경하는 사람과 운동장에서 땀 흘리며 뛰는 축구선수가 느끼는 감각과 경험은 다를 것이다. 이런 의미에서 잘삶은 단순히 쾌락적 경험만으로는 설명할 수 없는 것이다.

그렇다면 진심으로 몰두하여 즐거움을 얻을 수 있는 활동이나 관계는 어떤 것일까? 그것은 개인이 정말 좋아서 자유롭게 선택하여 참여하는 활동이나 관계이다. 아무리 가치 있는 활동일지라도 무심하고, 타율적이고, 강요된 것이라면 그것이 잘삶에 기여할지는 미지수이다. 이러한 점은 우리가 일이나 직업에 종사할 때 잘삶을 판단할 수 있는 중요한 요건이 된다.

CHAPTER 14

일(work)과 잘삶

01___일의 의미와 구분

사람들은 살면서 다양한 활동을 한다. 여러 활동 중에서 일과 직업은 사람들의 잘삶에 큰 비중을 차지하고 있다. 자신의 일(직업)이 가치 있는 활동이며, 성공적이며, 전심을 다하는 것이라면 잘 산다고 말할 수 있다. 특히 진로교육이나 진로선택에 있어서 모종의 일을 선택하고 종사하는 것은 무엇보다 중요하다. 왜냐하면 인생에서 일이 차지하는 시간이 많고, 심지어 일을 위한 삶을 행복이나 잘삶으로 여기기도 하기 때문이다. 따라서 우리는 일의 의미와 성격을 잘삶과 관련해서 살펴볼 필요가 있다.

1) 일의 의미

최근 대학 취업률은 대학 평가의 중요한 잣대가 되고 있다. 이는 졸업 후 학생들이 일을 하고 있는지, 좀 더 정확히 말하면 직업을 가지고 있는지를 조사하는 것이다. 직업의 여부는 고용보험 가입 여부로 확인한다. 하지만 졸업생이 사회봉사 활동 중이거나 결혼으로 육아와 가사 일에 전념하고 있는 경우, 일을 하지 않고 있는 것으로 산정하여 취업률에 포함시키지 않는다. 이러한 관점은 일을 경제활동으로 규정하는 것으로, 일에 대한 우리 사회의 일반적인 인식을 설명해 준다. 하지만 일의 의미는 문화에 따라 다를 수 있다. 인도네시아 코로와이족에게 중요한 일은 35m 위의 나무집 만들기, 산돼지사냥, 사구애벌레 축제 등이다. 이 부족에게 일은 정글에서 생존하기 위한 활동이다. 일은 문화이며, 그들에게 삶이지, 직업은 아니다. 일이 문화에 따라 다른 의미를 갖는다면, 우리 사회에서 일은 어떻게 규정할 수 있는가? 또한 잘사는 삶에서 일의 위치는 무엇이며, 자신의 진로에서 어떤 일을 선택해야 하는가?

일의 의미는 노동이나 직업의 언어적 의미를 비교하거나, 역사적으로 밝힐 수 있다. 하지만 이 장에서는 일의 의미를 인간의 삶에서 일이 차지하는 위상과 그 성격을 규명하는 방향으로 이야기하고자 한다. 왜냐하면 일은 인간의 잘삶과 밀접한 관련이 있으며, 진로선택을 해야 하는 아이들이나 성인 모두에게 중요하기 때문이다.

잘삶을 문화 의존적으로 해석한 화이트는 일의 의미를 '일 그 자체가 아니라 모종의 최종성과(end product)를 얻기 위해 설계되어진 활동(activity)의 형태'로 단순하게 규정하고 있다. 여기서 '최종성과'와 '활동의 형태'라는 점에 주목해 보자.

첫째, 최종성과는 일을 통해 기대할 수 있는 결과물(재화나 서비스)을 말한다. 최종성과는 소파나 과일, 컴퓨터 같이 실제 물리적 물건일 수 있고, 서비스처럼 머리카락을 자르는 것, 환자를 돌보는 것, 가르치는 것일 수도 있다. 또는 어떤 이론적이거나 실천적인 것, 예술적 문제를 해결하는 것일 수 있다. '일의 결과물'은 성취할 수 있지만, 꼭 그렇지 않은 경우도 있다. 운동으로 체중이 감소하거나, 공장에서 하루 할당량을 완수할 때 그 결과물을 확인할 수 있다. 하지만 신제품을 디자인하거나, 아인슈타인의 상상력처럼 그 결과물을 확인할 수 없는 경우도 있다.

또한 최종성과는 개인의 '주요목표'와 밀접한 관계가 있다. 주요목표는 개인이 더 성취하려는 목표로 자신이 선택하거나 외부에 의해서 부과되기도 한다. 건강을 위해 매일 아침 30분 줄넘기를 자율적으로 정해서 실천하는 경우도 있지만, 이와 달리 자동차 공장의 도색 노동자처럼 하루 30대를 도색하도록 강제적인 목표를 부여받기도 한다.

최종성과와 주요목표 간의 관계는 중요하다. 주요목표는 개인에 따라 우선순위와 중요도가 다를 수 있는데, 일의 최종성과가 개인의 주요목표와 일치할 때 개인의 잘삶은 커질 수 있다. 환자를 돌보는 것이 자신의 주요목표인 간호사의 최종성과는 환자가 퇴원하는 것이다. 이때 간호사는 만족감을 느낄 것이다. 이렇게 보면 인간의 잘삶은 삶 속에서 주요목표들을 더 많이 성취할 때 실현된다고 할 수 있다. 주요목표를 자신이 선택해서 성취할 때 잘삶이 더 증진된다는 점은 쉽게 짐작할 수 있다. 물론 일의 의미를 이것으로 설명하기란 충분하지 않다. 그렇지만 최종성과의 유무로 일의 의미를 규정하는 것은 일과 활동의 관계를 밝히는 데 도움을 준다.

둘째, 일은 '활동의 형태'이다. 일은 활동의 일종이지만, 모든 활동의 형태가 꼭 일은 아니다. 여유롭게 듣는 음악 감상과 음악평론가의 음악 감상은 어떻게 다른가? 우리는 보통 음악평론가의 음악 감상이 일을 위한 활동이라고 말할 수 있다. 음악 감상처럼 활동과 일을 구분하는 것은 어떤 의미를 갖는가? 음악평론가가 베토벤의 교향곡을 쉬면서 듣는 것과, 잡지사에 원고를 투고하기 위해 듣는 것은 다른 활동이다. 여기서 모종의 최종성과가 나타나는 활동을 일이라고 말할 수 있다. 음악을 즐기던 매니아의 취미가 음악평론가의 활동으로 변할 때 음악 감상은 모종의 최종성과를 얻기 위한 일이 된다는 것이다.

일은 '활동의 형태'라는 점을 상기해 보면, 활동은 결과물, 즉 최종성과를 추구하지 않을 수 있다는 점이 중요하다. 하지만 일은 '최종성과(재화와 서비스)를 얻기 위한 활동'이다. 최종성과를 얻기 위한 활동을 일이라고 할 때, 최종성과를 목표로 하지 않는 활동은 일이 아니라고 말할 수 있다.

정리하면, 일은 모종의 최종성과를 얻기 위해 계획된 '활동'으로 정의할 수 있다. 최종성과가 계획된 형태를 갖는 것을 일이라고 할 때, 일은 최종성과를 얻기 위한 의도적인 행위고, 분명한 목표를 추구하는 활동의 일종이다. 음악잡지를 읽는 것은 활동이지만, 원고를 쓰는 것은 활동인 동시에 일이라고 할 수 있다. 원고는 최종성과로 볼 수 있다.

2) 일의 구분

사회가 발전하면서 일은 다양한 형태로 변한다. 정보화시대의 공장 굴뚝관리 일은 엔지니어에 의해 원격으로 제어되고 있다. 하지만 19세기 산업시대의 공장 굴뚝청소는 몸집이 작은 아이들이 주로 담당했었다. 일이 사회나 시대에 따라 다양한 형태로 변한다면, 일을 보편적인 기준으로 구분하기란 쉽지 않을 것이다. 일을 구분하는 하나의 기준으로 개인의 자율성을 들 수 있다. 왜냐하면, 자유 민주주의사회에서 자율성은 개인의 잘삶에 중요한 핵심이기 때문이다.

화이트는 일을 자율적인 일과 타율적인 일로 구분한다. 자율적인 일은 최종성과가 개인의 주요목표지만, 타율적인 일은 최종성과가 자신의 주요목표가 아닌 경우이다. 아픈 사람을 돕는 간호일이나 가르치는 일을 자신이 주요목표로 선택한 것이라면 '자율적'이다. 하지만 컨베이어 벨트 위에서 반복적으로 같은 일을 하는 노동자의 목표는 '타율적'으로 외부에서 부과된 경우가 많다. 대개 사람들은 일을 통해 모종의 목표를 이루려고 하며, 보다 우선적인 목표에 도달하고, 많은 목표들을 성취하는 것으로 자신의 잘삶을 증진하고자 한다. 하지만 지금 하고 있는 일이 자신의 주요목표를 이루기 위한 활동이 아니라면, 개인의 잘삶은 멀어질 것이다. 그렇다면, 자신의 일을 스스로 선택하고, 일의 최종성과가 자신의 주요목표와 일치하도록 만든다면 개인의 잘삶은 높아질 것이다.

일을 자율적인 일과 타율적인 일로 구분하는데 '자기선택'과 '주요목표'는 중요한 준거이다. '자기선택'은 외부에 의한 것이 아니라 자율적인 선택이며, '주요목표'는 개인의 잘삶을 증진하기 위해 우선이 되는 목표이다. 일의 최종성과를 자신의 주요목표로 선택한 경우를 보자. 아프리카 남부수단의 톤즈 지방에서 학교를 세우고 환자들을 돌본 이태석 신부의 헌신과 봉사 일은 스스로 선택한 것이다. 그의 주요목표는 쾌락으로 설명되기 어렵다. 이와 달리, 최종성과가 자신의 주요목표가 아니며, 외부에 의해서 부과된 일도 있다. 대형마트의 선반에 물건을 정리하는 직원의 주요목표는 소비자가 다양한 상품을 쉽게 찾을 수 있게 상품을 진열하는 것이다. 상품의 진열은 자신의 삶을 번영하게 하는 최종성과는 아닐 수 있다. 대형마트 직원의 일은 관리자에 의해 부과된 것이며, 상품을 잘 진열하는 것이 자기 삶에서 꼭 주요한 목표가 되는 최종성과는 아닐 것이다.

삶의 주요목표인 최종성과의 자기선택 여부는 일을 자율적/타율적으로 구분하는 중요한 준거가 되며, 이 점은 일의 성격을 규정하는 시작점이라 할 수 있다. 일은 일반적으로 불가피한 어떤 것이며, 명백히 유용한 최종성과를 지향하지 않는다. 우리 사회에서 일은 최종성과에 대한 자율적인 선택이 아니라 외부의 강제에 의한 활동들로 규정되고 있다. 앞서 대형마트 직원의 최종성과는 매장 관리자의 지시로 이루어지며, 아마도 임금노동자로서 생활필수품을 얻기 위한 것일 수 있다. 또한 역사적으로 18세기 미국의 남부 목화농장에서 일하는 흑인노예의 최종성과는 주인의 벌과 공포에 의한 것이다.

그렇다면 미래의 자신의 일(직업)을 선택할 때 어떤 점을 고려해야 하는가? 자율적인 일만 해야 하는가? 타율적인 일은 기피해야 하는가? 아니면, 일 없는 삶을 받아들여야 하는가? 이러한 물음은 자신의 진로를 선택할 때 중요한 역할을 할 수 있다. 다음에서 자율적인 일과 타율적인 일의 의미를 좀 더 살펴보고, 이것이 인간의 활동적 삶 속에서 어떤 위치를 차지하는지도 들여다보자.

(1) 타율적인 일

타율적인 일(heteronomous work)은 일의 최종성과가 자신의 주요목표와 관계없이 주어진 것이다. 대형할인점에서 일하는 직원의 주요 업무는 고객의 눈에 띄게 물건을 진열하거나 고객이 원하는 물건을 찾아주는 것이다. 이때 상품 진열과 친절한 서비스는 맡은 일의 '주요목표'이다. 그러나 직원의 목표는 회사의 지침에 따라 부과된 것이다. 만약 직원의 삶에서 가장 성취하고 싶었던 목표가 학생들을 가르치는 것이라고 가정해 본다면, 직원의 일은 단지 생계를 위해 불가피한 것일 수 있다. 이렇게 볼 때 타율적인 일은 생계를 위해 불가피하거나 외부에 의해서 강요된 목표를 수행하기 위한 것이다.

모든 사람이 스스로 원하는 일에서 주요목표를 성취할 수 있다면 이상적인 사회의 모습일 것이다. 그러나 타율적인 일을 모두가 피할 수 있는 것은 아니며, 타율적인 일을 우리 삶에서 줄이는 것도 쉽지 않다. 토마스 모어(T. More)는 사람들이 하루 6시간만 일하고, 나머지 시간에 여가나 놀이 또는 추가적인 일을 선택할 수 있는 '유토피아'를 상상했다. '유토피아'에서 사람들은 일 자체를 즐기는 한편, 일 이외의 시간에는 자유롭게 자신의 교양을 높이거나 취미 활동을 한다. 이 사회는 시민들에게 불필요한 일을 강요하지 않는다. 왜냐하면, 사람들의 행복한 삶의 조건은 힘든 육체적 일에서 벗어나 많은 자유 시간을 영위하는 데 있기 때문이다. 또한, 사람들은 모두 생산적인 일에 종사해야 한다. 중요하지 않은 일에 종사하거나 일하지 않고 게으름 피우는 사람들은 가려내 쓸모 있는 일을 하도록 조정된다. 이러한 생활방식은 너무 획일적이고 사람들의 다양한 삶의 방식을 무시하는 측면이 있다. 그렇다 하더라도 모어의 '유토피아'에서 주목할 점은 사람들이 '인간다운 삶'을 누리지 못하고 타율적인 일에 종사하는 이유를 고민했다는 것이다. 그는 인간의 일이 즐거운 활동이 아니라 고통을 주는 활동이 되었으며, 그 이면에 다른 사람들의 생산물을 착취하는 지배계급과 피지배계급으로 양분되는 모순된 사회구조의 문제점을 제시하였다.

독일의 저명한 사회학자 다렌도르프(Dahrendorf)는 '일은 외부의 필요에 의해서 부과되어진 타율적인 인간의 행동이고, 그 필요는 생존이나 권력에 의한 것일 수 있다'고 말한다. 인간의 역사에서 지금까지 해 왔던 일은 거의 자율적인 것이 아니었고, 지금의 사회에서 행해지고 있는 일도 마찬가지다. 거의 모든 사람들에게 일은 항상 불가피한 어떤 것이고, 외부에서 강제된 것이 받아들여지고 있다. 지금 사회에서 일의 대부분은 강제적이고, 타율적으로 부과된 속성을 지닌다.

(2) 자율적인 일

자율적인 일(autonomous work)은 일의 최종성과를 자신의 주요목표로 선택한 것이다. 어떤 교사는 경제적 이득과 사회적 지위 때문에 교직을 선택하는 경우도 있다. 이때 교사가 학생들을 가르치는 일이 단순히 자신의 책무(업무)를 수행하는 것에 그친다면 이것은 타율적인 일이다. 하지만 아이들을 가르치는 것이 스스로 선택한 주요목표라면 교사의 일은 자율적인 일이 된다.

자신의 주요목표를 풍부하게 성취할 때 잘삶의 가능성은 높아질 것이다. 타율적인 일은 줄어들고, 자율적인 일에 더 종사하는 것은 잘삶에 도움이 된다. 자율적인 일의 최종성과는 다른 이들에게 유용한 재화와 서비스, 자신에게 개인적으로 중요한 재화들, 또는 더 공적인 재화들이 있다. 예를 들어 교사, 간호사, 기자 등은 타인에게 기본적으로 필요한 서비스를 제공해 주며, 농부나 건축가는 농산물이나 주택과 같은 기본적인 재화를 생산한다. 또 그런 기본적 필요뿐만 아니라 타인들이 선호하는 재화나 서비스를 생산하는 가수, 정원사, 사진사, 운동선수 등도 있다. 이렇게 보면 자율적인 일은 자신이 선호하는 목표를 충족시키며, 동시에 타인에게 필요한 재화나 서비스를 제공한다.

자기 자신에게 개인적으로 중요한 재화나 서비스도 있을 것이다. 예를 들면 어떤 사람은 자신의 집 정원을 멋지게 가꾸거나 집을 자기 취향대로 꾸민다. 이 경우 그는 잘 가꿔진 정원이나 잘 꾸며진 집이라는 성과보다 자신의 정원과 집을 스스로 돌보고, 꾸미는 그 자체를 추구하게 된다. 이것들은 개인적인 만족을 주는 목표들이다. 또한 개인적인 차원을 뛰어넘는 공적인 재화나 서비스를 들 수도 있다. 철학/과학/역사 연구나 예술작품, 그리고 시민단체에 참여 등이 여기에 속한다.

한편, 자율성이 보장된 일은 자율적인 일인가? 자율적인 일과 '일하는 과정에서 자율성(autonomy in work)'을 구분할 수 있다. 먼저 자율적인 일은 일의 목표에 대한 자율성을 갖는 것이다. 가르침을 자신의 주요목표로 선택한 교사의 일은 자율적인 일이 된다. 이때 가르침은 그들의 삶에서 주요목표가 되고 다른 목표들보다 더 중요한 것이며, 이들에게 교직은 자율적인 일이다. '일하는 과정에서 자율성'은 자율적인 일뿐만 아니라 타율적인 일에서도 나타날 수 있다. 대형마트의 점원의 경우 어느 정도의 직책이 높아지면 물건을 구매하거나 진열하는데 자율성이 높아질 것이다. 관리자도 마찬가지이다. 결국 일에서의 많은 자율성이 보장되더라도 그것의 최종성과가 자신의 주요목표가 아니라면 자율적인 일이 아니다.

02___일과 잘삶의 관계

1) 자율적 잘삶

사람들은 많은 '일'을 하면서 살아가고, 먹고 살기 위해서 일을 한다. 일이란 최종성과의 산출을 요구받는 활동을 가리킨다. 편의점 아르바이트, 영화평론가의 원고 작성, 멘토링 프로그램 보고서 작성, 자동차 조립 작업 등은 재화와 서비스를 포함하고 있다. 일에 속하지 않는 활동도 있다. 재미있는 소설 읽기, 친구와 대화 나누기, 바닷가에서 수영하기, 테니스 경기 등과 같이 여기서 사람들은 활동을 한다. 이런 활동은 어떤 최종성과를 얻기 위한 것이 아니라, 그냥 즐기는 것, 그저 좋아서 하는 행위이다.

우리는 어떤 사람이 되고자 하는데, 이것은 사람됨과 관련이 있다. 부모나 교사는 아이들에게 훌륭한 사람이 되라고 말한다. 아이들이 맡은 임무에 책임지는 사람, 타인이나 자신에게 공명정대한 사람, 긍정적이며 유머가 있는 사람, 도전적이고 진취적인 태도를 보이는 사람이 되기를 바란다. 어떤 사람이 되도록 노력하는 것은 '활동'에 해당한다.

우리는 남으로부터 사랑과 인정을 받고, 관심을 끌거나 유명해지기를 원하기도 한다. 어떤 아이는 교사에게 칭찬듣기 위해 인사를 하거나, 이성 친구에게 잘 보이기 위해 약속시각을 잘 지키기도 한다. 이런 긍정적인 관계는 삶에서 매우 중요한 가치를 가진다. 이처럼 이런 관계를 자연스럽게 맺거나 유지하는 것은 '활동'에 해당한다.

이렇게 볼 때 사람들이 살아가면서 추구하는 것에는 일도 있겠지만, 일에 속하지 않는 활동, 사람됨의 측면, 특별한 인간관계 등도 많다는 점을 알 수 있다. 바꾸어 말하면 일에만 사로잡혀 있는 삶만 있는 것은 아니다. 특히 다양한 활동이 균형 있게 이루어지는 삶이 잘삶에 속한다는 점을 짐작할 수 있다.

잘삶은 자기 자신에게 중요한 여러 가지 가치 있는 목표를 스스로 선택하여 실현하는 삶이다. 이러한 삶의 모습은 현대인들이 추구하는 삶의 이상이다. 왜냐하면, 현대인의 잘삶에서는 자율성이 큰 비중을 차지하기 때문이다. 자신이 원하는 일을 자율적으로 선택할 수 있다면, 사람들의 삶은 잘삶에 가까워진다.

그렇다면 일과 잘삶은 어떤 관련성을 지니고 있는가? 일이 삶의 전부가 아니라면, 사람들은 무엇을 가치 있게 추구해야 하는가?

우리는 전반적으로 자율적인 삶을 영위할 것을 기대하고 기대받는 자유 민주주의사회에서 살고 있으며, 자율성을 지지하는 환경에서 자율적 잘삶을 사회적 이상으로 삼고 있다. 따라서 자율성을 중시하는 문화에 의존해서 사는 사람은 자율적 인간이 됨으로써 잘 살 수 있다. 자유 민주주의사회에서 잘삶은 자신의 중요한 목표를 자율적으로 성취하는 데 있다. 사람들은 저마다 재화나 서비스를 얻기 위한 일에서, 즐겁고 재미있는 활동에서, 사람됨과 특별한 인간관계에서 자율적으로 성취한다.

한편, 자유 민주주의사회에서 자율적 잘삶은 자율적인 일을 반드시 포함하는 것은 아니며, 다른 사람을 위해 자기 삶의 일부를 바칠지라도 이것은 자율적인 일이 아닐 수도 있다. 몇몇 사람들은 상품진열이나 도로포장 같은 타율적인 일을 자율적으로 선택하기도 한다. 사람들은 타율적인 일에서 얻는 소득으로 자신과 다른 사람들의 필요나 욕구를 충족시키며, 일이 아닌 활동에서도 삶의 중요한 목표를 성취할 수 있다.

부모나 교사는 아이들이 미래에 타율적인 일보다 자율적인 일에 종사하기를 바란다. 자율적인 일이 더 잘삶에 가깝다고 여기기 때문일 것이다. 하지만 일은, 그것이 자율적이든지 타율적이든지, 인간의 삶에서 여러 가치 있는 활동 중 하나에 속한다. 이 점은 자신의 잘삶을 위해 자신의 진로선택에서 자율적인 일을 선택할 수도 있고, 타율적인 일을 선택할 수도 있음을 의미한다. 예를 들어 유럽여행을 가는 것이 자신에게 가치 있는 것이라면, 타율적인 일로 대형마트의 아르바이트를 자율적으로 선택할 수 있다. 따라서 '자율적 잘삶'이란 자신의 잘삶 안에서 일이나 진로를 스스로 선택하는 삶이다. 자율적 잘삶은 삶에서 자신의 주요 목표를 스스로 선택할 때 가능하다. 주요목표는 개인이 여러 선택지 중에서 결정하는 것으로 거기에는 일뿐만 아니라 다양한 활동에 속한 것들도 많다. 결국, 개인의 잘삶은 우리 사회에서 다양한 활동이 균형 있게 성취될 때 가능하다.

2) 일과 자아실현

부모나 교사가 일이나 직업에 대해 안내하는 것은 진로교육에서 중요한 부분을 차지한다. 우리 사회의 진로교육은 자신의 일이 '의미 있는 삶'이나 '자아실현'에 더 가깝다고 여기는 믿음에 의해 이루어지고 있다. 아이들이 일을 통해서 자신이 원하는 삶을 사는 것은 부모나 교사가 원하는 것이다. 이러한 부모와 교사의 바람은 진로선택과 진로교육의 방향을 결정하며, 아이들은 자신의 진로는 곧 미래에 무슨 일을 할 것인가로 귀결된다. 다시 말하면 미래에 어떤 직업에 종사할 것인가로 자신의 진로를 선택한다. 그런데 자아실현은 일을 통해서만 가능한가? 원하는 직업에 종사하거나 타율적인 일을 하지 않으면 자아실현은 이루어지는 것인가?

일과 자아실현의 관계를 부모나 교사가 고민해봐야 하는 이유는 진로선택이나 진로교육에서 조급함과 국지성에서 벗어나는 데 도움을 주기 때문이다. 부모나 교사는 아이들의 미래를 알 수 없다. 4차 산업혁명으로 미래가 급변할 것이라는 예측은 가능하지만 그것이 어떤 모습으로 전개되고 나타날지는 불확실하다. 이로 인해 부모나 교사는 미래의 불확실성에 대처하기 위해 진로교육을 안정된 직업이나 일자리로 제한하거나 서두르게 된다. 그러나 인간의 잘삶을 일과 활동의 관계로 파악할 때 일 중심의 진로교육이 아닌 다른 방향을 탐색하게 도와줄 수 있다.

일과 자아실현을 일치시키는 것은 자신이 '의미 있는 일'에 종사하는 것과 깊은 관계가 있다. 노만(Norman)은 인간의 기본적 필요로서 '의미 있는 일'을 옹호한다. 인간이 창의적으로 기능하는 '의미 있는 일'을 한다면, 기쁨과 만족감을 얻을 수 있다는 것이다. 예를 들어, 아이들을 가르치고, 비행기를 만들거나 장편소설을 쓰는 것은 창조적 일에 속하며, 높은 수준의 판단과 기술을 요구한다. 그리고 이것을 완성했을 때 기쁨과 만족감을 얻는다. 그는 일이 인간의 자아실현에서 중요한 위치를 차지한다고 이야기하고 있다. 일을 단순히 양적으로만 따진다고 해도 인간의 다른 활동에 비해 삶의 대부분에서 지배적인 위치를 차지하며, 사람들 삶의 전반적 성격을 규정하는 데 다른 무엇보다도 일은 큰 역할을 한다. 그러므로 일은 불가피한 것이며, 인간의 삶에서 핵심을 이루며 그들의 삶의 전반적인 성격의 형태를 결정짓는다.

일은 사람들의 삶에서 가장 명백하게 공적인 측면을 보여준다. 객관적인 눈으로 보면, 자신을 규정하는 것은 무엇보다도 바로 자신의 일(직업)이다. '당신이 누구인가는 곧 당신이 무슨 일을 하는가'로 나타난다(Norman, 1983). 즉, 자기 존재는 자신이 하는 일에 의해 규정된다는 의미이다. 이러한 입장은 우리 삶에서 일이 갖는 중심적 위치를 명확히 보여주는 것이다. 하지만 자신이 누구인지를 자신이 하는 일로 인정받을지라도 '의미 있는 일'이 우리 삶에 반드시 필요하다는 타당한 근거가 제시되고 있는 것은 아니다. 삶에서 일이 실제로 다른 활동보다 양적으로 지배적인 위치를 차지하더라도 일 중심성을 그대로 받아들여야 하는지는 의문스럽다. 또한 의미 있는 일이더라도 양적으로 많은 일을 하는 것 자체를 좋은 것, 좋은 삶이라고 판단하기는 어렵다는 것이다.

결국, 바람직한 삶의 중심으로서 일은 강조되고 있다. 이러한 생각은 우리 사회에 널리 퍼져 있다. 대부분의 사람들은 일하는 삶을 바람직하게 생각하고, 일 없는 삶을 꺼리게 된다. 심지어 일이 없거나 일하지 않으려는 사람은 따가운 시선을 받게 된다. 그런데 일이 없다면 좋은 삶을 성취할 수 없는 것인가? 꼭 자아실현은 일을 통해서만 가능한가?

일을 통한 자아실현의 욕구는 사실 역사적으로나 문화적으로 특수한 것일 수 있다. 그렇다 하더라도 적어도 우리 사회 안에서는 아직도 이러한 욕구가 현실적이고 객관적인 욕구라고 주장할 수 있다. 일이 자신의 정체성을 규정한다는 생각과 자신의 시간과 정력을 일에 쏟도록 하는 자극은 우리 문화에 매우 깊숙이 깔려 있다.

일을 통한 자아실현은 만족스러운 삶을 가능하게 한다. 누구에게서나 일이 자신의 정체성을 결정한다는 생각에 쉽게 동의할 수 있다. 그러나 일과 잘삶의 관계나 문화 의존적 입장에서 볼 때 일이 만족스러운 삶의 필수요소인지에 대해서는 의문을 제기할 수 있다. 일은 잘삶의 중요한 요소에 속한다. 따라서 일이 자아실현과 밀접한 관계가 있다는 점을 수용할지라도 일이 잘삶의 중심이 되어야 하는지는 아직 분명하지 않다. 왜냐하면, 삶의 만족이나 성취는 일이 아닌 스포츠, 음악 감상, 친밀한 사람들과의 대화, 자원봉사, 여행 등에서도 얻을 수 있기 때문이다. 이것들은 개인의 삶에서 주요한 목표가 될 수 있는 활동들이다. 만일 자아실현이 자신의 주요목표를 성취하는 것과 관련이 있다면, 앞에 열거한 것들은 만족스러운 삶을 위한 활동들에 속하게 된다. 또한 정직한 사람이 되는 것, 다른 사람을 돕는 것을 자아실현으로 본다면 일은 그 수단이지, 목적이 될 수 없다. 자칫 조급한 진로교육은 아이들을 일류 대학에 가는 것, 그리고 일류 대학을 나와 더 나은 일자리를 얻는 것으로 안내한다.

CHAPTER 15

잘삶을 위한 진로

01____잘삶과 인생진로

1) 진로와 인생계획

진로는 자신의 인생을 계획하는 것이다. 우리는 자신이 추구해야 할 삶의 목표 안에서 미래의 삶을 예상하며 현재의 삶을 조정하며, 자신이 미래에 구체적으로 무슨 직업에 종사할 것인지, 어떤 목표를 달성할 것인지를 고민한다. 이러한 고민은 진로를 계획하고 준비하는 데 학습이 필요한 이유가 되기도 한다. 여행가나 야생동물 전문사진작가가 되고 싶은 아이는 세계지리나 별자리에 관한 천문지식, 동물의 계통 관계를 배울 필요가 있다. 이 때문에 부모나 교사, 사회는 아이들을 어려서부터 자신의 진로를 학습과 연관해서 '고민'하도록 유도한다. 이것은 아이들이 미래의 삶을 계획하고 준비하는 최선의 선택이기 때문이다.

그런데 우리가 진로나 인생을 계획하는 데 있어 주의해야 할 점이 있다. 왜냐하면, 현실은 많은 아이들의 진로가 타인이 만든 인생계획 안에서 강요되는 경향이 있기 때문이다. 부모나 교사는 아이들이 어릴 때부터 자신의 진로를 지나치게 걱정하게 만든다. 아이들은 사회에서 존경받는 일(직업)은 무엇인지, 노후 걱정 없이 살 수 있는 일은 무엇인지, 급변하는 노동시장에서 안정된 직업은 어떤 것인지, 경제적으로 풍족한 직업은 무엇인지 등을 자주 듣고 있다. 그리고 미래에 종사하게 될 자신의 일(직업)과 퇴직 후의 삶 전체를 고려하도록 내몰린다. 그뿐만 아니라 부모나 교사가 '미래의 일자리'에 아이들의 직업관을 가두기도 한다. 오직 자신들의 직업관 안에서 아이들의 진로를 걱정하게 하고, 아직 미래에 자신의 목표를 선택할 수 없는 아이나, 오지 여행가를 원하는 아이는 종종 안정되고 풍족한 삶이 가능한 직업이 더 나은 진로선택이라고 직·간접적으로 강요(설득)당한다. 이러한 인생계획은 자신의 인생계획이 아니라 타인에 의한 '강요된 인생계획'이다.

그렇다면 왜 이렇게 부모나 교사는 인생계획을 강요하고 지나치게 아이의 진로를 걱정하는가? 부모나 교사가 아이들의 잘삶을 위해서 아낌없는 조언을 쏟아내는 것은 당연하고, 나중에 성인이 되어 자신들보다 더 잘 살기를 기대하는 것도 이해가 간다. 이때 잘사는 것은 대개 더 나은 직업과 관계가 있다. 더 나은 직업은 경제적으로 풍요한 직업으로 높은 수입, 사회적 지위, 여유로운 노후, 복지혜택, 휴가, 타인에 대한 권력 행사 등을 포함하고 있다. 흔히 미래에 잘사는 것을 직업과 연결시키는데 이것은 더 나은 직업에 종사하는 것을 삶에서 가장 우선적인 목표로 여기는 것이다. 이렇게 된다면 아이들의 진로는 주로 직업의 종류와 혜택으로 제한된다.

그러나 진로선택의 목표는 꼭 더 나은 직업의 선택으로 귀결되어야 하는가? 인생의 진로를 더 나은 일자리에 취업하는 것으로 제한하는 것과 자신이 삶에서 성취하고 싶은 모종의 목표를 스스로 추구하는 것은 질적으로 다르다. 전자는 강요된 인생계획이며, 후자는 자발적 삶의 목표에 해당한다.

우리는 일반적으로 일찍부터 미리 계획하는 삶이 잘삶을 가능하게 하리라고 믿는다. 여기서 다음과 같은 의문이 생긴다. 인생계획은 개인의 잘삶의 불가결한 부분인가, 혹은 그런 식으로 준비하기를 더 좋아하는 사람들의 한 가지 선택일 뿐인가? 존 롤스(Rawls, 1997)는 '미리 계획하는 삶'이 잘삶과 관련 있다고 여겼다. 그는 사람들의 잘삶이 잘 짜여진 인생계획 안에서 가능하다고 보았다. 그러나 인생계획과 잘삶 사이의 연결이 필연적인 것보다 우연적일 수 있다. 그것은 사람마다 삶에 접근하는 방식이 개별적으로 다를 수 있기 때문에 인생계획과 잘삶이 꼭 연결되는 것은 아니다. 어떤 사람은 즉흥적이지만, 어떤 사람은 미래지향적이며 신중한 태도를 지닌다. 또한, 잘삶은 넓은 의미에서 무엇보다도 자신의 주요한 삶의 목표가 폭넓게 실현된 것이기 때문이다(Bailey, 2010).

우리 사회의 특징 중 하나는 아이들의 진로를 경제적 성공으로 제한하고, 더 나은 직업을 얻기 위한 인생계획을 지나치게 강요한다는 것이다. 왜냐하면, 일은 우리 삶에서 중요한 가치를 지니며, 직업이나 일 없는 삶을 상상하기가 어렵기 때문이다. 그러나 일이 우리 삶에서 중요한 위치를 차지하더라도 인생계획마저 꼭 '더 나은 직업'으로 제한할 필요는 없을 것이다. 삶의 목표가 다양하다는 점과 사회의 불확실성은 인생계획을 어렵게 만든다. 따라서 더 나은 직업만이 삶의 목표가 되는 것은 아니다. 물론 어떤 아이들은 어려서부터 경제적으로 풍족한 직업을 자신의 목표로 선택한다. 반면에, 누군가는 타인에 대해 봉사하는 삶이나, 관대하고 정의로운 사람, 타인에게 가치 있는 사람, 유머 있는 사람, 오지를 탐험하는 도전적인 삶을 자신의 주요한 목표로 선택한다. 더 나은 직업을 얻기 위한 인생계획은 아이들이 추구할 수 있는 삶의 일부에 해당한다.

아이들을 위한 부모나 교사의 인생계획은 과거에 기반을 둔 것이다. 하지만 아이들의 삶은 미래의 것이다. 부모나 교사가 현재를 기반으로 미래의 더 나은 직업이 무엇인지를 가정하고, 이를 통해 아이들의 진로를 결정하는 것은 불확실할 수 있다. 직업관은 시대와 사회에 따라 변하기도 한다. 특히 고용시장의 변화나 기술의 발달은 일과 직업, 삶의 방식을 급변하게 만든다. 이때 사람들의 인생계획과 개인의 삶은 종종 단절되기도 하며, 안정된 평생고용은 사라지고 있으며, 불확실한 고용의 패턴은 자연스러워진다. 이러한 변화는 부모나 교사의 인생계획뿐만 아니라 자신이 원하는 삶의 계획도 불확실하게 만든다.

결국, 개인이 추구하는 목표의 다양성과 사회가 돌아가는 상황의 불확실성은 인생계획을 어렵게 만든다. 그럼에도 불구하고 부모나 교사는 왜 자신들이 구상한 인생계획을 아이들에게 강요하는가? 그것은 현재의 삶이 미래를 위해 존재한다는 시간관에서 비롯된 것이다. 미래를 위해 현재를 견뎌내야 한다는 생각의 밑바탕에는 미래를 위해 현재를 희생할 수 있다는 믿음이 깔려 있다. 이러한 삶의 태도는 청교도의 노동 윤리가 남긴 '지연된 만족'이라고 말할 수 있다.

청교도의 노동 윤리는 먼저 열심히 일하고 열매는 나중에 거둬야 한다는 것으로, 그것은 현세가 아닌 내세의 개념이 포함된 종교적 배경을 담고 있다. 이러한 사고방식의 근원은 종교적 전통에서 찾아 볼 수 있다. 오래 전부터 인생계획은 신을 향한 종교적 의무에 필요한 것이었다. 기독교나 힌두교에서는 나중을 위해, 현세보다 내세를 위해 지금의 힘든 삶과 고통을 참아내야 한다고 가르친다. 이처럼 인생계획은 미래지향적이며, 지금(현재)의 행복보다 나중(미래)의 행복이 더 중요하다는 믿음이 의심 없이 받아들여지고 강요되고 있다.

아이들에게 힘든 학습을 강요하는 것은 현재의 행복보다 미래의 행복을 위해서다. 아이들은 현재의 만족을 뒤로 미루고 힘든 학습을 참아 내도록 동기부여되고 있다. 이때 학습은 진로에 대한 관심으로 합리화되고, 진로는 더 나은 직업을 향한 인생계획으로 제한된다. 부모는 아이들이 장차 어떤 직업에 종사할 것인지를 걱정하고, 아이들은 일만을 위한 인생계획이라는 틀에 갇힌다. 이것은 자발적인 인생계획이 아니라 강요된 인생계획이다. 현재의 만족은 지연되고, 진로는 더 나은 직업, 다시 말하면 경제적으로 풍요롭고 안정된 직업, 높은 수입, 사회적 지위, 여유로운 노후, 복지혜택, 휴가, 타인에 대한 권력 등을 지향한다. 진로에 대한 관심은 일이 중심이 되는 삶으로 아이들을 내몰고, 현재의 행복을 뒤로 미루게 한다. 그렇다면 아이들은 어떻게 미래의 삶과 진로를 선택해야 하는가? 부모와 교사는 아이들의 잘삶을 위한 진로선택을 고민해볼 수 있다.

2) 자율적인 진로선택

진로선택을 지나치게 직업세계로의 진입으로 제한해서는 안 된다. 다시 말해서 아이들의 직업이나 일은 그들의 잘삶 속에서 '적절한' 자리를 차지하도록 할 필요가 있다. 먼저 아이들은 각자에게 좋은 삶이 무엇인가에 대한 이해가 생기고, 이런 이해 안에서 자신의 주요목표를 고려한 직업과 일을 찾을 수 있어야 한다. 이럴 경우 일뿐만 아니라 삶의 여러 가치 있는 활동들이 아이들 각자의 삶의 목표로서 균형과 조화를 이룰 수 있게 부모나 교사는 도와주어야 한다. 결국 진로교육의 방향은 '일하기 위해 사는 것이 아니라 잘 살기 위해 일을 하도록 준비시켜주는 교육'으로 나가야 한다. 이를 위해 아이들에게 각자의 잘삶이 어떤 것인지를 이해하도록 도와주는 것은 학교 교과교육에서 핵심 과제가 될 수 있다.

먼저 일의 세계를 알 수 있게 다각적으로 준비시켜주는 교과교육이 필요하다. 교과교육은 '일과의 연관성'이라는 관점에서 새롭게 접근할 수 있다. 앞서 말했던 것처럼 정규직, 높은 소득, 특혜가 딸린 안정된 일자리를 차지하는 데 유리한 대학/학과 진학을 위해 아이들은 경쟁하고, 이 과정에서 기존의 교과교육은 선발 도구로서의 역할을 수행하고 있다. 특히 수학, 영어, 국어, 과학은 대학 진학을 위해 중요한 과목이다. 이들 과목은 도구적 가치가 크고, 아이들의 학교교육에서 지배적 위치를 점유하고 있다. 이런 상황에서 대부분의 아이들은 배워야 할 어렵고도 수많은 교과내용에 너무 많은 시간을 빼앗기게 된다. 이 때문에 아이들은 자신에게 전반적으로 아이들 개개인에 필요한 가치 있는 '일'을 탐색하지 못하게 된다. 따라서 잘삶의 관점에서 일의 다양성, 일에 관한 폭넓은 선택범위를 알도록 도와주는 것이 교과교육의 중요한 목표로 강조될 필요가 있다.

지나치게 고정된 인생계획에 얽매이지 않는 진로교육도 요청된다. 아이들의 삶과 취업이 중요하다고 해서 그들의 공부가 미리 정해진 인생계획이나 취업계획을 그대로 따라야 하는 것은 아닐 것이다. 물론 일이 지배하는 삶과 문화 속에서 누구나 취업을 중심으로 인생계획을 세우고 이를 성공적으로 실행해야 한다는 압박감이 클 것이다. 그러나 불확실한 미래를 확실하게 준비할 수 있는 길을 찾기란 갈수록 어려워지고 있다. 또한, 고정된 장기 진로계획에 따라 공부하기로 작정한다면, 자발적이고 여유 있는 삶이나 느리게 사는 것을 비현실적인 것처럼 간주하기 쉬울 것이다. 만일 좋은 삶에 대해서 보다 자유로운 관점으로 접근한다면 단기적 계획이나 자연발생적인 계획의 여지도 늘어날 수 있으며, 평생 보장되는 직장에 대한 집착에서 벗어날 수 있을 것이다. 미래의 삶이

고정된 궤도를 따라가야 한다는 생각이 완화된다면 '마음만 먹으면 어떤 계획이건 실행할 수 있다'거나 '모든 것을 통제하여 가능하게 만들 수 있다'는 근대적 사고방식에서 벗어날 수 있게 된다. 결국 취업에 전념하는 학교교육, 그 이후의 정규직 취업, 그리고 은퇴의 삶이라는 고정된 인생계획의 틀에서 벗어날 수 있다(White, 1997). 그렇다면 일을 중심으로 확고하게 고착된 삶의 계획에 얽매이지 않고, 보다 자율적인 진로선택이 가능하려면 아이들은 무엇을 준비해야 하는가?

02___잘삶과 진로준비

부모나 교사는 아이들의 잘삶을 위해 무엇을 해야 하는가? 더 나은 직업을 얻기 위해 아이들이 일류대학에 가는 것만 잘사는 것인가? 다른 사람들에게 인정받고 부러움을 받는 일에 종사하는 것은 잘삶에 해당하는가? 아이들은 어떻게 자신의 주요목표를 고민하고 선택할 수 있을까? 부모나 교사가 이들 물음에 대해 적절한 답을 찾는 것과, 올바르게 진로를 선택하기 위해 많은 것들을 준비하는 일은 거의 같다고 할 수 있다. 다음에서는 아이들의 진로준비를 위해 부모나 교사가 고려해야 하는 세 가지 사항을 제시하고자 한다.

1) 인간적 자질

인간적 자질은 타인에 대한 존중, 정직, 공정, 우애, 친절, 유머, 용기, 성실, 시민의식, 겸손, 자신감 등 개인이 갖춘 성향이나 인성이다. 잘삶을 위한 진로교육은 인간적 자질을 습득하거나 함양할 수 있게 돕는 것이며, 또한 아이들이 인간적 자질에 대한 이해를 함양할 수 있게 돕는 것이다. 인간적 자질에 대한 이해가 깊고 넓어지면 아이들의 성향도 풍부해진다. 그렇다면 부모나 교사는 아이들이 인간적 자질을 갖추기 위해 어떤 점을 중요하게 고려해야 하는가? 먼저 '너는 어떤 사람이 되고 싶은지'를 묻는 것이다. 우리가 아이들에게 무엇보다 원하는 것은 그들이 남을 도울 줄 알고, 타인의 삶과 자신의 삶을 이해할 수 있고, 자기 일을 즐기며, 실패를 극복할 수 있고, 유머 있고, 상상력이 풍부한 사람이 되는 것이다.

　인간적 자질의 습득은 수학문제를 풀 줄 아는 것이나 학교시험을 잘 보는 것에서 꼭 배워지는 것은 아니다. 이런 학문적 성과는 아이들에게 중요할 수도 있지만 그렇지 않을 수 있다. 오히려 교과공부에 매몰되면, 자신이 어떤 사람이 되고 싶은지에 대한 풍부한 진로의 가능성을 잃어버린다. 따라서 출발점은 아이들이 긍정적으로 여러 인간적 자질을 갖추도록 부모와 교사가 돕는 것이다.

　부모와 교사의 역할이 가정과 학교에서 다르지만, 둘은 동일한 목표를 향해 노력해야 하는 존재이다. 부모와 교사는 아이들이 인간적 자질을 갖추기 위해서 그들의 '타고난 정서'와 '문화에 더 의존하는 정서'를 이해해야 한다. '타고난 정서'는 화, 두려움, 즐거움 같은 것으로 상황에 따른 반응과 행동이나 지적 판단에 영향을 준다. '문화에 더 의존하는 정서'는 분노, 수치, 자긍심, 신뢰, 타인에 대한 사랑 같은 것이다. 이러한 정서를 아이들이 배우는 것은 중요하다. 가령, 분노에 대해 생각해보자. 분노는 언제, 누구에게, 어느 정도로, 어떤 방식으로 분노를 느끼고, 분노를 드러내고, 행동을 보여야 하는지 아이들은 이해하고 배워야 한다.

　아이들의 정서 관리는 그들의 삶을 채워주는 활동과의 관계에서도 매우 중요한 핵심에 속한다. 잘삶을 크게 보면 '사랑'이다. 자신의 일, 자연, 정원 가꾸기, 소설읽기, 운동 등 우리가 하는 모든 활동에 대한 사랑이 형성되도록 돕는 것이다. 우리가 사랑하는 것이 무엇이건, 그리고 자율적 존재로서 자기 삶의 길을 어떻게 나가건 아이들은 일반적인 종류의 성향을 습득해야 한다. 이런 성향들은 자기 삶에 대한 진로를 적절한 방향으로 나가고 초점을 잡을 수 있게 도와준다.

　인간적 자질은 자유 민주주의사회에서 성취된 삶을 위해 필요한 덕목에 해당된다. 가령, 용기라는 덕은 육체적 두려움과 정신적 두려움에 맞서는 것이며, 성실은 계획에 차질이 생기더라도 지속하는 힘이다. 또한 절제는 소비문화의 유혹에 빠지지 않게 해준다. 특히 아이들은 소비문화의 압력에 대응할 수 있어야 한다. 소비문화의 유혹은 음식, 술, 섹스 등 육체적 쾌락과 관계되어 아이들에게 다가 간다. 아이들이 용기나 절제란 덕을 발달시켜서 육체적 욕구를 관리할 수 있어야 한다.

2) 지식과 이해

지식과 이해는 자신의 진로를 선택하고 탐색하는 데 기본적인 필요에 해당한다. 특히 잘삶과 관련한 지식과 이해는 교육의 목적으로서 분명하다. 지식은 그 자체로 가치 있다는 이유만으로 배워야 하는 것이 아니라 욕구를 검증하거나 성공적인 활동을 위해서도 필요하다. 건강하기 위해서 인간은 생물학적 지식이 요구된다. 또한 인간관계에 관한 교육을 위해서는 인간의 사고와 감정을 이해할 수 있어야 하며, 직업세계에 대한 이해도 필요하다.

미래를 살아갈 아이들에게 필요한 지식과 이해는 많다. 그 중 하나는 그들이 살아가는 사회에 대한 이해가 요구된다. 사회에 대한 이해에는 노동, 경제, 정치, 생활양식, 복지 등이 포함된다. 이것들에 대한 지식과 이해를 위해서 아이들은 역사/지리/사회와 문화 같은 과목을 배워야 하며, 경제와 관련된 사회적 통계와 기술적 토대를 이해하기 위해서 아이들은 수학이나 과학을 배워야 한다. 예를 들어 아이들이 과학을 배워야 하는 이유는 자연 현상뿐만 아니라 우리 사회를 이해하는 데 필수적이기 때문이다. 특히 제이콥 브로노우스키는 "과학에는 민주주의가 필요하다"고 말한다. 왜냐하면 탐구와 비판의 자유가 보장되고, 다른 사람의 관점을 존중하는 관용의 문화가 있어야만 과학은 발전하기 때문이다. 또한 과학적 사고는 우리의 일상생활과 사회활동에서 없어서는 안 될 합리적·비판적 사고능력이다. 아이들이 과학을 이해하고 과학적 사고를 실천하는 것이 과학 과목을 배우는 목적일 때 과학 교과의 지식과 이해는 아이들이 자신의 진로를 선택하는 데 도움을 줄 것이다.

아이들은 지식과 이해를 어떻게 배워야 하는가? 교사는 프로젝트를 통해 자신의 삶과 교과내용을 연결할 수 있게 학습기회를 제공해야 한다. 왜냐하면 교과서 교과내용은 일반적이고 포괄적인 목적으로 쓰여진 학습교재다. 5백 년 전 신분제도를 배우는 것도 필요하지만, 최근 여성의 사회적 지위(선거나 권리)가 어떻게 변했는지, 양성평등은 무엇인지 이런 주제를 탐구하고 토론하는 프로젝트를 실시하는 것이 더 나을 수 있다. 또한 아이들이 배워야 하는 지식은 꼭 교과에만 있는 것은 아니다. 그들은 환경문제, 온라인 게임, 저출산 문제, 청년실업 문제 등에 관해 어느 정도 알아야 자신의 진로를 선택할 수 있는 지식과 이해를 쌓아갈 수 있다.

부모나 교사는 신중하게 아이들을 준비시켜야 한다. 아이들이 학교에서 습득해야 하는 지식은 끝이 없다. 그들의 학교생활이 단지 교과 지식습득에 한정될 수 있다. 그러나 지식 습득은 잘삶을 목적으로 해야 하며, 가치 있는 일에 온 마음으로 참여하기 위해 아이들은 올바른 지식을 습득해야 한다.

3) 도덕 운

운(luck)은 인간의 잘삶에서 기본적 필요라고 볼 수 있다. 우리가 어떤 삶의 형태를 취하든지 간에, 잘삶을 영위하려고 하면 행운이 필요하다. 자동차 사고, 홍수나 지진, 불특정 다수를 노린 테러, 갑작스런 건강악화, 증시폭락 등은 우리에게 개인적 재앙을 가져올 수 있다. 그러나 인간은 행운과 불행을 완전히 제어할 수는 없다. 정부의 복지정책이나 사적인 보험과 같은 제도가 불행한 운을 완화시켜줄 수 있지만, 삶에서 불운을 확실하게 제거할 수는 없다. 그렇다면 어떻게 행운을 얻을 수 있을까?

삶에서 행운이 찾아 올 기회는 만들어 갈 수 있다. 자연적 재해에서 행운은 피하거나 예측할 수 없지만 도덕적인 인간적 자질은 때로 행운을 불러 오기도 하고 그렇지 않을 수도 있다. 이 점은 의외로 간단하다. 남에게 친절을 베풀면 그것이 자신에게 돌아오기 때문이다. 예를 들어, 영화 '헝거게임(The Hunger Games)'에서 주인공은 '도덕 운(moral luck)'을 얻는다.

영화 '헝거게임'은 미래의 판엠(Panem)이라는 국가에서 일어나는 혁명을 다루고 있다. 강력한 도시 캐피톨은 다른 12구역을 지배하고 있다. 캐피톨은 지배의 수단으로 매년 만 12~18살 소년/소녀를 각 구역에서 추첨으로 뽑아 서로 죽이는 생존게임(헝거게임)을 개최한다. 캐피톨 시민들은 이 게임을 콜로세움에서 검투사들의 살육을 구경하는 로마인들처럼, 모두가 TV로 즐긴다. 주인공 16살 소녀 캣니스는 이 대회에 추첨된 동생을 대신해 자원으로 참여한다.

캣니스가 잘 살아남을 수 있었던 것은 기본적 필요인 물, 약, 식량뿐만 아니라 인간적 자질인 용기, 결단력, 인내심, 친절, 자긍심 등 매우 많은 요소 때문이다. 하지만 다른 요인으로 통제할 수 없는 환경이나 상황에서는 '운'이 중요했다. 주인공이나 우리는 삶에서 온갖 방법으로 운을 통제하거나 적어도 최소한의 영향을 받는 영역에 두려고 노력한다. 우리의 잘삶이나 불행, 계획, 진로가 운에 영향을 받는 것처럼, 캣니스도 자신의 운을 통제하지 못하는 것은 분명하다. 그런데 도덕적 행위가 행운이나 불행을 가져올 수 있다. 도덕과 운은 어떻게 보면 별개의 것이다. 도덕적으로 얼마나 잘 하느냐는 거의 대부분 자신의 선택에 달려 있지만, 운은 그렇지 않다. 도덕적 선택은 운이 영향을 미치는 영역에 있지 않다.

미국 철학자 토머스 네이글은 도덕 운을 '어떤 사람이 한 행위의 주요한 측면이 그의 통제력 바깥 요소에 좌우되었는데도, 우리가 여전히 그 측면을 기준으로 그 사람을 도덕적으로 평가할 때마다' 도덕 운이 작동한다고 한다. 주인공 캣니스는 '인과의 도덕 운'을 얻는다. 인과의 도덕 운은 무언가가 이전 상황에 의해 결정될 때 발생하는 운이다. 캣니스는 10구역 참가자 '루'라는 소녀를 도와주고, 살해당한 루의 장례식을 치루어 준다. 캣니스의 행동은 캐피톨의 헝거게임에 도전하는 행동이며, 도덕적 진실성과 용기를 드러낸 것이다. 게임 후반부에 캣니스는 다른 참가자에게 죽을 위기에 처한다. 그때 10구역의 다른 참가자인 소년이 그녀를 구해준다. 그 소년은 루를 도와주었기 때문에 이번만은 살려준다고 말하며 떠난다. 캣니스가 죽을 위기에서 살아날 수 있었던 것은 운이 좋아서다. 마침 10구역의 소년이 그곳을 지나갔고, 루를 도와준 행위가 자신의 생명을 구한 것이다. 운이 우리의 잘삶이나 진로에 통제할 수 없는 요인인 것은 분명하다. 하지만 운이 항상 호의적이지 않더라도 최소한 자주 자신의 편이 되어 주길 바란다면, 도덕적으로 선택할 수 있어야 한다.

아이들이 미래의 삶을 살아가는데 통제하거나 예측할 수 없는 상황을 맞이하게 된다. 이때 행운은 필요하다. 아이들이 자신의 삶에서 적절한 인간적 자질의 실천에 의한 도덕적 행위는 '도덕 운'을 자주 불러 올 것이다. 따라서 불확실한 미래를 준비하는 데 아이들이 타인을 존중하고 친절을 베푸는 인간적 자질을 실천한다면, 그들의 잘삶에 결국 도움이 될 것이다.

에필로그

애초에 4차 산업혁명이란 거창한 화두로 이 책을 시작하였다. 여기서 우린 한편으로는 다양한 방식으로 불확실한 미래를 미리 들여다보기도 하고, 다른 한편으로는 우리 안에 잠재된 힘을 찾아 마음 속으로 먼 여행을 떠나보기도 하였다.

자, 이제 불확실한 미래의 먹구름이 어느 정도 걷혔는가? 내가 진정 누구인지 좀 더 알게 되었는가? 나를 둘러싼 세계와 내 역량을 잘 연결시킬 준비가 되었는가?

예나 지금이나 인생의 진로선택은 단순하게 직업 선택의 문제로 환원되는 것이 아니다. 그 문제는 적어도 '내가 장차 무엇을 할 것인가'의 차원을 넘어 '내가 정작 어떤 삶을 영위할 것인가'에 대한 치열한 고민과 맞닿아 있다. 그러기에 생계를 위해서, 보다 나은 수익을 위해서, 가족과의 더 많은 여가시간을 확보하기 위해서 어떤 직업을 선택할지라도 그 일이 내가 진정 하고 싶은 일이 아니거나 내적으로 충일한 삶에 도움을 주지 않을 때 난 그리 행복하지 않을 것이다. 단도직입적으로 말하여 돈 잘 버는 직업이 결코 나의 잘삶(the good life)을 보장해 주지는 않는다. 그래서 진로선택과 관련지어 저자가 애써 전하고 싶은 말은 이것이다.

'네가 진짜 하고 싶은 일을 찾아라!'

그렇지만 인생의 기나긴 행로에서 선택의 기로에 직면할 때 작용하는 두 가지 힘이 있으니, 그것은 바로 적성과 운이다. 내가 정작 하고 싶은 일을 결정하는 중요한 단서가 적성이다. 그러므로 자라는 과정에서나 인생을 경험하면서 자신의 적성이 무엇인지를 잘 찾는 일은 매우 중요하다. 죽기 전까지 자신의 적성을 찾아 그 일에 헌신하는 사람은 어쩌면 가장 행복한 사람일지도 모른다.

우연하게도 로마의 현인 키케로(B.C. 106-43)도 자기 아들에게 보낸 편지에서 적성과 운에 대해서 기술하고 있는 데, 2000년이 지난 지금 음미해보아도 고개를 끄덕이게 한다.

"인생의 진로를 선택함에 있어서 가장 강한 힘을 발하는 것은 적성이고, 그 다음에 작용하는 것은 운이다. 그러므로 우리는 말할 것도 없이 어떤 인생을 살 것인가 결정할 때에는 필히 적성과 운, 두 가지를 다 고려해야 되겠지만, 그러나 둘 중에서도 적성에 더 비중을 두어야 할 것이다. 왜냐하면 적성이 훨씬 더 확고하고 변함이 없으므로, 운과 적성의 싸움이란 필히 그 자체가 사멸할 것과 불멸의 여신과의 싸움으로 보이기 때문이다. 그러므로 자신의 적성에 맞춰 자기 인생의 전 계획을 수립한 자는 생의 진로를 선택함에 있어 잘못된 게 없다는 생각을 하는 한, 그것이 진실로 적성이니까 시종일관 변함없이 그대로 실행해 가도록 하라. 그러나 잘못되는 경우도 많은 데, 만약 잘못되었다면 인생의 진로와 생활방식을 바꾸어야 한다. 만일 적당한 시기라면 변경은 보다 쉽고 편하게 할 수 있다. 그러나 시기가 좋지 않으면, 진로 변경은 깊은 생각을 하면서 단계적으로 행해야 한다. 이를테면, 친구지간의 우정이 더 이상 유쾌하지도 소망스럽지도 않으면, 현자들이 생각하듯 우정을 갑자기 끊기보다는 조금씩 관계를 멀리하는 것이 적절한 것처럼 그렇게 말이다."

적성에 대한 강조는 그나마 우리가 선택할 일자리가 어느 정도 보장되었을 때 가능한 얘기다. 4차 산업혁명의 거대한 물결이 닥쳐 왔는데도 적성만을 부르짖는 것은 자칫 순진한 발상에 그칠 수도 있다. 그렇다고 '노동의 종말'이나 인간 대 인공지능(AI)의 대결과 같은 비관론으로 우리의 미래를 어둡게 그려 나갈 필요는 없을 것이다.

오히려 발칙한 상상과 유쾌한 낙관이 우리를 더 나은 삶으로 이끌지 모른다. 인공지능이 인간의 일자리를 대신하게 되고, 그 때 다행히 기계의 노동이 우리의 생존을 떠받쳐 준다면, 우리에게 더 많은 여가가 생겨날 것이다. 실제로 1930년 영국의 저명한 경제학자 케인즈는 2030년 자동화가 진전되면 사람들이 일주일에 15시간 일하게 될 것이며, 나머지 시간은 자기가 원하는 일을 하게 될 것이라고 예언한 바 있다.

만일 그렇게 된다면 우리는, 마치 고대 그리스의 자유민(free man)이 그랬듯이, 그 여가 시간을 오롯이 자아실현을 위해 쓸 수 있을 것이다. 일자리 대신 여가를 고민해야 하는 행복한 순간이 올지도 모른다. 그리하여 다가올 미래의 어느 시점엔 경제학이나 노동학 대신 여가학이나 교양학이 주류(main stream)가 될지도 모를 일이다.

인간 삶의 나아갈 길은 그 누구도 알 수 없으나, 분명한 점은 그 길이 우리가 생각하는 대로 열리리라는 것이다.

참고문헌

Part 1. 4차 산업혁명과 미래 직업세계

김기봉·최태정(2014).「美 NIC 'Global Trends 2030' 주요 내용 및 시사점」. 서울: 한국
　　과학기술기획평가원.

김대호(2016).『4차 산업혁명』. 서울: 커뮤니케이션북스.

김선희·권영심·신지숙(2012).「전문대학 재학생의 직업기초능력 증진을 위한 운영 방
　　안 연구」.『기업경영연구』. 19(2), 57－77.

김윤정·유병은(2016).「인공지능 기술 발전이 가져올 미래 사회 변화」. 서울: 한국과학
　　기술기획평가원.

김은정·서기만(2016).「인공지능시대를 위해 시작해야 할 두 번째 고민」.『LG Business
　　Insight』. Weekly 포커스.

남유선·김인숙(2015).「독일의 개방형 의사소통 시스템 '플랫폼': 독일 제4차 산업혁명
　　을 중심으로.」.『독일언어문학』. 제70집, 47－66.

대한상공회의소(2014).「etnews: 동국대, 기업이 원하는 인재상 온라인으로 배운다」.
　　2014. 4. 7.

도용태·김일곤·김종완·박창현·강병호(2013).『인공지능 개념 및 응용』. 사이텍미디어.

디지털타임스(2017).「4차 산업혁명 통해 부활 꿈꾸는 일본경제」. 2017년 6월 4일자.

미래창조과학부·한국과학기술기획평가(2016).「이슈분석: 4차 산업혁명과 일자리의 미
　　래. 과학기술 & ICT 정책·기술 동향」. 과천: 미래창조과학부.

박영숙·제롬 글렌(2015).『유엔미래보고서 2045. 더 이상 예측할 수 없는 미래가 온다』.
　　서울: 교보문고.

박영숙·제롬 글렌(2016).『세계미래보고서 2050. 미래 사회, 인류에게 가장 중요한 것을
　　말하다』. 서울: 교보문고.

산업연구원(2017).「미래 유망 신산업의 시장 및 인력 수요전망」. 서울: 산업연구원.

서미영(2016).「미래 직업세계와 신생직업; 10년 뒤 우리는 무엇을 하고 있을까? 미래의

직업세계와 청년의 진로; 미래를 일고 잡(job)을 잡는다」. 주제 발표 2. 국민경제자문 회의. 대통령직속청년위원회. 매일경제.

소프트웨어정책연구소(2015). 『SW중심사회』. SPRi 소프트웨어정책연구소.

원동규·이상필(2016). 「인공지능과 제4차 산업혁명의 함의」. 『ie매거진』. 대한산업공학회. 23(2), 13-22.

유발 하라리(2017). 『호모 데우스: 미래의 역사』. 파주: 김영사.

이규은·이영선(2015). 『직업기초능력의 이해와 개발』. 서울: 동문사.

이시균·공정승·김혜민(2015). 「2013-2023 중장기 인력수급 전망 OVERVIEW」. 서울: 한국고용정보원.

이승민 외 13명(2015). 「ECOsight 3.0_미래 사회 전망」, 대전: 한국전자통신연구원 창의 미래연구소.

이철호(2016). 손정의가 "특이점이 온다"면 온다. 중앙일보. http://news.joins.com/aricle/20223966.

이화(2015). 「개정 교육과정의 주요 내용과 성공적 실행방안」, 서울: 한국교육개발원.

장주희·한상근·이지연·서용석(2013). 2013년 8월: 「시나리오 기법을 이용한 미래의 직업생활 분석: 직업교육 관점을 중심으로」. 『직업교육연구』. 32(4), 41-58.

차두원·김서현·김홍석(2016). 『잡 킬러: 4차 산업혁명, 로봇과 인공지능이 바꾸는 일자리의 미래』. 서울: 한스미디어.

한국고용정보원(2016). 「AI로봇-사람, 협업의 시대가 왔다」. 서울: 한국고용정보원.

한국고용정보원(2017). 「2017 한국직업전망」. 서울: 한국고용정보원.

한국교통연구원(2017). 「국가교통미래전략과 10대 교통·물류 정책」. 2017.4.18. 토론회 자료집.

Allen, K.(2015). Global unemployment to rise to 212 million, says ILO. In: *The Guardian,* http://www.theguardian.com/business/2015/jan/19/

Business Insider(2015). The 25 jobs that robots are least likely to take over & The 20 jobs that robots are most likely to take over. http://jobs.aol.com/articles/2015/06/05/jobs-that-robots-are-least-likely-to-take-over/.

Daheim, C. & Wintermann, O.(2016). 「독일 베텔스만재단 2016 '2050년 노동의 미래' 보고서: 밀레니엄 프로젝트 조사결과」. 서울: 한국노동연구원.

Kuzweil, R.(2006). The Singularity is Near. 장시형·김명남 역(2007). 『특이점이 온다』. 파주: 김영사.

Oxford University(2013). The future of employment: How susceptible are jobs to computerization? http://dx.doi.org/10.1016/j.techfore.2016.08.19.

Schwab, K.(2016). *The Fourth Industrial Revolution: what it means, how to respond.* World Economic Forum.

WORLD ECONOMIC FORUM(2016). *The Future of Jobs: Employment, Skills and Workforce Strategy for the Fourth Industrial Revolution.* World Economic Forum.

Part 2. 진로란 무엇인가?

교육부(2016). 「제2차 진로교육 5개년 기본계획(2016–2020)」. 세종: 교육부.

김기홍·이지연·정윤경(1999). 「한국인의 직업윤리에 관한 연구」. 서울: 한국직업능력개발원.

김봉환 외 12인(2013). 『진로상담』. 서울: 학지사.

김준태(2014). 「기업가 정신의 본질이해 및 교육방안 탐색」. 『사회과교육』. 53(4), 47–67.

김지룡(1998). 『나는 일본 문화가 재미있다』. 서울: 명진출판사.

김흥규·이상란(2016). 「한국인의 직업관 분석을 통해 본 사회의 건강성 연구」. 인하대학교 학생생활연구소 연구보고서. 인천: 인하대학교.

박민우(2016). 「앙트레프레너십과 미래대학」. 디지에코 보고서. 2016. 9.26. KT경영경제연구소.

손은령(2015). 『중학교 진로와 직업』. 서울: 비상교육.

이무근(2008). 『진로와 직업(고등학교, 교과서)』. 서울: 교학사.

이민규·이윤준(2013). 「기업가 정신이 국가 경제성장에 미치는 영향 분석: GEM자료를 중심으로」. 『중소기업연구』. 35(4), 217–234.

장석민·임두순·송병국(1991). 「중·고등학생용 진로성숙도검사 표준화 연구」. 서울: 한국교육개발원.

장승희(2001). 「"장인정신"의 현대적 활용을 통한 직업윤리교육 방안」. 『윤리연구』. 48(1), 63-84.

정수현(2014). 「한국과 일본의 장인정신 비교 연구」. 『비교문화연구』. 35집, 215-235.

한국직업능력개발원(2001). 「진로성숙도검사 개발 보고서」. 서울: 한국직업능력개발원.

한병철(2012). 『피로사회』. 서울: 문학과 지성사.

Crites, J. O.(1978). *Career Maturity Inventory: Administration and use manual.* Ca: CTB/McGraw-Hill.

Crites, J. O.(1978). *Career Maturity Inventory: Theory and research handbook(2nd ed.).* Ca: CTB/McGraw-Hill.

Gottfredson, L. S.(1981). Circumscription and compromise: A developmental theory of occupational aspirations. *Journal of Counseling Psychology.* 28(6), 545-579.

Harren, V. A.(1979). A model of career decision making for college students. *Journal of Vocational Behavior.* 14, 119-133.

Lipsett, L.(1962). Social Factors in vocational development. *Personnel and Guidance Journal.* 40, 432-437.

Roe, A., & Lunneborg, P. W.(1990). *Personality Development and Career Choice. In D. Brown & L. Brooks, Career Choice and Development.* San Francisco: Jossey-Bass Publishers.

Sennett, R.(2008). Craftsman. 김홍식 역(2009). 『장인: 현대 문명이 잃어버린 생각하는 손』. 파주: 21세기 북스.

Spranger, E.(1927). *Lebensformen: Geisteswissenschaftliche Psychologie und Ethik der Persoenlichkeit.* 6. Aufl. Halle: Niemeyer.

Spranger, E.(1958). *Der geborene Erzieher.* 김재만 역(1983). 『천부적인 교사』. 서울: 배영사.

Super, D. E.(1990). A life-span, life-space approach to career development. In D. Brown & L. Brooks, *Career Choice and Development: Applying contemporary theories* to practice (2nd ed., pp. 197−261). San Francisco: Jossey−Bass Publishers.

Super, D. E. Savickas, M. L., & Super, C. M.(1996). A life−span, life−space approach to career development. In D. Brown & L. Brooks, *Career Choice and Development*. (3rd ed., pp. 121−178). San Francisco: Jossey−Bass Publishers.

Weber, M.(1920). *Die protestantische Ehik und der Geist des Kapitalismus*. 권세원·강명규 역(1995). 『프로테스탄트의 윤리와 자본주의의 정신』. 서울: 일조각.

Part 3. 생애설계와 자기계발

김민정(2007). 「대학생의 셀프리더십 개발에 영향을 미치는 학습자 변인 연구」. 이화여자대학교 박사학위청구논문.

김봉환, 김병석, 정철영(2006). 『학교진로상담』. 서울: 학지사.

김정택, 심혜숙(1990). 『MBTI』. 서울: 한국심리검사연구소.

김정택, 심혜숙, 제석봉(1994). 『MBTI개발과 활용』. 서울: 한국심리검사연구소.

김정택, 심혜숙(2009) 『MBTI Form K 안내서』. 어세스타.

박동혁(2017). 『LAMP WORKBOOK 학습전략 향상 프로그램 단축판』. 서울 :학지사.

박성민(2002). 「Self−leadership 프로그램 효과분석: K기업 사례」. 연세대학교 대학원 석사학위 논문.

손승남, 김권욱, 이수진(2017). 『인성교육』. 서울: 학지사.

송원영, 김지영(2009). 『대학생의 진로설계』. 서울: 학지사.

신용섭(2004). 『리더십의 이론과 실제』. 서울: 학지사.

전명남(2013). 『발표와 토론을 위한 성공 스피치와 리더십』. 서울: 창지사.

조의제(2002). 「셀프리더십과 커뮤니케이션이 직무만족에 미치는 영향에 관한 연구」. 경남대학교 경영대학원 석사학위논문.

천성문, 김미옥, 함경애, 박명숙, 문애경(2017). 『대학생을 위한 진로코칭−전략과 실제』. 서울: 학지사.

최성재(2013). 『성공적 제3기 인생을 위한 생애설계 정책방향』. 제5회 고령사회융합과학정책 '3A포럼'.

한국산업인력공단(2012). 『현대사회의 직업생활』. 서울: 산업인력공단.

한영석, 김명소(2010). 「셀프리더십의 성별 차이 및 대학생활 효과성에 미치는 영향」. 『한국심리학회지: 여성』, 15(2), 215−233.

홍경자(2006). 『자기주장과 멋진 대화』. 서울: 학지사.

황매향(2005). 『진로탐색과 생애설계』. 서울: 학지사.

Burns, J. M.(1978). *Leadership.* New York: Harper & Row.

Gardner, H.(1983). *Frames of mind: The theory of multiple intelligences.* New York: Basic Book.

Gardner, H.(1993). *Multiple intelligences: the theory in practice.* New York: Basic Book.

Gardner, H.(1999). *Intelligences reframed: multiple intelligences for the 21st century.* New York: Basic Book.

Howard Gardner, Mindy L. Kornhaber, Warren K. Wake.(1995). 김정휘 역(2006). 『지능 심리학 제1판, 다양한 관점에서 지능연구하기』. 서울: 센게이지러닝코리아(주).

Howard Gardner, Mindy L., Komhaber, Warren K. Wake. 김정휘 역(2006). 『지능심리학』. 서울: 센게이지러닝코리아(주).

Manz, C. C.(1986). Self−leadership toward an expanded theory of self−in organization. *Academy of Management Review,* 11, 3, 585−600.

Manz, C. C., & Sims, H. P.(1987). Leading workers to lead themselves: The external leadership of self−managing work teams. *Administrative Science Quarterly,* 32, 106−128.

Martine, C., 김현숙, 박정희, 신영구, 심혜숙, 이정희(2009). 『성격유형과 진로탐색』. 서울: 어세스타.

Pie of Life(2015). *What is Life Planning?,* Life Planning Network.

Rowe J. W., & Kahn R. L.(1998). *Successful Aging.* New York: Pantheon Books.

Sternberg, R. J., & Williams, W. M.(2010). 김정섭, 신경숙, 유순화, 이영만, 정명화, 황희숙 역. 『스턴버그의 교육심리학 2판』, 서울: 시그마프레스.

Stogdill, R. M.(1974). *Handbook of Leadership. A survey of the Literature,* New York:

Free Press.

Van Linden, J. & Fertman, C.(1998). *Youth Leadership, A Guide to Understanding Leadership Development in Adolescents.* San Francisco: Jossey-Bass Publishers.

워크넷(www.work.go.kr). 성인용 직업적성검사 결과표.

워크넷(www.work.go.kr). 직업선호도검사(S형) 선호도검사 길잡이.

워크넷(www.work.go.kr). 직업심리검사가이드e북(대학생 및 성인의 자기이해/직업탐색 을 위한 검사 종류).

[알티마의 고령친화융합 인사이트-42] 생애설계(Life Planning for Third Age)의 이해.

Part 4. 자기분석과 진로·직업 탐색

고향자(1992). 한국 대학생의 의사결정 유형과 진로결정수준의 분석 및 진로결정 상담 의 효과. 박사학위논문, 숙명여자대학교.

김봉환, 강은희, 강혜영, 공윤정, 김영빈, 김희수, 선혜연, 손은령, 송재홍, 유현실, 이제 경, 임은미, 황매향(2013). 『진로상담(한국상담학회 상담학총서6)』. 서울: 학지사.

김봉환, 이제경, 유현실, 황매향, 공윤정, 손진희, 강혜영, 김지현, 유정이, 임은미, 손은 령(2010). 『진로상담 이론: 한국내담자에 대한 적용』. 서울: 학지사.

김봉환, 정철영, 김병석(2006). 『학교진로상담』. 서울: 학지사.

김봉환, 최명운(2002). 「직업카드를 이용한 고등학생의 직업흥미 탐색」. 『진로교육연구』, 15(1). 69-84.

김봉환, 최명운(2013). 『진로진학 상담을 위한 청소년용 직업카드 전문가 지침서』. 서울: 학지사.

김봉환, 최명운, 박진영, 이재희, 박현옥(2015). 학과카드 2nd. 인싸이트(http://www.hakj isa.co.kr/subpage.html?page=book_book_info&bidx=3083).

노경한, 서현주, 이정원, 정시원(2009). 청소년용 직업카드 활용매뉴얼. 한국고용정보원.

백지연(2016). 『SUCCESS! 진로-직업탐색 경력개발전략 이론과 실제』. 서울: 학지사.

서현주, 강오희, 노경란(2015). 직업카드 개정 및 매뉴얼 개발보고서. 한국고용정보원.

오성환(2016). 『NCS 기반 성공면접 자소서 작성』. 서울: 고시각.

윤종혁, 김지유(2017). NCS 자소서. 시대고시기획.

이근매, 靑木知者(2010). 『콜라주 미술치료』. 서울: 학지사.

이근매, 양종국(2015). 『콜라주 진로상담』. 서울: 학지사.

이시한(2015). NCS 경력기술서·경험기술서에는 뭘 써야 되지?. 머니투데이(2015.7.27.)

임은미, 강혜영, 고홍월, 공윤정, 구자경, 김봉환, 손은령, 손진희, 이제경, 정진선, 황매향(2017). 『진로진학상담 기법의 이론과 실제(한국생애개발상담학회 진로진학상담총서03)』. 서울: 사회평론아카데미.

장선철(2015). 『진로상담의 이해』. 서울: 태영출판사.

천성문, 김미옥, 함경애, 박명숙, 문애경(2017). 『대학생을 위한 진로코칭-전략과 실제』. 서울: 학지사.

American College Testing(2009). *ACT Interest Inventory technical manual.* Iowa City, LA: Author.

Amundson, E. N.,Harris—Bowlsbey, J., & Niles, G. S.(2014). *Essential elements of career counseling: Processes and techniques(3rd ed.).* Upper Saddle River, NJ: Pearson.

Brown, S. D., & Lent, R. W.(2013). *Career information, career counseling, and career development(11th ed.).* Upper Saddle River, NJ:Pearson.

Buck, J. N. & Daniels, M. H.(1985). *Assessment of career decision making manual.* Los Angeles: Western Psychological Service.

Dinklage, L. B.(1968) *Decision—making strategies of adolescents.* Harvard University Graduate School of Education.

Del Corso, J., & Rehfuss, MC.(2011). The role of narrative in career construction theory. *Journal of Vocational Behavior, 79,* 334—339.

Gysbers, N.C., Heppner, M.J., & Johnson, J. A.(1998). *Career counseling: Process issues, and techniques(1st ed).* Boston: Allyn & Bacon.

Gysbers, N. C, Heppner, M. J, & Johnston, J. A,(2014). *Career Counseling(4th ed.) Holism, Diversity, and Strengths.* 김봉환 역(2017). 『진로상담의 실제』. 서울: 학지사.

Harren, V. H.(1979). A model of decision making for college student. *Journal of Vocational Behavior, 14,* 119—133.

Savickas, M. L.(2006). Career construction theory. In J. H. Greenhaus & G. A. Callanan(E
ds), *Encyclopedia of career development*(pp.84−88). Thousand Oaks, CA: Sage.

Savickas, M. L.(2011). *Career counseling*. Washington, DC: A merican Psychological
Association.

Savickas, M. L.(2013). Career construction theory and Practice. In S. D. Brown & R. W.
Lent(Eds), *Career development and counseling*(pp.147−183). Hoboken, NJ: WILEY.

Super, D. E.(1980). A life−span, life−space approach to career development. *Journal of
vocational behavior,* 16(3), 282−298.

Swaney, K. B.(1995) *Technical manual: Revised unisex edition of the ACT Interest
Inventory(UNIACT)*. Iowa City, IA: American College Testing.

http://www.q−net.or.kr

http://www.work.go.kr/consltJobCarpa/srch/cardNews/cardNewsList.do?pageIndex=3

http://www.career.go.kr/cnet/front/cosecch/cosecchSiteNewList.do

커리어넷 http://www.careernet.re.kr

워크넷 http://www.work.go.kr

Careers New Zealand(2016). Homepage from www.career.got.nz

Part 5. 잘삶과 진로선택

김희봉(2009). 『잘삶을 위한 교육』. 서울: 학지사.

아리스토텔레스. 홍석영(2009). 『니코마코스윤리학』. 서울: 풀빛.

이지헌·김희봉 역(2014). 『잘삶의 탐색: 학교교육의 새로운 목적』. 서울: 교육과학사.

조지 A. 던, 니콜라스 미슈 외 저. 윌리엄 어윈 엮음. 이석연 역(2014). 『헝거게임으로
철학하기』. 서울: 한문화.

후마니타스 교양교육연구소(2015). 『우리가 사는 세계』. 서울: 천년의상상.

Bailey, R. and Contributors(2010). *The Philosophy of Education: An Introducation.
London: Continuum International Publishing Group.* 이지헌 역(2011). 『철학이 있는

교육, 교육을 찾는 철학』. 서울: 학이당.

Dahrendorf, R.(1982). *On Britain*. London: British Broadcasting Corporation.

Griffin, J.(1986). *Well−being*. Oxford: Clarendon Press.

Krznaric, R.(2013). *How to find fulfilling work*. UK: Macmillan Publishers Ltd. 정지현 역 (2013). 『인생학교 일: 일에서 충만감을 찾는 법』. 경기: ㈜샘앤파커스.

More, T.(2003). *Utopia*. UK: Penguin Classics. 정순미 역(2009). 『유토피아』. 서울: 풀빛.

Norman, R.(1983). *The Moral Philosophers*. Oxford: Clarendon Press. 안상헌 역(1994). 『윤리학 강의−위대한 도덕철학자들의 사상』. 서울: 문원.

Rawls, J.(1997). *A Theory Justice*. Cambridge: Harvard University Press.

Raz, J.(1994). *Ethics in the Public Domain*. Oxford: Clarendon Press.

Raz, J.(2003). *The Practice of Value*. Oxford: Clarendon Press.

Reiss, M. J & White, J.(2013). *An Aims−Based Curriculum: The Significance of Human Flourishing for Schools*. London: Institute of Education Press. 이지헌 역(2017). 『청소년의 행복을 위한 교육−학교교육과정을 이대로 둘 수 없는 이유−』. 서울: 공감플러스.

Sumner(1996). *Welfare, Happiness and Ethics*. oxford: Clarendon Press.

Svendsen, L.(2008). *Work*. UK: Acumen Publishing Ltd. 안기순 역(2013). 『노동이란 무엇인가?』. 서울: 파이카.

White, J.(1982). *The Aims of Education Restated*. London: Routledge & Kegan Paul.

White, J.(1990). *Education and the Good Life*. London: Kogan page. 이지헌·김희봉 역 (2002). 『교육목적론』. 서울: 학지사.

White, J.(1997). *Education and the End of Work: A New Philosophy of Work and Learning*. London: Cassell.

White, J.(2011). *Exploring Well−being in Schools: A Guide to Making Children's Lives more Fulfilling*. London and New York: Routledge.

에필로그

키케로 저, 허승일 역(2015). 『키케로의 의무론. 그의 아들에게 보낸 편지』. 파주: 서광사, 91−92.

찾아보기

인명 색인

사항 색인

저자 소개

손 승 남(Son, Seung Nam) snson@scnu.ac.kr

독일 Westfälisch−Wilhelms Universität zu Münster Ph.D.(교육철학)
한독교육학회 회장 역임
독일 함부르크 대학교 강의교수 역임
미국 인디아나 주립대학교 연구교수 역임
현 순천대학교 교수
　　잘삶교육연구소 소장
　　한국교육철학학회 운영이사

주요 저서 및 논문
뉴노멀 시대의 마음공부(공저, 2021)
삶의 힘을 키워주는 잘삶수업(공저, 2020)
교육철학 및 교육사(공저, 2019)
교육학개론(공저, 2018)
교원의 잘삶을 위한 전인통합치유(2016)
인성교육(공저, 2016)
인문교양교육의 원형과 변용(2011)
좋은 수업이란 무엇인가(공역, 2011)
고등교육에서의 역량기반 교육과 핵심역량(공동, 2020)
AI 시대 교양기초교육의 교수학적 재음미(2020)
엔그램 뷰어를 활용한 교양교육 개념 분석(2020)
유럽 리버럴아츠대학의 최근 동향(2019)
소양교육의 관점에서 본 퇴계 성학십도의 재음미(공동, 2019)
혜강 최한기의 『인정(人政)』에 관한 교육해석학적 고찰(2018)
리버럴아츠 교육모델 혁신사례: Yale−NUS를 중심으로(2017)
볼로냐 프로세스와 유럽 고등권역(EHEA)의 발전 전망(2017)
그 외 다수 논문

이 수 진(Lee, Su Jin) chocobar99@daum.net

전북대학교 교육학 박사
재단법인 전라남도청소년종합지원센터 팀장 역임
전라남도청소년상담지원센터 팀장 역임
순천대학교 학생생활연구소 상담연구원 역임
현 전북대학교 교육학과 강사
　　전주교육대학교 초등교육과 강사
　　순천대학교 교육학과 강사

주요 저서 및 논문
교육학의 이해(공저, 2018)
인성교육(공저, 2017)
교육심리학(공저, 2016)
청소년 심리 및 상담(공저, 2013)
대학생의 전공전환 경험의 내용과 과정 및 유형에 대한 질적분석(공동, 2012)
대학생의 진로정체감과 진로결정자기효능감 및 전공전환 준비도와의 관계(공동, 2011)
대학생의 전공전환 검사 타당화 탐색(공동, 2011)
여성 결혼이민자의 문화적응 유형과 문화적응 스트레스(공동, 2010)
삶의 힘을 키워주는 잘삶수업(공저, 2020)

임 배(Im, Bae) imbae042@gmail.com

전남대학교 교육학 박사
현 전남대학교 교육학과 강사
　　광주교육대학교 교육학과 강사
　　후마니타스작은도서관 관장

주요 저서 및 논문
교육학개론(공저, 2018)
과로사회를 위한 존 화이트의 교육철학(공저, 2016)
잘삶을 위한 일의 교육(공저, 2014)
자율적 잘삶이 실현되는 활동사회 속에서의 일과 교육(2014)
대학인성교육으로서 삶의 치유(Lebenstherapie) 프로그램 개발과 적용가능성(공저, 2015)
삶의 힘을 키워주는 잘삶수업(공저, 2020)

4차 산업혁명 시대의 진로선택

초판발행   2018년 3월 28일
중판발행   2021년 9월 10일

지은이   손승남·이수진·임배
펴낸이   노현

편 집   배근하
기획/마케팅   이영조
표지디자인   조아라
제 작   우인도·고철민

펴낸곳   ㈜ 피와이메이트
서울특별시 금천구 가산디지털2로 53 한라시그마밸리 210호(가산동)
등록 2014. 2. 12. 제2018-000080호

전 화   02)733-6771
f a x   02)736-4818
e-mail   pys@pybook.co.kr
homepage   www.pybook.co.kr
ISBN   979-11-88040-43-8   93370

* 파본은 구입하신 곳에서 교환해 드립니다. 본서의 무단복제행위를 금합니다.
* 저자와 협의하여 인지첩부를 생략합니다.

정 가   20,000원

박영스토리는 박영사와 함께하는 브랜드입니다.